핵심이론
문제중심

공기업 / 공무원 기계직 전공

일반기계공학

전환영 저

CONTENTS

PART 01 기계재료

- 01 기계재료의 분류 ·· 06
- 02 철강 재료 ·· 14
- 03 비철 금속 ·· 27
- 04 비금속 재료 ·· 31
- ▶ 단원연습문제 ·· 34

PART 02 금속재료의 시험

- 01 기계적 시험법 ·· 50
- 02 비파괴 시험 ·· 56
- 03 금속 조직시험 ·· 58
- ▶ 단원연습문제 ·· 59

PART 03 기계요소

- 01 결합용 요소 ·· 64
- 02 축 관계 기계요소 ·· 75
- 03 전동용 기계요소 ·· 81
- 04 제어용 기계요소 ·· 88
- ▶ 단원연습문제 ·· 90

PART 04 측정기기

- 01 측정의 개요 ·· 116
- 02 측정기의 종류 ·· 118
- 03 공작용 기준 측정기구 ·· 125
- ▶ 단원연습문제 ·· 127

PART 05 기계공작법

- 01 주조 ····· 134
- 02 소성가공 ····· 140
- 03 공작기계 ····· 144
- 04 용접 ····· 153
- ▶ 단원연습문제 ····· 163

PART 06 재료역학

- 01 응력과 변율 ····· 180
- 02 Hook의 법칙과 탄성계수 ····· 186
- 03 보 ····· 191
- ▶ 단원연습문제 ····· 198

PART 07 유체기계

- 01 유체기계 기초이론 ····· 214
- 02 수력기계 ····· 216
- 03 유압기계 ····· 234
- 04 공압기계 ····· 239
- ▶ 단원연습문제 ····· 243

부록 해설 및 정답

PART 01 해설 및 정답 / 258   PART 02 해설 및 정답 / 270
PART 03 해설 및 정답 / 272   PART 04 해설 및 정답 / 293
PART 05 해설 및 정답 / 297   PART 06 해설 및 정답 / 312
PART 07 해설 및 정답 / 322

일 반 기 계 공 학

기계재료

01 기계재료의 분류
02 철강 재료
03 비철 금속
04 비금속 재료

CHAPTER 01 기계재료의 분류

기계의 재료에 쓰이는 금속은 많으나 크게 금속과 비금속으로 나눈다. 금속은 철금속과 비철금속이 있고, 비금속은 고무, 유리, 세라믹, 가죽, 합성수지 등이 있다.

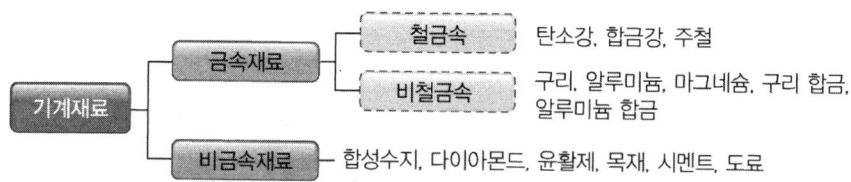

1 금속

(1) 금속의 특성
① 상온에서 고체이며, 결정체이다(수은은 액체 상태).
② 전성과 연성이 풍부하다.
③ 불투명하며, 금속 특유의 색채를 지니고 있다.
④ 전기나 열에 대하여 양도체이다.
⑤ 경도와 비중이 크다.
⑥ 용융점이 높다.
⑦ 소성변형이 가능하며, 소성가공을 할 수 있다.

(2) 금속재료의 기계적 성질
① 강도(Strength)
단위면적당 작용하는 힘에 대하여 견디는 정도, 인장강도, 전단강도, 압축강도 등이 있다.
㉠ 인장시험, 압축시험, 굽힘시험 등으로 측정한다.

ⓛ 일반적으로 탄성계수에 비례한다.
　　ⓒ 미세조직에 크게 좌우된다.

$$강도 = \frac{하중}{단면적}[kg/cm^2]$$

② 경도(Hardness)
재료의 표면이 외력에 저항하는 성질, 즉 재료의 굳고 무른 단단한 정도, 순서는 주철→경강→구리→알루미늄 순이다.
　　㉠ 압입, Scratch, 반발을 통해 측정한다.
　　ⓒ 특정 금속의 경도는 강도와 비례한다.

③ 인성(Toughness)
금속이 끈질긴 성질, 즉 굽힘, 비틀림 등에 견디는 질긴 성질로 충격에 대한 금속의 저항이다.

④ 연성(Ductility)
금속이 가늘게 늘어나는 성질로서, 연성의 순서는 Au＞Ag＞Pt＞Fe＞Ni＞Cu＞Al 순이다.

⑤ 전성(Malleability)
금속을 눌렀을 때 얇게 퍼지는 성질로서, 순서는 Au＞Ag＞Cu＞Al＞Sn＞Pt＞Fe 순이다.

⑥ 취성(메짐 또는 여림, Brittless)
금속에 외력을 가했을 때 금속이 부스러지는 성질로, 주철은 취성이 매우 크다.
　　㉠ 충격시험을 통해 측정한다.
　　ⓒ 연성, 인성등과 반대되는 성질로 온도의 영향을 받는다.
　　ⓒ 연성이 취성으로 바뀌는 온도를 연성천이온도라고 한다.
　　㉣ 청열취성 : 강은 200~300[℃]에서 강도는 크지만 연신율이 대단히 적어 취성을 나타낸다. 이 온도에서 강이 청색으로 착색되어 청열취성이라 한다.
　　㉤ 적열취성 : 강을 900~1,000[℃]로 가열하였을 때 나타내는 취성을 나타내는 것이며 황(S)의 함량이 많을 때 발생한다.
　　㉥ 냉간(상온)취성 : 강이 상온 또는 그 이하의 온도에서 발생하는 취성으로, 다량의 P(인)이 원인이 되어 강의 결정체를 거칠게 하여 여리게 한다.

⑦ 탄성

금속에 외력을 가하면 변형이 되고 다시 외력을 제거하면 원상태로 복귀하는 성질이다.

⑧ 소성

탄성과 달리 금속에 외력을 가하면 영구 변형되는 성질, 즉 변형된 상태로 있는 성질이다. 판금작업 등은 소성을 이용하여 작업하는 한 종류이다.

⑨ 크리프(creep)

금속에 장시간 하중을 가하면 시간이 경과함에 따라 연신율이 증가되어 파단 되는 성질이다.

⑩ 가단성

금속을 가열하여 외력을 가했을 때 변형되는 성질이다.

예제 다음 중 질긴 성질, 즉 충격에 대한 재료의 저항을 나타내는 성질은?

① 전성　　　　　　　② 탄성
③ 연성　　　　　　　④ 인성

예제 탄소강에서 적열취성을 일으키는 원소는?

① 황(S)　　　　　　② 인(P)
③ 실리콘(Si)　　　　④ 탄소(C)

---

(3) 금속재료의 물리적 성질

① 비중(specific gravity)

4[℃]의 순수한 물과 어떤 물체와의 무게비율(단, 체적이 같을 때)로서, 비중이 가장 적은 금속은 리튬(Li, 0.55)이며 가장 큰 금속은 이리듐(iR, 22.5)이다.

㉠ 경금속
- 금속의 비중 ≤ 4.5
- 종류 : 리튬(Li, 0.53), 칼슘(Ca, 1.55), 마그네슘(Mg, 1.74), 알루미늄(Al, 2.7), 티타늄(Ti, 4.5) 등

㉡ 중금속
- 금속의 비중 > 4.5
- 종류 : 철(Fe, 7.87), 니켈(Ni, 8.85), 구리(Cu, 8.96), 납(Pb, 11.34), 리듐(Ir, 22.5) 등

② 비열(specific heat)

1g의 금속을 1[℃] 상승시키는 데 필요한 열량이다.

③ 열전도율(Thermal conductivity)

금속에서 길이 1[cm]에 대하여 1[℃]의 온도 차이가 있을 때 1[cm^2]의 단면적을 통과하여 1초 사이에 전달된 열량이며 그 순서는 Ag > Cu > Al > Zn > Ni > Fe 순이다.

④ 열팽창률

금속의 단위 길이에 대하여 온도가 1[℃] 상승했을 때 늘어난 양으로, 열팽창률의 순서는 Al > Cu > 18-8 스테인리스강 순이다.

⑤ 선팽창계수(coefficient of linear expansion)

물체의 단위길이에 대하여 온도가 1[℃] 상승했을 때 늘어난 길이와 늘어나기 전의 길이와의 비율이며 선팽창이 큰 순서는 Zn > Pb > Mg > W 순이다.

⑥ 자성(magnetic property)

철을 자계 내에 두면 유도되어 자기를 가져 자석이 될 수 있는 성질이다.

⑦ 용융점(용융온도)
   ㉠ 용융점(용융온도) : 금속에 열을 가했을 때 고체상태에서 액체상태로 변하는 온도
   ㉡ 응고점(응고온도) : 용융되어 액체상태로 있던 금속이 온도가 내려가면서 고체상태로 변하는 온도
   ㉢ 용융점과 응고점은 금속별로 동일하며 상태가 고체에서 액체로, 액체에서 고체로 변하는 방향성에 따라 다르게 불려짐
   ㉣ 금속의 용융점

철(Fe)	구리(Cu)	알루미늄(Al)	금(Au)	납(Pb)	니켈(Ni)	텅스텐(W)
1530[℃]	1083[℃]	659[℃]	1063[℃]	327[℃]	1452[℃]	3500[℃]

   ㉤ 소성 : 탄성과 달리 금속에 외력을 가하면 영구 변형되는 성질, 즉 변형된 상태로 있는 성질이다.

예제 다음 중 금속재료의 물리적 성질이 아닌 것은?

① 비중　　　　　　　　② 열전도율
③ 선팽창계수　　　　　④ 취성

2 합금(Alloy)

(1) 합금의 일반적인 성질
① 인장강도와 경도, 전기저항, 내식성, 내열성, 내산성이 증가한다.
② 전성과 연성, 연신율, 단면수축률이 감소한다.
③ 용융점, 열전도율이 낮아진다.
④ 담금질 효과, 주조성이 향상된다.
⑤ 여러 가지 금속을 알맞은 비율로 섞으면 열처리 성질이 좋아진다.
⑥ 용접성을 좋게 한다.
⑦ 결정입자의 성장을 방지하여 일정한 성질을 갖게 한다.

(2) 합금의 상태도
① 고용체(solid solution)
  2개의 금속 성분이 고체 상태에서도 균일한 융합상태가 되어 기계적 방법으로 구분할 수 없는 상태이다.
② 공정(eutectic)
  2개 이상의 금속이 용융상태에서는 서로 잘 섞여 균일한 액체 상태를 형성하지만, 응고 후에는 각각의 금속성분이 분리 결정되어 기계적으로 혼합된 조직을 형성하고 있는 상태를 말한다.
③ 공석정
  1개의 고용체에 2개의 고체가 일정한 비율로 동시에 석출되어 나온 혼합물이다.
④ 편석
  금속이 응고 온도의 차이에 따라 농도 차이를 일으켜 금속 조직이 불균일한 현상을 나타내는 것이다.

3 금속의 조직

금속은 다각형의 결정체로서 결정립의 내부 구조는 원자로 이루어져 있으며, 이 원자의 배열을 공간격자라 하고 하나의 구획을 단위세포라 한다. 종류에는 체심입방격자, 면심입방격자, 조밀육방격자가 있다.

(1) **금속결합**

① 금속 원소들은 금속결합으로 서로 연결되어 있다.
② 금속 내의 전자들은 속박되지 않는 자유전자를 가지고 있다
③ 자유전자 때문에 높은 열 전도도와 전기 전도도 등 특성을 띄게 된다.
④ 버려진 전자들이 구름처럼 기하학적으로 배열된 양이온을 감싼 모습이다.
⑤ 강하게 결합하거나 방향성을 가지고 결합하는 원자들이 없다.
⑥ 원자들이 아주 쉽게 미끄러질 수 있어 소성변형이 쉽다.

> **보충정리**
>
> 소성변형
> 고체재료가 소성(可塑性)을 이용해서 누르거나 두들겨서 모양을 바꾸는 것이다.
> • 탄성을 가진 물체 : 힘을 가하면 형상이 바뀌었다가 힘을 제거하면 원래 상태로 돌아간다.
> • 탄성이 없는 물체 : 금속 등의 많은 고체재료는 탄성한계가 작아 강한 힘을 주면 돌아오지 않는 영구변형이 일어난다.
>
> 소성변형과 금속의 기계적 성질과의 관계
> • 강도 : 일반적으로 탄성과 비례
> • 연성 : 소성변형 능력이라고 볼 수 있다.
> • 인성 : 소성변형이 일어나는 영역에서 금속이 파괴될 때까지이다.
> • 에너지를 흡수하는 능력을 말한다.
> • 경도 : 소성변형에 대한 저항의 척도이다.
> • 취성 : 금속이 소성변형을 하지 않고 파괴되는 성질이다.

(2) **결정구조**

① 한 부분의 원자 배열이 3차원 공간에서 규칙적인 간격을 두고 계속해서 반복되는 물질을 결정이라 한다.
② 결정 내의 원자 배열을 3개의 좌표축과 각 단위길이, 각 사이의 각도로 구분하여 결정계로 분류한다.
③ 기본이 되는 최소단위의 공간형 14개는 Bravis격자이다.
④ 금속 원소는 대개 Bravis 격자 중 면심입방격자, 체심입방격자, 조밀육방격자에 속해 있다.
  ㉠ 면심입방격자
    • 전·연성이 풍부하여 가공성이 우수하다.
    • 은(Ag), 알루미늄(Al), 금(Au), 철(Fe) 등이 여기에 속한다.

ⓒ 체심입방격자
- 강도가 크고 전·연성은 떨어진다.
- 크롬(Cr), 몰리브덴(Mo), 텅스텐(W) 등이 여기에 속한다.

ⓒ 조밀육방격자
- 전·연성 및 가공성이 불량하다.
- 티타늄(Ti), 마그네슘(Mg), 아연(Zn), 지르코늄(Zr) 등이 여기에 속한다.

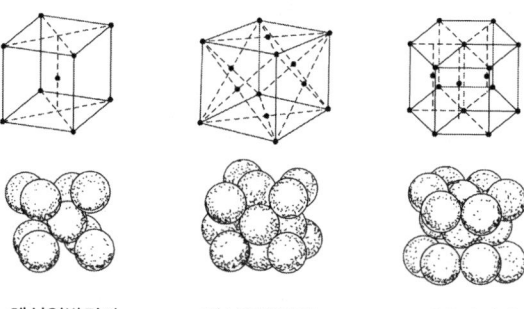

체심입방격자　　면심입방격자　　조밀육방격자

> **예제** 철(Fe)이 상온에서 나타나는 결정격자는?
> ① 체심입방격자　　② 조밀육방격자
> ③ 면심입방격자　　④ 사방입방격자

4 금속의 변태

금속이 온도의 변화에 따라 액체나 기체의 상태로 변화하는 것을 변태라 하고 온도점을 변태점이라 한다.

(1) 동소변태

고체 내에서 결정격자의 형성, 즉 원자배열이 변화되는 것을 말한다.

(2) 자기변태

원자배열은 변하지 않지만 자기의 크기가 변하는 것을 말한다. 즉 자석에 잘 붙는 정도의 성질이 변하는 것이다.

보충정리

철의 동소변태
① 체심입방격자 알파철(α-Fe)
- 탄소함유량이 0.03[%] 이내
- 온도가 900[℃] 이하
② 면심입방격자 감마철(γ-Fe) : 온도가 900~1,400[℃]
③ 체심입방격자 델타철(δ-Fe) : 온도가 1,400[℃] 이상

철의 자기변태
① 강자성체
- 온도가 210[℃] 이하
- 자석에 아주 잘 붙는다.
② 상자성체
- 온도가 210~768[℃]
- 자석에 보통으로 붙는다.
③ 비자성체
- 온도가 768[℃] 이상
- 자석에 붙지 않는다.
- 빨갛게 달궈진 못을 자석에 붙이면 붙지 않는다. 이것은 철의 자기변태로 인하여 자성체가 없어지기 때문인데 다시 식으면 상자성체와 강자성체로 변화된다.

순철의 변태점
- A_0 변태점 : 210[℃]
- A_1 변태점 : 720[℃]
- A_2 변태점(자기변태점) : 768[℃]
- A_3 변태점(동소변태점) : 912[℃]
- A_4 변태점 : 1394[℃]
- 용융점 : 1538[℃]

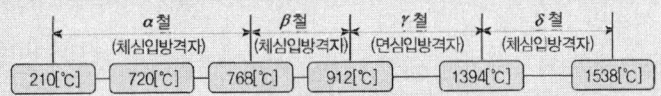

예제 온도 변화에 의해 금속의 결정격자가 다른 결정격자로 변하는 현상은?
① 자기변태　　② 동소변태
③ 동형변태　　④ 소성변형

예제 다음 중 탄소강의 A1 변태점은 몇 도인가?
① 1,400[℃]　　② 723[℃]
③ 768[℃]　　④ 941[℃]

CHAPTER 02 철강 재료

철광석으로부터 제조된 철강재 중 직접 제조한 것을 선철, 이것을 다시 탄소를 제거시켜 제조하면 강(steel)이다. 따라서 철강은 철과 탄소를 합금한 것이다.

① 선철

용광로에서 철광석을 녹여 만든, 탄소(C)가 다량 함유된 철이다.

② **철강의 제조 순서**

제선→제강→연주→압연

③ 제선

철광석을 녹여 쇳물을 만드는 과정으로 철광석과 원료탄 등을 고로에 넣고 1,000[℃] 이상의 바람을 불어넣으면 철광석이 녹아 쇳물이 만들어진다. 여기서 만들어진 쇳물을 '용선'이라고 부르며 이것은 곧 액체상태의 '선철'을 의미한다.

④ 용선의 특성

철 성분뿐만 아니라 불순물이 함께 섞여 있는데 그중 하나가 탄소 성분이다.

⑤ 선철의 특성

㉠ 파괴에 대해 질긴 정도인 '인성'이나 외부에서 작용하는 힘에 의해 외형이 변하는 성질인 '가단성'이 약하다.
㉡ 주물제작은 가능하지만 인발, 압연가공은 어렵다.
㉢ 선철은 주로 하부 공정을 위한 원료로 사용된다.

1 철강의 분류

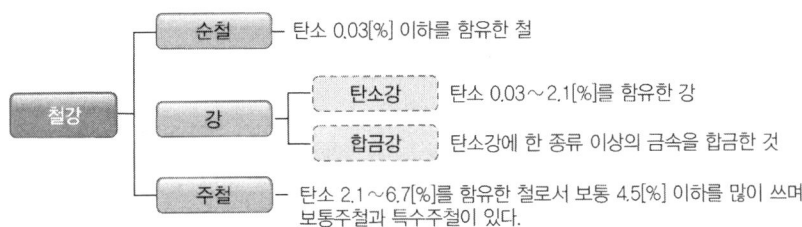

> **예제** 강철 재료를 순철, 강 및 주철의 3종류로 분류할 때 순철로 구분되는 재료의 탄소 함유량으로 적합한 것은?
> ① 0.01[%] 이하
> ② 0.1[%] 이하
> ③ 0.2[%] 이하
> ④ 0.03[%] 이하

2 철강의 제조법

(1) 제철법

① 철광석, 코크스, 석회석, 망간철 등을 용광로에 넣어 정련시켜 만든다.

② 용광로의 크기
24시간(1일) 동안 생산되는 선철을 무게(ton)로 표시한다.

③ 선철의 탄소량
2.5 ~ 4.5[%] 정도

> **보충정리**
> 선철의 제조
> 철분 함량은 40% 이상의 철광석을 사용하고 철강석의 종류에는 자철광, 적철광, 갈철광, 능철광 등이 있다.

(2) 제강법

선철 중의 불순물을 제거하고 탄소량을 0.02 ~ 2.06[%] 정도로 감소시키는 것을 제강법이라 하며 이 방법을 거쳐 단단한 탄소강(steel)이 생산된다. 제강의 방법은 전로제강, 전기로제강, 평로제강법이 있다.

① 평로 제강

노속에 선철, 파쇠 등을 첨가하여 용강을 만드는 방법으로 평로의 용량은 1회당 용해할 수 있는 쇳물의 무게(ton)로 표시한다. 산성법과 염기성법이 있다.

> **보충정리**
>
> 평로 제강 순서
> 먼저 고철 부스러기, 석회석, 선철 등을 투입하고 축열실에 예열된 공기와 가스 또는 중유를 뿜어 넣고 고온의 화염방사열로 재료를 녹인다. 녹인 용해물에 산소와 여러 가지 첨가물을 투입하여 4~5시간 동안 정련한 다음 탈산제로 철-실리콘합금이나 알루미늄을 투입하는데 이는 남아 있는 여분의 산소를 제거하기 위함이다. 그리고 잉곳(금속 또는 합금을 한번 녹인 다음 주형에 흘려 넣어 굳힌 것을 말한다)으로 만들어진 강을 제조한다. 현재는 환경오염과 경제적인 이유로 많이 사용되고 있지 않다.

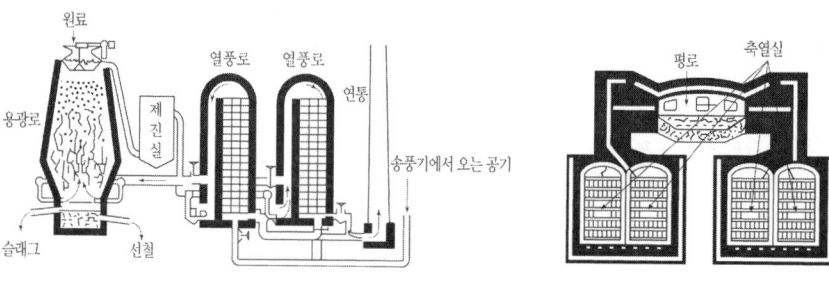

▲ 용광로   ▲ 평로

② 전로 제강

노속에 용선을 넣고 공기를 불어넣은 후 불순을 산화시켜 강을 만드는 방법으로 제강시간은 보통 30분이다. 전로 제강은 산성 내화물을 이용한 베세머법과 염기성 내화물을 이용한 토머스법이 있다. 전로의 용량은 1회에 제강할 수 있는 무게를 톤(ton)으로 나타낸다.

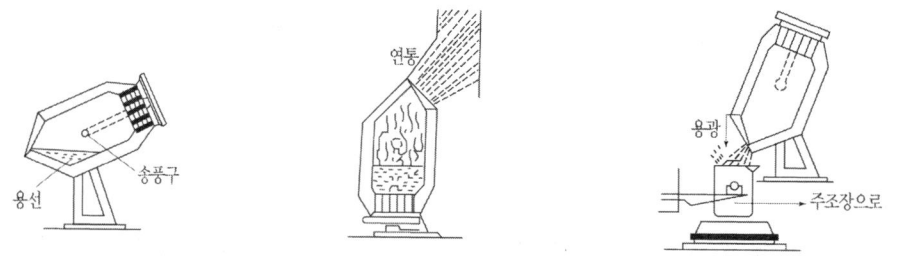

전로를 경사시켜 용선 장입   전로를 세워 공기를 주입하여 정련   전로를 재경사시켜 정련한 강을 옮김

▲ 전로

> **보충정리**
>
> 전로 제강 순서
>
> 선철을 전로에 투입하고 산소를 불어 넣어서 불순물인 황(S), 인(P) 등을 산화시켜 깨끗하게 만든다. 그리고 단단하고 사용하기 좋은 철 생산하기 위해 첨가물을 투입한다. 우리나라에서는 80[%] 이상이 전로 제강법으로 강을 제조한다.
> - 노의 크기는 1회 용해할 수 있는 선철의 무게를 t로 표시한다.
> - 주로 70~150t의 전로가 가장 많이 사용되고 있다.

③ 전기로 제강

전기의 열로 파쇄, 선철을 용해하여 강철 또는 합금강을 만드는 방법으로 특징은 쉽게 고온을 얻을 수 있고, 온도 제어가 쉬우며, 제강의 원료 구입이 용이하다. 용량은 1회에 용해할 수 있는 무게를 톤(ton)으로 나타낸다.

> **보충정리**
>
> 전기로 제강법
>
> 전기 아크열을 이용하여 고철, 선철 등의 원료를 녹여 탄소강을 제조하는 방법이다.
> ① 장점
>   ㉠ 연료계통의 설비가 불필요하다.
>   ㉡ 온도 조절이 용이하다.
> ② 방식 : 작은 용량의 전기로는 도가니를 감은 코일에 1,000[Hz] 정도의 고주파를 통해 철강재료를 용해하는 방식을 사용한다. 이 방법은 순도가 높은 철강, 고품질의 합금강 등에 사용된다.
> ③ 전기로의용량 : 1회 용해할 수 있는 탄소강의 무게를 t로 표시하고 5~200[t]까지 다양한 크기가 있다.

④ 도가니로 제강

불꽃이 직접 접촉되지 않도록 하여 간접용해시키는 방식이며, 양질의 강을 만들 수 있다. 도가니로는 주로 비철금속, 비철주물, 합금주물 등에서 사용한다.

> **보충정리**
>
> 노의 구분
> ① 용광로
>   ㉠ 철광석으로부터 선철을 만드는데 사용되는 노로 고로(高爐)라고도 한다.
>   ㉡ 발열원에 따른 구분 : 코크스선 고로, 목탄선(木炭銑) 고로, 전기선 고로 등으로 구분이 된다.
>   ㉢ 세계에서 생산되는 선철의 대부분은 코크스선 고로에서 생산한다.

② 구조 : 내화벽돌을 쌓아 올린 원통형 본체로 부설된 열풍로가 있으며 규모는 높이 20~30[m]이고 용량은 하루에 생산되는 선철의 무게를 t로 표시하는 것이 보통이다.

② 용선로 : 규모가 작은 제선공장에서 주로 사용하며 선철의 제조방법은 용광로와 동일하다. 규모는 용선로의 크기는 1시간에 용해할 수 있는 선철의 무게를 t로 표시한다. 3~10t의 용선로를 주로 사용한다.

> **보충정리**
>
> 산소 제거 정도에 따른 제강법으로 만들어진 강괴
> ① 킬드강 : 산소를 충분히 제거한 강
> ② 세미킬드강 : 산소를 중간 정도 제거한 강
> ③ 림드강 : 산소를 가볍게 제거한 강

> **예제** 다음 중 도가니로의 규격은 어떻게 표시하는가?
> ① 시간당 용해 가능한 구리의 중량(kgf)
> ② 시간당 용해 가능한 구리의 부피(m^3)
> ③ 한 번에 용해 가능한 구리의 부피(m^3)
> ④ 한 번에 용해 가능한 구리의 중량(kgf)

3 강의 조직과 성질

(1) 강의 표준조직

① 오스테나이트(austenite) : γ철에 탄소를 고용한 γ 고용체이다.

② 페라이트(ferrite) : α철에 0.03% 이하의 탄소를 조금 고용한 α 고용체이다.

③ 시멘타이트(cementite) : Fe_3C는 탄소 6.68%와 철의 화합물이다.

④ 공석강 : 탄소량 0.86%에서 생기는 펄라이트 조직만의 탄소강이다.

⑤ 아공석강 : 탄소량 0.03~0.85% 이하의 강, 페라이트와 펄라이트의 조직이다. 조직의 모양과 색이 진주와 비슷하여 "펄라이트"라고 부른다.

⑥ 과공석강 : 탄소량 0.86~2%인 강, 펄라이트와 시멘타이트의 조직이다.

(2) 강의 영향을 주는 성분

① 규소(Si)

경도 및 탄성한도 및 강도를 증가시키며 연신율과 충격값을 감소시키고 결정 입자의 크기를 증대시켜 가단성, 전성을 감소시킨다. 용융금속의 유동성을 좋게 하여 주물을 만드는데 도움을 준다.

② 망간(Mn)
㉠ 강에 끈끈한 성질을 주어 높은 온도에서 절삭을 용이하게 한다.
㉡ 강도, 경도, 인성을 증가시키며 담금질성을 향상시킨다.
㉢ 고온가공이 용이하며 고온에서 결정이 거칠어지는 것을 방지한다.
㉣ 적열취성과 탄소의 흑연화를 방지한다.

③ 인(P) : 경도 및 인장강도
㉠ 경도, 인장강도를 증가시키지만 상온취성 또는 냉간취성을 일으킨다.
㉡ 연성을 감소시킨다.
㉢ 절삭성을 향상시킨다.
㉣ 결정입자를 거칠게 한다.

④ 황(S)

가장 유해한 원소로서 연신율과 충격값을 매우 저하시키고 적열취성을 일으키지만 절삭성을 향상시킨다.

⑤ 탄소(C)

탄소의 함유량이 많으면 조직이 거칠어지며 강도와 경도를 증가시키지만 연신율, 연성, 전성을 저하시키는 원인이 된다.

예제 담금질성(hardenability)을 개선시키고 페라이트 조직을 강화할 목적으로 첨가하는 합금원소는?
① Cr　　　　　　　② Mn
③ Mo　　　　　　　④ Ni

예제 탄소강에 첨가되어 있는 원소 중에서 선철 및 탈산제에 첨가되며 강의 경도, 탄성 한계, 인장력을 높여주지만 신도(伸度)와 충격값을 감소시키는 원소는?
① 망간　　　　　　② 황
③ 인　　　　　　　④ 규소

(3) 강의 열처리(熱處理)

종류	가열온도	열처리 방법	영향
불림 (normalizing) 燒準(소준)	A3 변태점 이상	재료를 변태점 이상의 적당한 온도로 가열한 다음 일정 시간 유지시킨 후 공기 중에서 서서히 냉각시키는 방법	결정조직을 미세화하고 냉간 가공이나 단조 등으로 인한 내부 응력을 제거하며 결정 조직이나 기계적 성질과 물리적 성질 등을 표준화시키는 데 있다. ⇒ 조직 미세화, 내부 응력 제거
풀림 (annealing) 燒鈍(소둔)	A1, A3 변태점 이상	재료를 일정 온도로 가열한 다음 일정 시간 유지시킨 후 노 내에서 천천히 냉각하여 재료를 연하게 만드는 작업	조직의 변화로 인해 최초의 결정 입자가 붕괴되고 새롭게 미세한 결정 입자가 조성되어 내부응력이 제거되며 재료가 연화된다.
담금질 (guenching) 燒入(소입)	A1 변태점 이상	탄소강을 적당한 온도로 가열하여 조직을 변화시키기 위해 물 또는 유중에서 급랭시키는 열처리 방법	경도 및 강도 증가시키기 위한 것으로 열처리 조직은 가열온도에 따라 변화가 크므로 담금질 온도에 주의해야 한다. ⇒ 경도 및 강도 증가
뜨임 (tempering) 燒戾(소려)	A1 변태점 이하	담금질한 금속, 합금 등을 적당한 온도로 재가열했다가 공기 중에서 천천히 냉각하는 작업	담금질한 강은 경도가 증가된 반면 취성을 가지게 되고, 표면에 잔류 응력이 남아 있으면 불안정하여 파괴되기 쉽다. 따라서 적당한 인성을 재료에 부여하기 위해 담금질 후에 반드시 뜨임 처리를 해야 한다. 즉 담금질 한 조직을 안정한 조직으로 변화시키고 잔류응력을 감소시켜, 필요로 하는 성질과 상태를 얻기 위한 것이 목적이다. ⇒ 내부 응력을 제거, 인성을 증가

> **예제** 강을 열처리하는 방법 중에서 풀림의 일반적인 목적이 아닌 것은?
> ① 담금질한 강을 강화시킨다.
> ② 조직을 균일화, 미세화한다.
> ③ 가공에서 생긴 내부 응력을 저하시킨다.
> ④ 열처리로 인하여 경화된 재료를 연화시킨다.

(4) 표면 경화법

강의 내부는 원래 금속성질을 그대로 두고 표면만 열처리하여 1[mm] 정도 경도를 증가시키는 방법이다. 기계나 부품 등을 제조할 때 내마멸성, 내식성, 피로강도 등을 높이기 위해 사용한다.

① 침탄법(carburizing)

탄소 함유량이 0.2[%] 미만인 저탄소강이나 저탄소 합금강의 표면에 탄소를 침투시켜서 고탄소강(과공석강)으로 만든 후 담금질하는 것이며, 고체침탄법(900 ~ 950[℃]에서 5~8시간 가열), 가스침탄법, 액체침탄법 등이 있다. 여기서는 자주 쓰이는 고체침탄법과 가스 침탄법을 알아보자.

㉠ 고체침탄법 : 저탄소강이나 저탄소 합금강을 목탄 60 ~ 70[%], 탄산바륨 20 ~ 30[%], 탄산나트륨 10% 이하 성분의 침탄제에 묻고 가열하는 방법이다. 이 과정에서 강재를 900[℃] 전후의 온도에서 장시간 처리하여 중심부 조직이 거대화되는데, 이를 막기 위해 담금질을 통해 중심부 조직을 미세화하고 표면층을 경화시킨다. 어느 한 부분만 침탄시키는 국부 침탄을 하기도 한다. 이 경우 침탄이 필요하지 않은 부분에는 침탄 방지제를 발라 침탄을 방지한다.

㉡ 가스침탄법 : 고체침탄법의 단점을 보완하기 위해 사용이 된다. 침탄제로는 일산화탄소와 메탄, 에탄, 프로판, 천연가스 등 탄화수소계 가스를 사용하며 고체침탄법에 비해 열효율이 높고 공정이 간단하다. 그에 더해 고주파를 이용해 온도를 높일 경우 침탄에 필요한 시간이 더 짧아진다. 주의할 점은 고온에서 장시간 강을 가열하면 심부 조직이 조립화(粗粒化)되어 2차 열처리를 통해 이를 다시 미세하게 만들어 주어야 한다. 이 과정은 어떤 가스를 사용하던 반드시 필요하다.

② 질화법(nitriding)

암모니아(NH_3) 가스 속에 강을 넣고 장시간 가열하면 질소와 철이 작용하여 질화철이 된다. 즉, 금속 재료 표면에 질소를 침투시켜 매우 단단한 질소화합물(Fe_2N) 층을 형성하는 표면경화법이다. 강을 담금질이나 뜨임 등으로 열처리를 한 후 질소를 침투시켜 경화시킨다. 침탄법과 비교해 본 장점은 침탄법의 경우 2차 열처리를 하면서 담금질을 하기 때문에 변형이 생길 수 있는데 비해 질화법은 담금질이 필요 없으므로 열처리에 의한 변형이 매우 적다. 또한 침탄법에 비해 경화층이 얇은 대신, 경화 강도는 침탄법보다 강하다. 또한 마모나 부식에 대한 저항력이 크며 600[℃] 이하의 온도에서는 재료의 경도가 감소되지 않으며 산화작용이 잘 일어나지 않는다. 다만, 다른 경화법에 비해 비용이 많이 든다. 특징은 경화층은 얇으나 경도, 내마모성, 내식성, 내산화성 등이 증가하지만, 충격저항이 다소 감소한다.

③ **청화법(cyaniding)**
시안화나트륨(NaCN), 시안화칼륨(KCN) 등의 청화물이 철과 작용하여 금속 표면에 질소와 탄소가 동시에 침투하게 하는 방법이다.

④ **화염경화법(flame hardening)**
산소-아세틸렌 불꽃으로 강의 표면만을 가열하여 열이 중심부에 전달되기 전에 급랭시키는 방법이다.

⑤ **고주파 경화법(induction hardening)**
0.4~0.5[%]의 탄소를 함유한 고탄소강 금속 표면에 코일(coil)을 감고 고주파 전류를 통하여 표면만 고온에서 가열한 후 급랭시키는 방법이다. 고주파 가열법에서는 열이 전자 에너지 형태로 재료에 도달하여 표면에 흐르는 유도 2차 전류를 발생시킨다. 이로 인한 장점으로, 유도 2차 전류는 표면에만 흐르므로 표면에 에너지를 집중시키기 때문에 가열시간이 단축된다. 또한 가열시간이 짧으므로 재료의 산화나 탈탄에 대한 염려가 없다. 또한 가공물의 응력을 최대한 억제할 수 있으며 가격이 싸다.

⑥ **금속침투법**
재료를 가열하여 표면에 다른 금속을 피복시키면서 확산에 의해 합금 피복층을 얻는 방법으로 재료의 내식성, 내고온성, 내마멸성을 향상시킬 수 있다. 침투시키는 원소에 따라 다음과 같이 구분이 된다.

침투시키는 원소	이름
알루미늄	캐롤라이징(colorizing)
크롬	크로마이징(chromizing)
규소	실리콘나이징(siliconizing)
아연	셰라다이징(sheradizing)

> **보충정리**
> 표면경화법의 적용 사례 : 기어 제작
> • 경도가 크고, 내마멸성도 강하며, 충격에 버티는 성질을 가진 재료를 선택해야 한다. 그러나 이러한 조건을 모두 만족시키는 재료를 찾기가 어렵다.
> • 따라서 경도가 높고 취성이 큰 고탄소강을 이용해 기어를 만든다면 마모에는 잘 버티나 작은 충격에도 기어가 깨져 버린다.
> • 반면 저탄소강을 이용하면 잘 깨지지는 않지만 경도 역시 약해져 금방 기어가 닳아 버리게 된다.

- 이러한 경우 저탄소강을 재료로 이용하되 표면을 경화해서 사용하면 내부는 질기고 표면은 마모에 잘 견디는 기어를 만들 수 있다

표면경화법의 분류

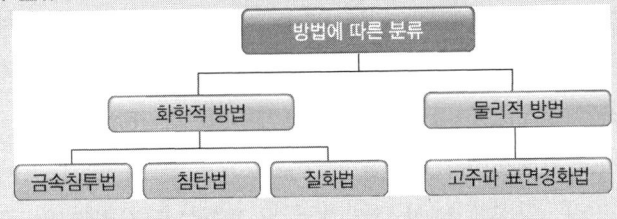

예제 마찰부분이 많아 내마모성과 인성이 풍부한 강을 만들기 위한 열처리 방법에 속하지 않는 것은?
① 산화법 ② 침탄법
③ 화염 경화법 ④ 고주파 경화법

(5) 합금강(특수강 : alloy steel)

① 합금 첨가 원소의 특징
  ㉠ 니켈 : 강인성, 저온충격값, 내산성, 내식성 증대
  ㉡ 크롬 : 내마모성, 내식성의 증대
  ㉢ 텅스텐 : 고온에서 인장강도, 경도 증대
  ㉣ 몰리브덴 : 뜨임취성 방지
  ㉤ 규소 : 내열성 증대
  ㉥ 황 : 절삭성 향상
  ㉦ 구리 : 대기 중의 내산화성 증대
  ㉧ 코발트 : 절삭성 향상

② 구조용 강
  ㉠ 크롬강(SCr)
  ㉡ 니켈-크롬강(SNC) : 철에 니켈과 크롬을 합금하면 저항이 커져 전기가 흐를 때 열과 빛을 내게 된다. 따라서 전구의 필라멘트, 전기히터의 전열선으로 사용한다.
  ㉢ 스프링강(SUP) : 규소-망간강 또는 규소-크롬강을 사용하며 탄성한계가 높고 응력에 대한 피로한도가 높다.

③ 니켈강

④ 니켈-크롬-몰리브덴강(SNCM)

⑤ 공구강
  ㉠ 고속도강(SKH)
  ㉡ 초경합금 : 비디아, 탕갈로이, 카불로이
  ㉢ 세라믹 : 주성분은 알루미나이며 소결시켜 만든다.

⑥ 특수 용도강
  ㉠ 스테인리스강(SUS) : 용접이 잘되고, 부식이 되지 않아 의료기기, 식품기계, 조리도구, 난간 및 놀이기구 등 광범위하게 사용된다.
    • 13크롬강(마르텐사이트계)
    • 18크롬강(페라이트계)
    • 18-8크롬 니켈강(오스테나이트계)
  ㉡ 불변강(SUS)
    • 철에 니켈을 30 ~ 40[%]를 첨가하면 열팽창계수가 적고 탄성계수는 온도에 따라 변화가 없다. 따라서 줄자, 각종 게이지를 만드는 재료로 사용된다.
    • 인바, 슈퍼인바, 엘린바, 클래티나이트 등이 있다.

(6) 탄소강의 표준조직

① 페라이트 : α고용체(α철 + 탄소)

② 시멘타이트 : Fe_3C(탄화철) 탄소강 중에서 강도, 경도가 가장 크다.

③ 펄라이트 : α고용체 + Fe_3C(탄화철) 페라이트와 시멘타이트의 공석정

④ 오스테나이트 : γ고용체(γ철 + 탄소)

(7) 탄소강의 담금질 조직

① 마르텐사이트 : 수중에서 급랭시 생성

② 솔바이트 : 공기 중에서 냉각시 생성

③ 펄라이트 : 노중에서 냉각시 생성

④ 트루스타이트 : 유중에서 냉각시 생성

⑤ 경도와 강도의 순서 : 시멘타이트 > 마르텐사이트 > 트루스타이트 > 솔바이트 > 펄라이트 > 오스테나이트 > 페라이트 순이다.

> **예제** 탄소강의 조직 중에서 경도가 가장 큰 조직은?
> ① 페라이트　　　　　　② 마텐자이트
> ③ 펄라이트　　　　　　④ 오스테나이트
>
> **예제** 오스테나이트(austenite)를 상온 가공하였을 때 얻어지며 강의 담금질 조직 중 가장 경하며 자성이 강하고 상온에서 불안정한 조직인 것은?
> ① 베나이트(banite)　　　　② 마르텐사이트(martensite)
> ③ 트루스타이트(troostite)　④ 펄라이트(pearlite)

(8) 주철(cast iron)

① 특징
  ㉠ 탄소 함유량이 2.0 ~ 6.68[%]인 철강으로 보통 4.5[%] 까지의 것을 말한다.
  ㉡ 압축강도는 크지만 인장강도가 적다.
  ㉢ 용융점이 낮고 유동성이 좋다.
  ㉣ 가공은 가능하나 용접성이 불량하다.
  ㉤ 녹이 잘 생기지 않는다.
  ㉥ 가단성, 전연성이 적고, 취성이 크다.
  ㉦ 마찰저항이 크고 값이 싸다.
  ㉧ 내마모성이 크고 절삭성이 좋다.

② 종류
  ㉠ 회주철(grey cast iron) : 유리된 탄소와 탄화철(Fe_3C)이 혼재하고 있으며, 규소의 함유량이 많고 냉각속도를 느리게 하여 탄소의 많은 양이 흑연화되어 있는 주철이다.
  ㉡ 백주철(white cast iron) : 탄소, 규소의 양이 적을 때 생기며 탄화철이 많을 때 주물의 파단면이 백색이며 취성이 크다. 급랭시 발생하므로 칠드(chilled)라고도 한다.
  ㉢ 보통주철(C) : 인장강도가 20[kgf/mm^2] 이하이며, 주소성은 좋으나 가단성, 전연성은 없다. 그리고 압축강도 및 내마모성이 크다.
  ㉣ 고급주철 : 인장강도가 20[kgf/mm^2] 이상이며, 펄라이트 조직이다. 강인하고, 내마모성, 내열성 등이 크다.
    • 구상흑연 주철 : 덕타일(ductile)주철, 노듈러(nodular)주철이라고도 부르며,

주철에 마그네슘(Mg)을 첨가하여 흑연의 형상을 구상화한 것이다. 크랭크축, 캠축, 브레이크 드럼 등에 쓰인다.
- 미하나이트 주철 : 주철을 용해할 때 칼슘(Ca)과 규소(Si)를 0.3[%] 정도 첨가하여 적당한 강도와 경도를 작게 한 것이다. 피스톤 링에 쓰인다.

ⓜ 칠드주철(chilled cast iron) : 주조할 때 금형의 다이에 접속된 표면을 급냉시켜서 표면은 Fe3C(시멘타이트)가, 금속의 내부는 서냉시켜서 펄라이트가 되게 한 주철이다.

ⓑ 가단주철(malleable cast iron) : 백선철을 가열 탈탄시켜 시멘타이트를 흑연화시켜서 인장강도를 증대시키고 연신할 수 있도록 한 것이다. 가단이란 단조(forging)의 의미가 아니라 보통주철보다 타격을 하거나 구부려도 즉시 파괴되지 않는 성질을 의미한다. 열처리 방법에 따라 파단면이 흑색인 흑심가단주철(BMC)과 파단면이 백색인 백심가단주철(WMC)이 있으며 가단주철은 백선주물을 풀림 열처리한 것이다.

> **예제** 다음 주철 중 인장강도가 높아 차량의 프레임이나 캠 및 기어용 부품 등에 적합한 것은?
> ① 회주철 ② 칠드주철
> ③ 가단주철 ④ 백주철

CHAPTER 03 비철 금속

1 구리

(1) 특징
① 비중은 8.96, 용융점은 1083[℃]이다.
② 전기 및 열의 양도체, 비자성체이다.
③ 색채가 아름다우며 전연성이 풍부하다.
④ 표면에 녹색의 염기성 녹이 생겨 산화피막의 역할을 하므로 내식성이 크며 기계적 강도는 낮다.

(2) 구리합금

① 황동
구리와 아연의 합금으로 놋쇠 또는 신주라고도 한다. 황금색으로 주조성, 가공성, 내식성이 우수하며 아연의 함량이 증가할수록 강도와 경도는 증가한다.
㉠ 7·3황동(구리 70[%], 아연 30[%]) : 냉간 가공성이 좋아 압연가공재료로 사용된다.
㉡ 6·4황동(구리 55~65[%], 아연 35~45[%]) : 베어링 재료에 사용된다.

② 청동
구리와 주석의 합금으로 구리에 주석을 최고 14[%]까지 합금한 것으로 해수에 대한 내식성이 좋다.
㉠ 포금(구리 88[%]+주석 10[%]+아연 2[%]) : 일반 기계부품, 밸브, 기어 등에 사용된다.
㉡ 인청동{청동(구리+주석)+인 0.05~0.5[%]} : 베어링 및 밸브시트에 사용된다.
㉢ 켈밋(구리+납 30~40[%]) : 평면 베어링으로 사용된다.

③ 톰백

구리와 아연의 합금으로 구리에 20%의 아연을 섞어 만든 합금으로 금을 대신하는 장신구로 사용된다.

④ 호이슬러 합금

강자성체의 합금으로 구리에 망간, 알루미늄연을 첨가하여 자석재료로 사용한다.

예제 다음 중 황동의 주성분은?
① 구리(Cu), 망간(Mn) ② 구리(Cu), 아연(Zn)
③ 구리(Cu), 니켈(Ni) ④ 구리(Cu), 규소(Si)

---

2 알루미늄

(1) 특징
① 비중이 2.7로 작고, 용융점이 660[℃]으로 낮다.
② 전연성, 열전도성, 전기전도성이 좋다.
③ 표면에 산화막이 형성되므로 내식성이 우수하며, 무게가 가볍다.

(2) 알루미늄 합금
① 실루민 [알루미늄(Al)+규소(Si)+소량의 망간(Mn), 마그네슘(Mg)]
실린더 헤드, 크랭크케이스 등에 사용된다.

② Y합금 [알루미늄(Al)+구리(Cu)+마그네슘(MG)+니켈(Ni)]
자동차 피스톤, 실린더 헤드 등에 사용된다.

③ Lo-Ex합금 [알루미늄(Al)+규소(Si)+구리(Cu)+마그네슘(Mg)+니켈(Ni)]
Y합금보다 열팽창계수가 작아 피스톤 재료로 사용된다.

④ 두랄루민 [알루미늄(Al)+구리(Cu)+마그네슘(Mg)+망간(Mn)]
항공기 재료 및 단조용 재료로 사용하며 시효경화를 일으킨다. 마그네슘의 함량을 높인 것을 초두랄루민이라 한다.

⑤ 하이드로날륨 [알루미늄(Al)+마그네슘(Mg)]
알루미늄에 마그네슘을 3~9[%] 첨가하여 만든 합금으로 가전부품, 사무기기 등에 사용한다.

> **예제** 알루미늄에 관한 일반적인 설명으로 틀린 것은?
> ① 은백색으로 비중이 2.7 정도이다.
> ② Mg 보다도 비중이 작아서 중량 경감이 요구되는 자동차, 항공기 등에 많이 사용된다.
> ③ 공기중에 산화가 잘되지 않아 내식성이 우수하다.
> ④ Al에 Cu, Mg, Si 등의 금속을 첨가하거나 석출경화, 시효경화 및 풀림 등의 처리를 통하여 기계적 성질을 개선할 수 있다.
>
> **예제** Y 합금의 주요 구성성분이 아닌 것은?
> ① 주석　　　　　　　　② 구리
> ③ 니켈　　　　　　　　④ 알루미늄

3 니켈

(1) 특징

① 비중이 8.85, 용융점이 1,445[℃]이다.
② 인성이 풍부하며 360[℃] 이상 되면 자성을 상실한다.

(2) 니켈 합금

① 모넬메탈 [니켈(Ni)+구리(Cu)+철(Fe)]
　내식성, 내열성이 좋고 기계적 성질이 뛰어나다.
② 양은 [구리(Cu)+아연(Zn)+니켈(Ni)]
　내열성, 내식성, 가공성이 우수하다.
③ 콘스탄탄 [니켈(Ni)+구리(Cu)]
　전기저항이 크고 온도계수가 적어 전기저항선이나 열전대로 많이 사용된다.

4 베어링 합금

(1) 화이트 메탈(베빗 메탈)

[주석(Sn)+안티몬(Sb)+구리(Cu)] 또는 [납(Pb)+아연(Zn)]의 합금으로 다소 무른 재질특성을 나타낸다.

(2) **켈밋메탈[구리(Cu)+납(Pb)]**

강성의 재질 특성을 나타낸다.

> **예제** 다음은 화이트메탈(white metal)에 대한 설명이다. 틀린 것은?
> ① Babbit metal이라고도 한다.
> ② Sn, Cu, Sb를 주성분으로 한 베어링 합금이다.
> ③ Pb, Sn을 주성분으로 하고 여기에 적당한 양의 Sb, Cu 등을 첨가한 합금이다.
> ④ Cu에 Pb 25~40[%] 첨가한 합금으로서 항공기, 자동차의 main bearing에 사용한다.

CHAPTER 04 비금속 재료

1 기초 재료

(1) 석재

내구성은 우수하나 성형성이 나쁘다.

(2) 시멘트

석회석과 점토를 고온에서 구운 후 냉각시켜 만든 접착용 무기질 분말이다.

(3) 모르타르

시멘트와 모래를 물로 개어서 섞은 것을 말한다.

(4) 콘크리트

① 시멘트와 자갈, 모래를 물로 개어서 섞은 것이다.

② 비중 : 약 2.3

③ 압축강도 : $100 \sim 400[kg/cm^2]$

2 합성수지와 도료

(1) 합성수지

유기 물질로 합성된 가소성 물질을 플라스틱 또는 합성수지라 한다.

① 특징

  ㉠ 가볍고 튼튼하다(비중 $1 \sim 1.5$).

  ㉡ 전기 절연성과 가공성이 우수하다.

  ㉢ 색상이 자유롭다.

ⓔ 화학약품에 강하다.
ⓜ 열에 약하다.

② **분류**
㉠ 열 경화성 수지 : 열에 의해 한번 굳어진 다음에는 다시 가열해도 부드러워지지 않고 녹지도 않는다.
- 페놀 수지 : 접착제, 공구함, 전기 배전판. 회로 기판, 전화기, 자동차 브레이크 등
- 아미노 수지 : 식기류, 단추, 전기 스위치 덮개 등
- 에폭시 수지 : 금속·유리 접착제, 도료, 건물 방수 재료 등

㉡ 열 가소성 수지 : 열을 가할 때마다 부드럽고 유연하게 되거나 녹으며, 냉각되면 단단하게 굳어진다.
- 폴리염화비닐 수지 : 가죽 대용품, 상·하수도관, 호스, 전선 피복, 화학 약품 저장 탱크 등
- 폴리스티렌 수지 : 단열재, 광학 제품, 1회용 용기, 냉장고 부품. 충격 방지 포장재 등
- 폴리에틸렌 수지 : 주방 용기, 전기 절연 재료, 장난감, 원예용 필름 등
- 폴리프로필렌 수지 : 카드 파일, 수화물 상자, 주방 용기, 포장 젤, 화장품상자, 자동차 가속 페달 등
- 아크릴 수지 : 광고 표지판, 광학 렌즈, 콘택트렌즈, 전등 케이스, 채광창 등
- 나일론 : 섬유, 플라스틱 베어링, 기어, 롤러, 제도용 자 등

예제 금속재료와 대체할 수 있는 기계재료 중에서 합성수지의 공통된 성질이 아닌 것은?
① 가볍고 튼튼하다.
② 가공성이 크고 성형이 간단하다.
③ 전기 절연성이 좋다.
④ 비중과 강도의 비인 비강도는 비교적 낮다.

예제 비금속재료 중 하나인 합성수지의 일반적인 특징에 해당하지 않는 것은?
① 가공성이 크고 성형이 간단하다.
② 전기 전동성이 좋다.
③ 열에 약하다.
④ 투명한 것이 많고 착색이 자유롭다.

(3) 도료

물체표면의 보호와 장식을 목적으로 쓰인다.

① 페인트
- ㉠ 수성 : 물로 희석하여 사용
- ㉡ 유성 : 기름으로 희석하여 사용
- ㉢ 에나멜 : 와니스에 개어서 사용
- ㉣ 합성수지 : 합성수지 와니스를 섞어서 사용

② 와니스
- ㉠ 유성 : 천연수지 또는 합성수지와 보일유를 가열 융합한 것
- ㉡ 합성수지 : 합성수지를 가열하여 테레핀 오일의 용제에 녹인 것
- ㉢ 셀룰로스 : 니트로 셀룰로스+합성수지+에스텔의 혼합물

③ 방청도료
- ㉠ 연단도료 : 연단(Pb_3O_4)+아마인유
- ㉡ 산화철 도료 : 산화철+아마인유
- ㉢ 알루미늄 도료 : 알루미늄 분말+유성 와니스(왁스)

01 단원연습문제

01 다음 중 인장강도가 가장 높은 주철은?
① 고급주철
② 가단주철
③ 합금주철
④ 구상흑연 주철

02 다음 중 질긴 성질, 즉 충격에 대한 재료의 저항을 나타내는 성질은?
① 전성
② 탄성
③ 연성
④ 인성

03 절삭, 단조, 주조 및 용접 등이 용이하며 열처리로 재질을 개선시킬 수 있어 볼트, 너트, 축계 및 치차류의 용도로 다양하게 사용할 수 있는 강으로 가장 적합한 것은?
① 경강
② 반연강
③ 연강
④ 고탄소강

04 다음 중 열처리 방법으로 급랭시켜 재질을 경화시키는 방법은?
① 불림
② 풀림
③ 뜨임
④ 담금질

05 다음 금속 중 열전도성이 가장 우수한 것은?
① 구리
② 알루미늄
③ 주철
④ 연강

06 탄소강에서 적열취성을 일으키는 원소는?
① 황(S)
② 인(P)
③ 실리콘(Si)
④ 탄소(C)

07 다음 중 도가니로의 규격은 어떻게 표시하는가?

① 시간당 용해 가능한 구리의 중량(kgf)
② 시간당 용해 가능한 구리의 부피(m^3)
③ 한 번에 용해 가능한 구리의 부피(m^3)
④ 한 번에 용해 가능한 구리의 중량(kgf)

08 강을 열처리하는 방법 중에서 풀림의 일반적인 목적이 아닌 것은?

① 담금질한 강을 강화시킨다.
② 조직을 균일화, 미세화한다.
③ 가공에서 생긴 내부 응력을 저하시킨다.
④ 열처리로 인하여 경화된 재료를 연화시킨다.

09 다음 중 금속재료의 물리적 성질이 아닌 것은?

① 비중
② 열전도율
③ 선팽창계수
④ 취성

10 주철 중에서 유리(遊離)된 탄소와 Fe_3C가 혼재하고 있는 주철은 어느 것인가?

① 회주철
② 백주철
③ 반주철
④ 적주철

11 주철조직에 유리탄소(free carbon)와 Fe_3C가 혼재하고 있으며, 주조와 절삭이 쉬워 일반 가공기계의 베드용으로 사용되는 보통주철은?

① 회주철
② 백주철
③ 반주철
④ 페라이트 주철

12 다음 중 세라믹스 종류에 해당하지 않는 것은?

① 산화물계
② 황화물계
② 탄화물계
④ 질화물계

13 금속재료의 가공경화로 생긴 잔류응력 제거 및 절삭성 향상 등을 개선시키는 열처리 방법으로 가장 적합한 것은?

① 풀림 ② 뜨임
③ 코팅 ④ 담금질

14 주조할 때 주형에 접한 표면을 급랭시켜 표면은 시멘타이트가 되게 하고, 내부는 서서히 냉각시켜 펄라이트가 되게 한 주철은?

① 백주철 ② 회주철
③ 칠드 주철 ④ 가단주철

15 칠드 주철에 관한 설명으로 옳지 않은 것은?

① 칠드층을 만들기 위해 Si가 많은 재료를 사용한다.
② 압연용 롤러와 기차의 바퀴 등에 사용되며 내마모성이 큰 주물이다.
③ 백선화된 부분은 시멘타이트가 형성되어 강도가 크고 취성이 있다.
④ 내부는 인성이 있는 회주철로서 취약하지 않아 잘 파손되지 않는다.

16 다음 중 티탄 및 티탄합금에 관한 설명으로 옳지 않은 것은?

① 티탄의 비중은 약 4.51로 철에 비해 가볍고 강도가 크다.
② 티탄 합금은 저온에서 특히 강도가 크고 내식성, 내마모성이 우수하다.
③ 열처리된 티탄 합금은 다른 구조용 재료에 비해 항복비와 내구비가 높다.
④ 티탄 합금은 티탄의 성질을 개선하기 위하여 Al, Sn, Fe, Cr, Mo, V 등의 합금원소를 첨가한다.

17 탄소강의 조직 중에서 경도가 가장 큰 조직은?

① 페라이트 ② 마텐자이트
③ 펄라이트 ④ 오스테나이트

18 다음 열처리의 담금질액 중 냉각속도가 가장 빠른 것은?

① 물 ② 기름
③ 비눗물 ④ 소금물

19 강의 열처리 중 담금질의 주목적은?

① 균열방지　　　　　　② 재질의 경화
③ 인성증가　　　　　　④ 잔류응력제거

20 담금질성(hardenability)을 개선시키고 페라이트 조직을 강화할 목적으로 첨가하는 합금원소는?

① Cr　　　　　　　　② Mn
③ Mo　　　　　　　　④ Ni

21 탄소강에 관한 설명으로 옳지 않은 것은?

① 탄소량이 증가하면 비중도 증가한다.
② 탄소강의 탄성률은 온도가 증가함에 따라 감소한다.
③ 탄소강은 200~300[℃]에서 청열취성(메짐)이 발생한다.
④ 아공석강 영역에서 탄소량이 증가하면 경도는 증가하나 연신율은 감소한다.

22 아공석강에서는 Ac3점에서 40~60[℃] 높은 범위에서 가열하여 노 내에서 서냉시키는 방법으로 주로 가공 경화된 재료를 연화시키거나 내부응력 제거 및 불순물의 방출 등을 할 수 있는 열처리 방법은?

① 불림(normalizing)　　　② 뜨임(tempering)
③ 담금질(quenching)　　　④ 풀림(annealing)

23 바닥이 넓은 축열실(蓄熱室) 반사로를 사용하여 선철을 용해, 정련하는 제강법은?

① 평로　　　　　　　　② 전기로
③ 전로　　　　　　　　④ 용광로

24 알루미늄에 관한 일반적인 설명으로 틀린 것은?

① 은백색으로 비중이 2.7 정도이다.
② Mg 보다도 비중이 작아서 중량 경감이 요구되는 자동차, 항공기 등에 많이 사용된다.

③ 공기중에 산화가 잘되지 않아 내식성이 우수하다.
④ Al에 Cu, Mg, Si 등의 금속을 첨가하거나 석출경화, 시효경화 및 풀림 등의 처리를 통하여 기계적 성질을 개선할 수 있다.

25 철(Fe)이 상온에서 나타나는 결정격자는?

① 체심입방격자
② 조밀육방격자
③ 면심입방격자
④ 사방입방격자

26 강을 가열했을 때 나타나는 조직으로 910~1,400[℃] 사이 γ철에 탄소를 잘 고용하는 γ고용체는?

① 펄라이트
② 페라이트표
③ 오스테나이트
④ 시멘타이트

27 18-8 스테인리스강에서 18-8의 표준성분은?

① 규소 18[%], 니켈 8[%]
② 크롬 18[%], 니켈 8[%]
③ 규소 18[%], 크롬 8[%]
④ 니켈 18[%], 크롬 8[%]

28 강철 재료를 순철, 강 및 주철의 3종류로 분류할 때 순철로 구분되는 재료의 탄소 함유량으로 적합한 것은?

① 0.01[%] 이하
② 0.1[%] 이하
③ 0.2[%] 이하
④ 0.03[%] 이하

29 마찰부분이 많아 내마모성과 인성이 풍부한 강을 만들기 위한 열처리 방법에 속하지 않는 것은?

① 산화법
② 침탄법
③ 화염 경화법
④ 고주파 경화법

30 다음 중 탄소강의 A1 변태점은 몇 도인가?

① 1,400[℃]
② 723[℃]
③ 768[℃]
④ 941[℃]

31 온도 변화에 의해 금속의 결정격자가 다른 결정격자로 변하는 현상은?

① 자기변태 ② 동소변태
③ 동형변태 ④ 소성변형

32 다음 주철 중 인장강도가 높아 차량의 프레임이나 캠 및 기어용 부품 등에 적합한 것은?

① 회주철   ② 칠드주철
③ 가단주철 ④ 백주철

33 탄소강에 함유되어 있는 원소 중 연신율을 감소시키지 않고도 강도를 증가시키며, 고온에서 소성을 증가시켜 주조성을 좋게 하는 원소는?

① 인(P)   ② 황(S)
③ 망간(Mn) ④ 규소(Si)

34 탄소강에 첨가되어 있는 원소 중에서 선철 및 탈산제에 첨가되며 강의 경도, 탄성 한계, 인장력을 높여주지만 신도(伸度)와 충격값을 감소시키는 원소는?

① 망간   ② 황
③ 인   ④ 규소

35 오스테나이트(austenite)를 상온 가공하였을 때 얻어지며 강의 담금질 조직 중 가장 경하며 자성이 강하고 상온에서 불안정한 조직인 것은?

① 베나이트(banite)   ② 마르텐사이트(martensite)
③ 트루스타이트(troostite) ④ 펄라이트(pearlite)

36 용해온도가 낮은 동, 황동, 청동 등 비철금속을 용해시키는데 주로 사용하는 용해로는?

① 큐폴라(cupola)
② 반사로(reservatory furnace)
③ 평로(open heat furnace)
④ 전기로(electronic furnace)

37 강판 원통 내부에 내화벽돌을 쌓은 것으로서, 제작이 용이하고 구조가 간단하며 일반적으로 주철을 용해시키는 데 쓰이는 대표적인 용해로는?

① 전기로　　　　　　② 전로
③ 반사로　　　　　　④ 큐폴라

38 탄소강에 어떤 성분을 결합하면 연신율을 그다지 감소시키지 않고 강도 및 소성을 증가시키고, 황에 의한 취성을 방지하는가?

① P　　　　　　② S
③ Si　　　　　　④ Mn

39 탄소량 0.85[%]에서 생기는 펄라이트 조직만의 탄소강을 무엇이라 부르는가?

① 과공석강　　　　② 아공석강
③ 공석강　　　　　④ 시멘타이트

40 경도가 큰 재료에 인성만 부여할 목적으로 A1 변태점 이하로 가열하여 서냉하는 열처리법은?

① 뜨임　　　　　　② 고온 풀림
③ 담금질　　　　　④ 저온 풀림

41 바닥이 넓은 축열실(蓄熱室) 반사로를 사용하여 선철을 용해·정련하는 제강법은?

① 평로　　　　　　② 전기로
③ 전로　　　　　　④ 용광로

42 다음 중 큐폴라의 규격에 해당하는 것은?

① 매시간 용해되는 철의 무게
② 24시간당 용해되는 철의 무게
③ 1회에 용해할 수 있는 철의 무게
④ 1회 용해하는 데 사용된 코크스의 무게

43 고탄소강을 공구강으로 사용하는 이유로 가장 적합한 것은?

① 경도를 필요로 하기 때문에
② 전성을 필요로 하기 때문에
③ 인성을 필요로 하기 때문에
④ 충격에 견디어야 하기 때문에

44 γ-Fe에 탄소가 최대 2.11% 고용된 γ고용체로 면심입방격자 결정구조를 가지고 있으며, A_1 변태점 이상에서 주로 존재하는 철강의 기본조직은?

① 시멘타이트
② 페라이트
③ 펄라이트
④ 오스테나이트

45 다음 중 알루미늄 합금인 것은?

① 포금(건 메탈)
② 두랄루민
③ 델타메탈
④ 다우메탈

46 다음 재료 중 수중에서의 내식성이 가장 좋은 것은?

① 스테인리스강
② 열간 압연 강판
③ 기계 구조용 압연 강재
④ 일반 구조용 압연 강재

47 탄소강의 담금질조직에서 경도가 가장 높은 것은?

① 오스테나이트
② 솔바이트
③ 트루스타이트
④ 마르텐사이트

48 탄소강에 하나 또는 여러 종류의 합금 원소를 첨가하여 여러 가지의 목적에 적합하도록 성질을 개선한 강을 무엇이라 하는가?

① 고탄소강
② 중금속
③ 과공석강
④ 합금강

49 강의 표면을 경화하는 질화법을 설명한 것으로 틀린 것은?

① 질화법은 담금질할 필요가 없다.
② 질화법은 마모 및 부식에 대한 저항이 작다.
③ 질화법으로 경화하면 경화층은 얇으나 경도는 침탄한 것보다 크다.
④ 질화법은 변형이 적으나 경화시간이 많이 걸린다.

50 베어링 합금의 구비조건으로 적합한 성질은?

① 열전도성이 클 것
② 마찰계수가 클 것
③ 내부식성이 적을 것
④ 내마모성이 적을 것

51 6·4 황동에 1~2[%]의 철을 첨가한 것으로 강도가 크고 내식성이 좋아 광산, 선박, 화학기계에 쓰이는 것은?

① 7·3 황동
② 델타메탈
③ 톰백
④ 인청동

52 금속재료와 대체할 수 있는 기계재료 중에서 합성수지의 공통된 성질이 아닌 것은?

① 가볍고 튼튼하다.
② 가공성이 크고 성형이 간단하다.
③ 전기 절연성이 좋다.
④ 비중과 강도의 비인 비강도는 비교적 낮다.

53 비금속재료 중 하나인 합성수지의 일반적인 특징에 해당하지 않는 것은?

① 가공성이 크고 성형이 간단하다.
② 전기 전동성이 좋다.
③ 열에 약하다.
④ 투명한 것이 많고 착색이 자유롭다.

54 다음은 화이트메탈(white metal)에 대한 설명이다. 틀린 것은?

① Babbit metal이라고도 한다.
② Sn, Cu, Sb를 주성분으로 한 베어링 합금이다.
③ Pb, Sn을 주성분으로 하고 여기에 적당한 양의 Sb, Cu 등을 첨가한 합금이다.
④ Cu에 Pb 25～40[%] 첨가한 합금으로서 항공기, 자동차의 main bearing에 사용한다.

55 다음 중 황동의 주성분은?

① 구리(Cu), 망간(Mn)
② 구리(Cu), 아연(Zn)
③ 구리(Cu), 니켈(Ni)
④ 구리(Cu), 규소(Si)

56 다음 중 내열용 알루미늄 합금에 해당되지 않는 것은?

① Y합금(Y alloy)
② 두랄루민(duralumin)
③ 로엑스(Lo-Ex)
④ 코비탈륨(cobitalium)

57 주석계 화이트 메탈에 대한 설명으로 틀린 것은?

① 베어링용 합금이다.
② 배빗 메탈이라고도 한다.
③ Sn-Sb-Cu계 합금이다.
④ 고속·고하중용 베어링용으로는 사용할 수 없다.

58 Al, Cu 및 Mg으로 구성된 합금에서 인장강도가 크고 시효경화를 일으키는 고력(고강도) 알루미늄 합금은?

① Y합금
② 두랄루민
③ 실루민
④ 로엑스

59 비금속재료 중 하나인 합성수지의 일반적인 특징으로 틀린 것은?

① 열에 약하다.
② 전기전도성이 좋다.
③ 가공성이 좋고 성형이 간단하다.
④ 투명한 것이 많고 착색이 용이하다.

60 Y 합금의 주요 구성성분이 아닌 것은?

① 주석　　　　　　　② 구리
③ 니켈　　　　　　　④ 알루미늄

61 Kelmet 메탈을 옳게 설명한 것은?

① 동에 납을 30~40[%] 가한 것이다.
② 동에 철을 30~40[%] 가한 것이다.
③ 동에 인을 30~40[%] 가한 것이다.
④ 동에 주석을 30~40[%] 가한 것이다.

62 다음 중 시효경화(時效硬化)가 가장 잘 일어나는 금속은?

① Y합금　　　　　　② 배빗 메탈
③ 두랄루민　　　　　④ 고속도강

63 절삭공구용 특수강에 속하는 것은?

① 강인강　　　　　　② 침탄강
③ 고속도강　　　　　④ 스테인리스강

64 Ag, Cu 및 Mg로 구성된 합금으로 인장강도가 크고 시효경화를 일으키는 고력(고강도) 알루미늄 합금은?

① Y합금　　　　　　② 로우엑스
③ 실루민　　　　　　④ 두랄루민

65 다음의 비철금속 중 베어링 합금재료로 부적당한 것은?

① 배빗메탈　　　　　② 서멧
③ 켈밋합금　　　　　④ 화이트메탈

66 고용한계 이상으로 탄소가 고용되면 탄소와 철이 화합하여 탄화철(Fe_3C)이 되며, 특징은 백색이고 매우 단단하며 여린 결정이고, 210[℃]에서 자기변태를 일으키는 탄소강의 조직은?
① 페라이트   ② 펄라이트
③ 오스테나이트   ④ 시멘타이트

67 열경화성 수지(성형하여 굳어지면 다시 가열하여도 연화되거나 용융되지 않고 연소하는 성질을 가진 수지)가 아닌 것은?
① 아크릴수지   ② 페놀수지
③ 요소수지   ④ 멜라민수지

68 비철금속 중 황동(놋쇠)은 Cu와 어떤 원소를 첨가하여야 하는가?
① Si   ② Zn
③ Fe   ④ Al

69 강화유리란 보통판 유리를 600[℃] 정도의 가열온도로 열처리한 것인데 다음 중 그 특징이라고 볼 수 없는 것은?
① 안전성이 높다.   ② 유리의 강도가 크다.
③ 곡선유리의 자유화가 쉽다.   ④ 유리파편의 결정질이 크다.

70 비중이 2.7인 이 금속은 합금원소를 첨가하여 높은 강도, 가벼운 무게와 내부식성이 강한 합금으로 개선하여 자동차 트랜스미션 케이스, 피스톤, 엔진블록 등으로 사용되는 것은?
① 납   ② 아연
③ 마그네슘   ④ 알루미늄

71 담금질 강의 냉각조건에 따른 변화 조직이 아닌 것은?
① 마르텐사이트   ② 시멘타이트
③ 솔바이트   ④ 트루스타이트

72 동 및 동합금에 대한 다음 설명 중 올바른 것은?

① 황동은 구리와 주석의 합금이다.
② 청동은 구리와 아연의 합금이다.
③ 전기 전도율이 은(Ag) 다음으로 크다.
④ 인청동은 내마멸성이 나쁘며, 베어링으로 사용할 수 없다.

73 다음은 각 원소가 탄소강의 성질에 미치는 영향으로 틀린 것은?

① 망간 : 연신율의 감소를 억제시키고, 인장강도와 고온강도를 증가시킨다.
② 규소 : 강의 경도, 탄성한계, 인장강도를 높여 주지만 연신율과 충격값은 감소시킨다.
③ 인 : 상온에서 충격값을 저하시켜 상온취성의 원인이 된다.
④ 황 : 0.02[%] 정도의 황은 강의 인장강도, 연신율, 충격값을 증가시킨다.

74 천연고무와 비슷한 성질을 가진 합성고무로 천연고무보다 내유성, 내산성, 내열성이 더 우수하여 가스켓 재료로 많이 사용되는 것은?

① 네오프렌
② 글라스 울
③ 모넬메탈
④ 세크라 울

75 다음 중 천연고무에서 경질고무의 기준은 어떻게 되는가?

① 황(S) 성분이 약 10[%] 이하의 고무
② 황(S) 성분이 약 15[%] 이하의 고무
③ 황(S) 성분이 약 30[%] 이상의 고무
④ 황(S) 성분이 약 50[%] 이상의 고무

76 제품의 표면에만 내마모성을 위하여 경도를 부여하고, 제품의 내부에는 연성과 인성을 가지도록 하기 위한 가공법은?

① 풀림
② 담금질
③ 항온 열처리
④ 표면 경화법

77 고속도강의 대표적인 재료는 18-4-1형이라고 불리는 것인데, 이 재료의 표준조성으로 옳은 것은?

① W(18[%]) − Cr(4[%]) − V(1[%])
② W(18[%]) − V(4[%]) − Co(1[%])
③ W(18[%]) − Cr(4[%]) − Mo(1[%])
④ Mo(18[%]) − Cr(4[%]) − V(1[%])

78 자동차 스프링 등에 응용되는 섬유강화 플라스틱의 특징이 아닌 것은?
① 층간 전단강도가 높다.
② 비탄성 에너지가 크다.
③ 내식성이 우수하다.
④ 비중은 강의 약 1/3 ~ 1/4 정도이다.

79 탄성한도 내에서 인장하중을 받는 봉에 발생하는 응력에 의한 단위체적당 저장되는 탄성 에너지가 u_1일 때, 봉에 발생하는 인장응력이 2배가 되면 단위체적당 저장되는 탄성에너지는?

① $\frac{1}{4}u_1$
② $\frac{1}{2}u_1$
③ $2u_1$
④ $4u_1$

80 다음 중 두랄루민은 알루미늄에 무엇을 첨가한 합금인가?
① 구리, 마그네슘, 주석
② 구리, 마그네슘, 망간
③ 주석, 마그네슘, 철
④ 주석, 마그네슘, 아연

81 합금강에 첨가되는 합금 원소 중 내마멸성을 증대시키고 담금질성을 높게 하는 효과가 있어 Si와 같이 탈산제로 이용되며, 특히 황에 의하여 일어나는 적열 취성을 방지하는 효과를 가진 것은?
① Cr
② Ni
③ Mn
④ V

82. 페놀계 수지로 페놀, 크레졸 등과 포르말린을 반응시켜 제조하는 것이며 전기절연체, 전화기 등에 사용되는 수지로 가장 적합한 것은?
    ① 베이클라이트
    ② 멜라민 수지
    ③ 카보런덤
    ④ 실리콘 수지

83. 다음 중 베어링용 합금이 아닌 것은?
    ① 켈밋(kelmet)
    ② 건메탈(gun metal)
    ③ 화이트 메탈(white metal)
    ④ 배빗 메탈(babbitt metal)

84. 철강의 표면경화법 중 강재를 가열하여 그 표면에 Al을 고온에서 확산·침투시켜 표면을 경화하는 법은?
    ① 크로마이징(chromizing)
    ② 칼로라이징(calorizing)
    ③ 실리콘나이징(siliconizing)
    ④ 세라다이징(sheradizing)

85. 자동차부품, 전동기부품, 가정용 공구, 기계 및 공구 등에 사용되는 다이캐스팅용 Al 합금의 요구되는 성질 중 틀린 것은?
    ① 유동성이 좋을 것
    ② 응고수축에 대한 용탕보급성이 좋을 것
    ③ 열간메짐이 클 것
    ④ 금형에 점착하지 않을 것

금속재료의 시험

01 기계적 시험법
02 비파괴 시험
03 금속 조직시험

금속재료의 시험방법에는 기계적 시험법, 금속조직 시험법, 강의 불꽃 시험법 등이 있다.

CHAPTER 01 기계적 시험법

1 인장시험(tension test)

인장시험은 재료를 시험기에 고정시키고 양쪽에서 잡아 당겨 재료의 변형량과 가해지는 하중을 조사하여 재료의 강도를 측정하는 시험이다. 만능 재료시험기를 이용하여 인장강도, 항복점, 연신율, 단면 수축률 등을 측정할 수 있다. 인장시험편은 KS규격에 의하여 1호에서 14호까지 각각 형상 및 치수 등이 규정되어 있다. 1호 시험편은 강판, 형강 및 평강의 인장시험에 사용되고 있다.

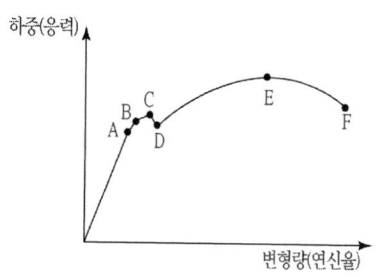

A(비례한도) : 하중과 연신율이 비례하는 최대점
B(탄성한도) : 영구변형을 일으키려는 최대점
C(상항복점) : 응력변화가 일어나기 시작하는 점
D(하항복점) : 응력변화는 없이 변형이 많이 일어나는 점
E(최대응력) : 가장 많은 힘을 받을 수 있는 점
F(파괴점) : 파단되는 점

▲ 하중-변형량 선도(응력-변형률 선도)

(1) 항복점(yielding point)

항복점이란 응력-연신율 선도의 C점을 초과한 하중이 작용하면 연신율과 관계없이 시험편이 늘어나는 점이다.

(2) 인장강도(tensile strength)

인장강도는 응력-연신율 선도에서 최대 하중(P_{max})을 표시하는 E점의 하중을 시험편 원래의 단면적(A_0)으로 나눈 값이다.

$$\sigma_B = \frac{P_{max}}{A_0} [\text{kg/cm}^2]$$

(3) 연신율(elongation ratio)

연신율은 시험편의 절단 후에 다시 접촉시켜 측정한 표점거리 L_1과 시험편 원래의 표점거리 L과의 차이(늘어난 길이)를 L로 나눈 값을 %로 표시한 것이다.

$$\psi = \frac{L_1 - L}{L} \times 100 [\%]$$

(4) 단면 수축률

단면 수축률 ϕ는 시험 전의 단면적 A_0와 시험 후의 단면적 A의 차이를 A_0로 나눈 값을 %로 표시한다.

$$\phi = \frac{A_0 - A}{A_0} \times 100 [\%]$$

예제 다음 중 강의 인장 강도를 표시한 것은?
① 최대 하중을 원단면적으로 나눈 값을 말한다.
② 파괴될 때의 하중을 파괴될 때의 단면적으로 나눈 값을 말한다.
③ 최대 하중을 파괴될 때의 단면적으로 나눈 값을 말한다.
④ 파괴될 때의 하중을 원단면적으로 나눈 값을 말한다.

예제 인장시험에서 시험 전 표점거리 50[mm]의 시험편을 시험 후 절단된 표점거리를 측정하니 60 [mm]였다. 이 시험편의 변률[%]은?
① 10 ② 15
③ 20 ④ 25

예제 탄소강의 응력-변형 곡선에서 항복점은?

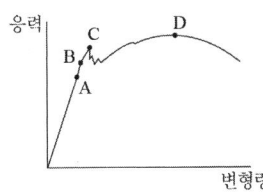

① A ② B
③ C ④ D

2 경도시험(hardness test)

금속재료의 단단한 정도를 시험하는 것으로 경도를 측정할 때 사용되는 방법으로 제강 시 탄소 함유량의 판정 및 부품 재질검사 등의 목적으로 사용된다. 시험방법으로는 브리넬 경도시험, 비커스 경도시험, 로크웰 경도시험, 쇼어 경도시험법 등이 있다.

(1) 브리넬 경도(H_B : Brinell hardness)

① 고탄소강의 강구(steel ball)에 일정한 하중을 주어 시험편의 시험면에 30초 동안 눌러 이때 시험면에 생긴 오목부분의 표면적을 하중으로 나눈 값으로 한다.

② 볼의 지름은 10[mm], 5[mm], 2[mm]를 사용하며, 하중은 철강 3,000[kgf], 구리 1,000[kgf], 알루미늄 500[kgf]이다. 브리넬 경도시험은 H_B 450 이하의 재료의 경도시험에 사용한다.

$$H_B(\text{브리넬 경도}) = \frac{\text{하중[kg]}}{\text{오목부분의 표면적[mm}^2\text{]}}$$
$$= \frac{2P}{\pi D(D-\sqrt{C^2-d^2})} = \frac{P}{\pi Dt}[\text{kg/mm}^2]$$

여기서, P : 하중[kgf]
D : 볼의 지름[mm]
d : 자국의 지름[mm]
t : 자국의 깊이[mm]

(2) 비커스 경도(H_v : vickers hardness)

다이아몬드 사각뿔을 가진 피라미드형 압입자를 사용하여 시험편을 눌러 시험편에 생긴 피라미드 모양의 오목 부분의 표면적으로 경도를 구한다. 피라미드형 다이아몬드 압입자의 꼭지각은 136°, 사용하중은 시험기의 용량에 따라 1[kgf]부터 단계별로 50[kgf]의 하중을 주로 사용한다. 경강, 정밀 가공부품, 박판(薄板) 등의 시험에 사용한다.

$$H_v(\text{비커스 경도}) = \frac{2P\sin\frac{\theta}{2}}{d^2} = \frac{1.8544P}{d^2}[\text{kg/cm}^2]$$

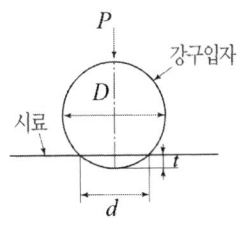 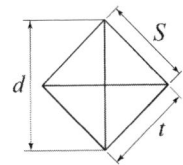 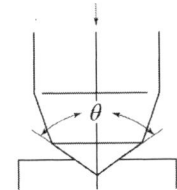

브리넬 경도   버커스 경도

▲ 경도시험법

(3) 로크웰 경도(H_R ; rockwell hardness)

로크웰 경도 시험방법에는 B스케일과 C스케일 등 다양한 스케일로 분류되어 있다. B스케일은 100[kgf]의 하중에서 $\frac{1}{16}''$의 강구를, C스케일에서는 150[kgf]의 하중으로 120°의 원뿔 및 선단 반지름은 0.2[mm]의 다이아몬드 압입자를 사용하며, 기준하중(초하중)을 가한 후 시험하중을 가하며 압입깊이의 차이로서 경도를 나타낸다.

$$H_{RB}(\text{B스케일}) = 130 - 500 \cdot h$$
$$H_{RC}(\text{C스케일}) = 100 - 500 \cdot h$$

여기서, h : 압입 자국의 깊이

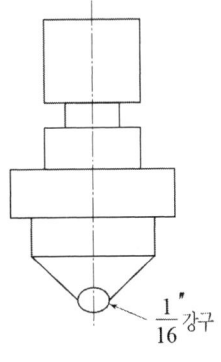   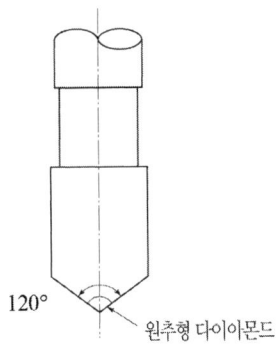

B스케일의 입자   C스케일의 입자

▲ 로크웰의 종류

(4) 쇼어 경도(H_s ; shore hardness)

작은 다이아몬드를 끝 부분에 고정시킨 낙하 물체를 일정한 높이에서 낙하시켰을 때 반발하여 올라온 높이를 측정하는 것이다. 쇼어 경도시험은 반발 경도시험이라고도 한다.

$$H_s(쇼어\ 경도) = \frac{10,000}{65} \times \frac{반발높이\ h}{일정높이(낙하높이)\ h_0}$$

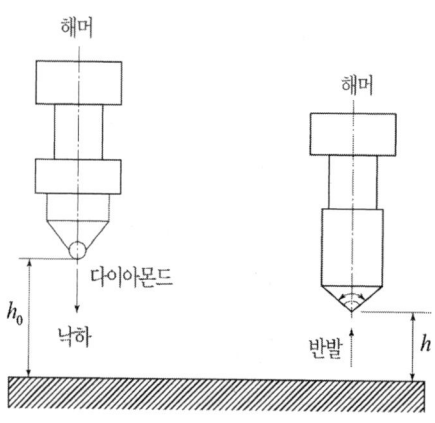

▲ 쇼어 경도 시험법

예제 경도 시험기에서 B 스케일과 C 스케일을 지닌 경도계는 다음 중 어느 것인가?
① 쇼 경도계 ② 브리넬 경도계
③ 로크웰 경도계 ④ 비커스 경도계

예제 다음 중 압입시험 방식에 해당되지 않는 것은?
① 쇼어 경도 시험 ② 브리넬 경도시험
③ 비커스 경도시험 ④ 로크웰 경도시험

3 충격시험(impace test)

충격에 대해 재료가 저항하는 성질을 인성(toughness)이라고 하며, 이 인성을 알아보는 시험을 충격시험이라고 한다. 시험기에는 단순 보(simple beam)의 시험편을 사용하는 샬피식(charpy type)과 외팔보(cantilevers)의 시험편이 사용되는 아이조이드식(izod type)이 있다.

$$E = WR(\cos\beta - \cos\alpha)$$

여기서, W : 해머의 중량
α : 충격 전 해머의 들어 올리는 각도
β : 시험편 파단 후의 해머의 각도
E : 파단 시 시험편이 흡수한 에너지[kgf · m]
R : 해머의 회전축 중심선에서 중심까지의 거리[m]

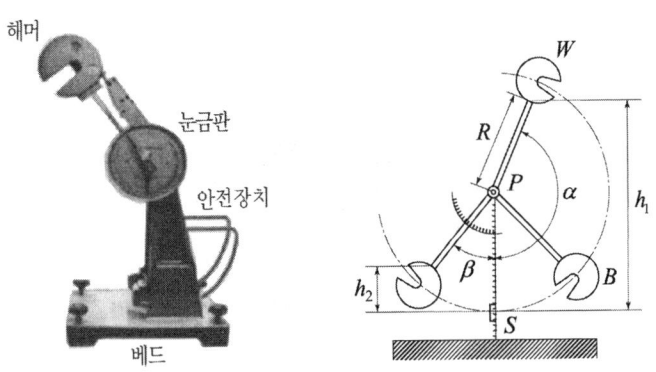

▲ 충격 시험기

4 피로시험(fatigue test)

기계나 구조물 중에는 인장과 압축과 같이 반복적인 힘을 받는 부분이 있다. 이런 경우 가해주는 힘이 항복강도보다 작다고 하더라도 이것을 오랜 시간에 걸쳐 연속적으로 되풀이하여 작용시키면 드디어 파괴된다. 이와 같은 현상을 재료가 피로파괴를 일으켰다고 하며, 이렇게 피로파괴에 이르는 과정을 피로라 한다.

CHAPTER 02 비파괴 시험

비파괴시험은 재료를 파괴하지 않고 균열이나 내부의 결함을 검사하는 시험방법이다.

1 침투 탐상법

재료의 표면을 깨끗이 닦고 침투제를 침투시킨 후 깨끗이 닦고 현상체를 칠하여 균열부를 검출하는 방법이며 철, 비철금속, 비자성재료 등에 널리 사용된다.

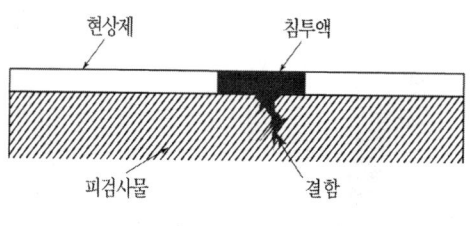

▲ 침투 탐상법

2 자기(분말) 탐상법

강이나 주철제의 균열을 검사하는 방법으로 자력선과 산화철 분말을 이용한다.

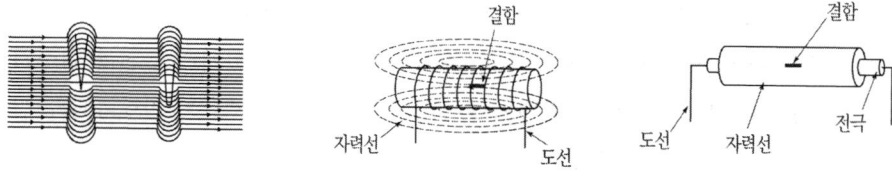

▲ 자기 분말 탐상법

> **예제** 다음 시험방법 중 비자성 재료의 표면에 작은 구멍이나 틈을 검출하는 시험법으로 가장 적합한 것은?
> ① 임프린트 시험 ② 침투시험
> ③ 자기 검사 ④ 샤피 V-노치 충격시험

3 초음파 탐상법

초음파를 재료 중에 투사하면 결함이 있는 부분에서 초음파가 반사된다. 이 반사파를 전압으로 바꾸어 증폭시켜 모니터에 나타내면 파형이 검출되어 결함을 탐상한다.

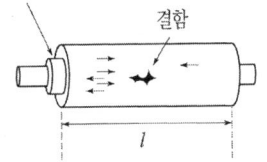
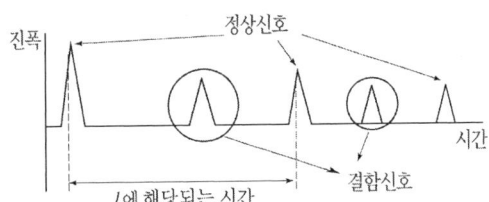

▲ 초음파 탐상법

4 방사선 탐상법

X선 또는 γ선 등의 방사선을 사진필름에 감광시켜 현상하면 기포가 있는 곳, 깨진 부분 등에서는 진하게 나타나므로 내부의 균열 및 기공을 검출할 수 있다.

> **예제** 다음 중 비파괴 시험이 아닌 것은?
> ① 크리프 시험법 ② X선 검사법
> ③ 초음파 탐상법 ④ 침투 탐상법

CHAPTER 03 금속 조직시험

 금속의 종류, 화학성분, 기계적 성질, 열처리나 가공의 정도, 재료의 결함 등을 알 수 있으며 품질관리나 개선, 연구에도 응용할 수 있는 중요한 시험이다.

 금속의 현미경조직을 관찰하기 위해서는 시험편 준비가 필요하며, 관찰하고자 하는 재료를 작게 절단하여 시험편을 취급하기 용이하도록 수지 등의 몰드에 마운팅(mounting)시키고 연마(grinding) 및 탁마(polishing)작업을 한다. 그리고 관찰하고자 하는 금속종류에 적합한 부식액을 사용하여 부식(etching)시킨 후 물로 씻어 건조한다. 이러한 금속 현미경 조직 관찰용 시험편 준비과정을 거쳐 금속조직을 관찰한다.

02 단원연습문제

01 금속 재료를 잡아당기면 그 힘의 방향으로 늘어나는데, 힘이 비례한계 내에서는 그 힘에 비례하여 늘어난다. 이 법칙을 무엇이라고 하는가?
① 훅의 법칙 ② 힘의 법칙
③ 관성의 법칙 ④ 줄의 법칙

02 경도 시험기에서 B 스케일과 C 스케일을 지닌 경도계는 다음 중 어느 것인가?
① 쇼 경도계 ② 브리넬 경도계
③ 로크웰 경도계 ④ 비커스 경도계

03 다음 중 정적시험에 속하지 않는 것은?
① 인장시험 ② 경도시험
③ 굽힘시험 ④ 충격시험

04 다음 중 강의 인장 강도를 표시한 것은?
① 최대 하중을 원단면적으로 나눈 값을 말한다.
② 파괴될 때의 하중을 파괴될 때의 단면적으로 나눈 값을 말한다.
③ 최대 하중을 파괴될 때의 단면적으로 나눈 값을 말한다.
④ 파괴될 때의 하중을 원단면적으로 나눈 값을 말한다.

05 인장시험 편에서 변형량에 관한 설명으로 올바른 것은?
① 하중에 반비례한다. ② 단면적에 비례한다.
③ 탄성계수에 반비례한다. ④ 길이의 제곱에 반비례한다.

06 인장시험에서 시험 전 표점거리 50[mm]의 시험편을 시험 후 절단된 표점거리를 측정하니 60 [mm]였다. 이 시험편의 변률[%]은?
① 10 ② 15
③ 20 ④ 25

07 고온의 상태에서 재료에 작은 하중을 가하였을 때는 늘어나지 않지만 시간의 경과에 따라서 점점 늘어나는 것이 증가하여 파단되는 현상은 무엇인가?
① 피로
② 비틀림
③ 전단
④ 크리프

08 금속재료의 시험에서 일반적인 기계시험에 속하는 것은?
① 경도시험
② 비파괴시험
③ 현미경 조직시험
④ 화학 분석시험

09 500[℃] 이상의 고온에서 장시간 사용하는 연간재료의 안전계수를 구할 때의 기초강도는?
① 항복점
② 극한강도
③ 허용응력
④ 크리프 한도

10 응력에 관한 설명으로 옳지 않은 것은?
① 사용응력은 허용응력보다 작은 값이어야 한다.
② 두 축 방향으로 작용하는 응력을 2축 응력이라 한다.
③ 충격에 의해 생기는 응력은 정하중으로 작용하는 경우의 3배가 된다.
④ 보에서 굽힘으로 인하여 발생하는 최대 인장응력은 중립축으로부터 가장 먼 거리에서 나타난다.

11 탄소강의 응력-변형 곡선에서 항복점은?

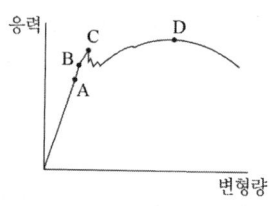

① A
② B
③ C
④ D

12 다음 중 압입시험 방식에 해당되지 않는 것은?
① 쇼어 경도 시험 ② 브리넬 경도시험
③ 비커즈 경도시험 ④ 로크웰 경도시험

13 다음 시험방법 중 비자성 재료의 표면에 작은 구멍이나 틈을 검출하는 시험법으로 가장 적합한 것은?
① 임프런트 시험 ② 침투시험
③ 자기 검사 ④ 샬피 V-노치 충격시험

14 재료의 경도를 측정하는데 여러 가지 방법이 있다. 다음의 경도 시험기 중 눌린 자국의 넓이를 기준하여 경도를 표시하는 것은?
① 브리넬 경도 ② 쇼 경도
③ 비커스 경도 ④ 로크웰 경도

15 다음 중 비파괴 시험이 아닌 것은?
① 크리프 시험법 ② X선 검사법
③ 초음파 탐상법 ④ 침투 탐상법

16 인장시험 결과 중에서 시험편 평행 부분이 하중의 증가로 연신을 시작하는 처음의 최대 하중을 평행 부분의 원단 면적으로 나눈 값을 무엇이라고 하는가?
① 연신율 ② 인장강도
③ 단면수축률 ④ 항복강도

17 피라미드형의 다이아몬드의 압입자를 일정 하중으로 눌러 발생한 압입 자국의 대각선으로 경도를 측정하는 경도 시험기는?
① 쇼 경도 시험기 ② 비커스 경도 시험기
③ 브리넬 경도 시험기 ④ 로크웰 경도 시험기

18 정밀기기를 사용하지 않고도 금속의 광범위한 성질을 육안으로 검사하는 방법은?
① X선 검사법 ② 매크로시험
③ 형광 검사법 ④ 자력 검사법

19 다음 중 S-N곡선과 관계가 있는 것은?

① 경도시험　　　　　② 충격시험
③ 피로시험　　　　　④ 인장시험

20 표점 간의 거리가 140[mm], 지름 10[mm]인 시험편이 최대하중 1,570[kg]에서 절단되었을 때 표점거리가 157[mm]가 되었다. 이때의 응력은?

① 20[kg/mm^2]　　　② 30[kg/mm^2]
③ 200[kg/mm^2]　　　④ 300[kg/mm^2]

21 금속 현미경에 의한 시험 검사 방법이 아닌 것은?

① 열처리 조직 관찰　　② 화학성분 검사
③ 표면탈탄 검사　　　④ 비금속 개재물 검사

22 용접부의 비파괴검사 방법 중 가장 일반적이며, 용도의 제한이 가장 적은 것은?

① 초음파 검사법　　　② 방사선 투과 검사법
③ 도료 침투법　　　　④ 자기 탐상 검사법

23 다음 중 끝부분이 다이아몬드로 되어 있는 추를 25[mm] 높이에서 떨어뜨려 그 반발된 높이로 경도를 결정하는 경도 시험기는?

① 브리넬 경도 시험기　② 비커스 경도 시험기
③ 쇼 경도 시험기　　　④ 로크웰 경도 시험기

24 금속재료의 시험에서 인장시험에 의해서 산출하는 것이 아닌 것은?

① 항복강도　　　　　② 피로강도
③ 단면수축률　　　　④ 연신율

25 금속재료를 파괴하지 아니하고도 표면의 균열 등의 결함을 알 수 있는 방법은?

① 설파 프린트법　　　② 자기 탐상법
③ 매크로 조직검사법　④ 크리프 시험법

기계요소

01 결합용 요소
02 축 관계 기계요소
03 전동용 기계요소
04 제어용 기계요소

기계요소란 기계를 구성하고 있는 부분을 분해할 때 더 이상 나눌 수 없는 최소 단위의 부품을 말하며, 그 기능에 따라 다음과 같이 분류한다.

CHAPTER 01 결합용 요소

1 나사

(1) 명칭

나사의 원리는 원기둥에 직각삼각형의 종이를 감으면 나선(helix)이 그려지는데, 이 나선을 따라서 홈이나 돌기를 만든 것을 나사라 하며 돌기를 나사산이라 한다. 그리고 나사를 1회전 시켰을 때 나사산의 1점이 축방향으로 진행한 거리를 리드(lead)라고 하며, 서로 인접한 나사산의 축방향 거리를 피치(pitch)라고 한다.

$$유효지름(d_2) = \frac{d + d_1}{2} \quad 나산산의\ 높이(h) = \frac{d - d_1}{2}$$

$$리드(L) = 줄수(n) \times 피치(P)$$

① 호칭지름(nominal diameter)
   나사의 기준 치수로, 수나사의 바깥지름으로 표시

② 유효지름(effective diameter)
   나사를 중심축에 따라 직각으로 전달하였을 때 나타나는 지름, 바깥지름과 골지름의 평균지름

③ 골지름(root diameter)
   수나사의 골에 접하는 원통의 지름, 수나사의 최소지름, 암나사의 최대지름

④ 바깥지름
   나사의 크기 표시, 나사의 공칭지름

⑤ 안지름
   암나사의 최소지름, 수나사의 최대지름

$$\text{유효지름}(d_2) = \frac{d+d_1}{2} \qquad \text{나사산의 높이}(h) = \frac{d-d_1}{2}$$

여기서, d : 바깥지름, d_1 : 골지름

TIP 나사의 정밀도에서 피치, 유효지름, 나사산의 각도 등 세가지가 가장 중요하며, 바깥지름이 같으면 피치가 적은 것이 유효지름이다.

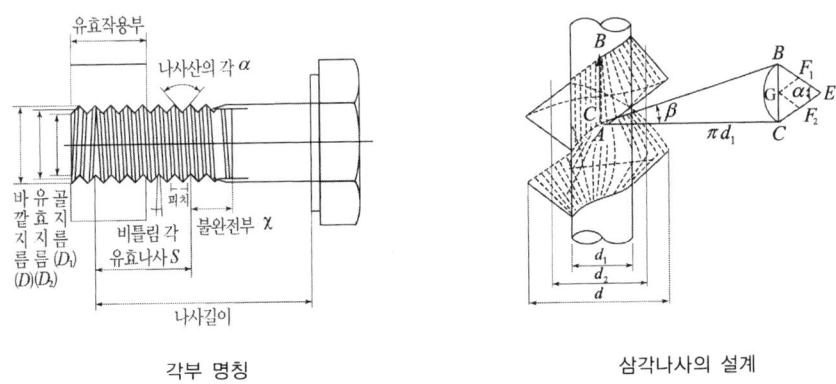

▲ 나사의 구조

각부 명칭   삼각나사의 설계

예제 리드가 36[mm]인 3줄 나사가 있다. 이 나사의 피치는 몇 [mm]인가?

① 3   ② 12
③ 24   ④ 108

(2) 나사의 종류

① 삼각나사

나사선이 3각형으로 된 것을 말하며, 체결용으로 많이 사용한다.
- ㉠ 미터나사 : 산의 각도 60°, 미터 단위로 표시, 기호 M
- ㉡ 유니파이 나사(ABC나사) : 산의 각도 60°, 1인치 속의 산의 수로 표시, 기호 U
- ㉢ 휘트워드 나사 : 산의 각도 55°, 1인치 속의 산의 수로 표시, 기호 W
- ㉣ 관용나사 : 파이프에 수밀, 기밀 유지용 나사, 산의 각도 55°, 1/16의 테이퍼를 둔다.

② 사각나사

잭, 프레스, 바이스 등의 동력전달용으로 사용한다.

③ 사다리꼴(애크미) 나사

산의 각도(미터계 TM, 30°, 인치계 TW, 29°) 공작기계의 이송용으로 널리 사용한다.

④ 톱니나사

산의 각도(30°, 45°), 한쪽 방향으로 힘이 작용하는 바이스, 착암기 등에 사용한다.

⑤ 둥근(너클)나사

나사산과 골부분이 둥글게 되어 먼지나 모래 등이 암나사산에 들어갈 염려가 있는 곳이나 아주 큰 힘을 받는 곳, 매몰용으로 전구나 호스 등에 사용한다.

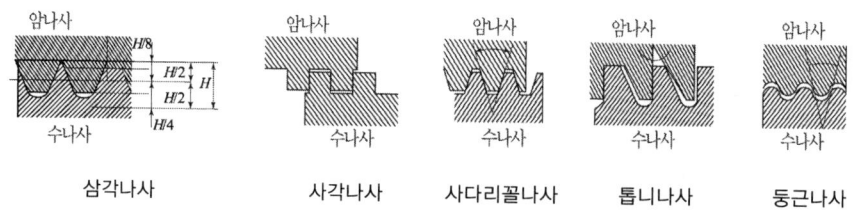

▲ 나사의 종류

(3) 나사의 효율

나사의 효율이란 나사가 1회전하는 동안에 실제로 행한 일량의 몇 %가 유효한 일을 하였는가의 비율이다.

$$\tan\alpha = \frac{p}{\pi d_e}$$

$$P_0 = W\frac{p}{\pi d_e} = W\tan\alpha$$

$$P = W\tan(\alpha + \rho)$$

$$\eta = \frac{P_0}{P} = \tan\frac{\alpha}{\tan(\alpha + \rho)}$$

여기서, α : 리드각, ρ : 마찰각, p : 피치, d_e : 유효지름, W : 하중

(4) 나사의 자립조건

나사가 스스로 풀리지 않는 한계를 말한다. 자립상태를 유지하는 나사의 효율은 반드시 50[%] 이하이어야 한다.

$$\text{마찰각}(\rho) \geqq \text{리드각}(\alpha)$$

예제 다음 중 나사산 단면이 3각형 형태가 아닌 것은?
① 미터 나사   ② 애크미 나사
③ 유니파이 나사   ④ 휘트워드 나사

예제 결합용 나사의 리드각(λ)과 마찰각(ρ)의 관계에서 자립(self locking) 상태를 바르게 표현한 것은?
① $\lambda = 0.5\rho$ ② $\lambda \leq \rho$
③ $\lambda > \rho$ ④ $\lambda = 2\rho$

예제 나사효율을 바르게 표기한 것은?
① $\dfrac{\text{리드각}}{\text{나사각}}$ ② $\dfrac{\text{나사에 준 일량}}{\text{나사가 이룬 일량}}$
③ $\dfrac{\text{나사가 이룬 일량}}{\text{나사에 준 일량}}$ ④ $\dfrac{\text{마찰이 있는 경우의 회전력}}{\text{마찰이 없는 경우의 회전력}}$

2 볼트

(1) 볼트의 종류

① 관통볼트

연결할 두 부분을 구멍을 뚫고 볼트를 끼운 후 너트를 체결한다.

② 탭볼트

관통을 할 수 없는 경우 한쪽에만 구멍을 뚫고 다른 한쪽에는 중간 정도까지만 구멍을 뚫은 후 탭(tap)으로 몸체에 암나사를 깎고 끼우는 볼트를 끼우는 것이다.

③ 스터드볼트

자주 분해 결합을 하는 경우에는 둥근 봉의 양 끝에 나사를 내어 나사구멍을 끼우고 연결할 물체를 관통시켜 너트를 조이는 것이다.

④ 기초용 볼트

기계나 구조물의 토대 고정용이며, 콘크리트 바닥에 설치 시 사용한다.

⑤ 스테이볼트

부품의 일정한 간격을 두고 고정하는 볼트이다.

⑥ 아이볼트

물건을 들어올리는데 사용하는 볼트이다.

⑦ T볼트

T형의 홈에 볼트 머리를 끼우고 위치를 이동하면서 임의의 위치에 물체를 고정할 수 있는 볼트이다.

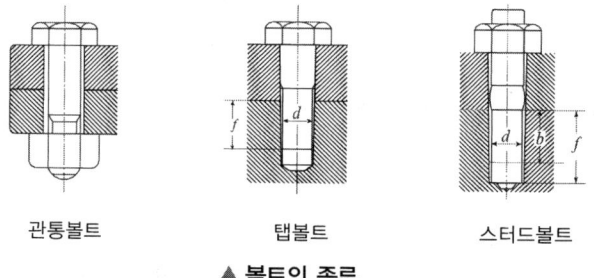

▲ 볼트의 종류

(2) 볼트의 설계

① 축하중만 받는 경우 볼트지름

$$d = \sqrt{\frac{2W}{\sigma_t}}$$

여기서, σ_t : 인장응력[kgf/mm^2]

W : 하중 [kgf]

② 축하중과 비틀림 모멘트를 동시에 받을 때 볼트지름

$$d = \sqrt{\frac{8W}{3\sigma_t}}$$

3 너트

너트의 종류는 다음과 같다.

(1) 6각너트

일반적으로 가장 많이 사용한다.

(2) 사각너트

건축용, 목공용으로 사용한다.

(3) 나비너트

공구가 필요치 않고 손으로 조일 수 있는 너트이다.

(4) 둥근너트

6각너트를 사용하기 곤란한 곳에 사용한다.

(5) 플랜지너트

너트가 풀어지지 않게 와셔를 댄 모양의 너트이다.

(6) 캡너트

유체의 누출을 방지하기 위한 너트이다.

(7) 홈붙이너트

풀림 방지용 핀을 꽂을 수 있는 홈이 있는 너트이다.

> **TIP** 나사의 풀림 방지방법
> - 로크너트(lock nut)를 사용한다.
> - 분할핀(split pin)을 사용한다.
> - 세트 스크류(set screw)를 사용한다.
> - 특수 와셔(스프링와셔, 허붙이와셔)를 사용한다.
> - 철사를 사용한다.
> - 이중너트를 사용한다.

6각너트 　 사각너트 　 나비너트 　 플랜지너트 　 캡너트 　 홈붙이너트

▲ 너트의 종류

> **예제** 다음 중 나사의 풀림방지를 위한 방법으로 거리가 먼 것은?
> ① 분할 핀을 사용하여 조립   ② 캡 너트를 사용
> ③ 로크 너트를 사용   ④ 스프링 와셔를 사용

4 키

축, 기어, 벨트풀리 등을 회전축에 고정할 때나 회전력을 전달함과 동시에 축방향으로 미끄럼 운동을 할 수 있도록 사용한다.

(1) 키의 종류

① 안장(새들)키

축은 그대로 두고 보스에만 홈을 판 형식이다.

② 평(플랫)키

축을 평평하게 하고 보스에 홈을 판 형식이다.

③ 묻힘(성크)키

축과 보스에 모두 홈을 판 형식이다.

④ 접선키

묻힘키 형식으로 120°의 각도를 두고 두 곳에 설치한 것을 말하며, 90°를 둔 것을 케네디 키라고 한다. 역회전이 가능하다.

⑤ 미끄럼(페더)키

축에 평행한 키를 고정해 놓은 것이다.

⑥ 스플라인

축의 둘레에 4~20개의 돌기를 둔 형식이다.

⑦ 반달키

반달 모양으로 분해 조립이 용이하다.

⑧ 세레이션

스플라인과 비슷하나 삼각형의 작은 돌기를 둔 형식이다.

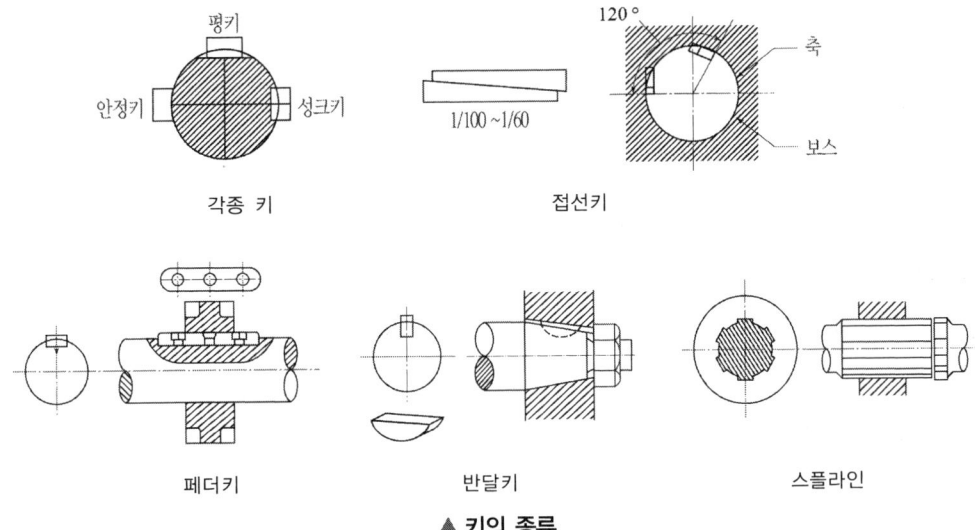

▲ 키의 종류

(2) 키의 강도

$T = d/2 \times W$, $W = bl\tau$의 관계에서

$$전단응력(\tau) = \frac{2T}{bld} = \frac{W}{bl} [\text{kg/mm}^2]$$

$$압축응력(\delta) = \frac{\pi d^2 \tau}{8tl}$$

여기서, T : 회전축 토크[kgf/mm]
       b : 키의 폭[mm]
       l : 키의 길이[mm]
       d : 축지름[mm]
    ※ 키의 치수 기입은 너비(b)×높이(h)×길이(l)로 한다.

예제 다음 키의 종류 중 축은 가공하지 않고 보스에만 키 홈을 가공하는 키는?

① 안장 키   ② 묻힘 키
③ 미끄럼 키   ④ 둥근 키

5 핀

(1) 용도

하중이 적은 부분의 간단한 부품연결이나 부품의 위치를 고정할 때 사용한다. 그리고 핀의 재질은 연강, 황동, 구리이다.

(2) 핀의 종류

① 평행핀(자리맞춤 핀)
   기계부품을 조립 및 고정할 때 사용한다.
② 테이퍼핀
   축에 보스를 고정시킬 때 사용하며, 1/50의 구배를 둔다.
③ 분할핀
   2가닥을 접어서 만든 핀이며 너트의 풀림방지 목적으로 사용한다.
④ 스프링핀
   핀이 세로방향으로 쪼개져 있으며 구멍의 크기가 정확하다.

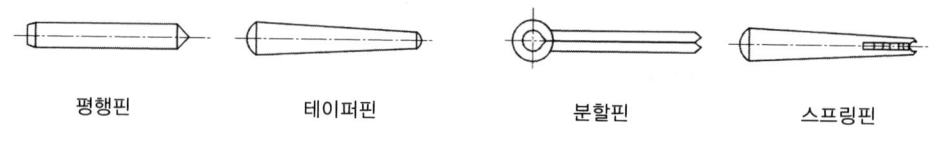

평행핀   테이퍼핀   분할핀   스프링핀

▲ 핀의 종류

예제 세로방향으로 쪼개져 있어 구멍의 크기가 핀보다 작아도 망치로 때려 박을 수 있는 핀으로, 충격이나 진동을 받는 곳에 사용하며 지지력이 매우 큰 장점이 있는 핀은?

① 스냅(snap) 핀   ② 스프링(spring) 핀
③ 평행(parallel) 핀   ④ 테이퍼(taper) 핀

---

6 코터

두께가 일정하고 테이퍼가 있는 일종의 쐐기이며 인장 또는 압축하는 힘이 작용하는 두 축을 연결할 때 사용한다. 자주 분해, 조립하여야 하는 곳에서 주로 사용한다.

7 리벳

(1) 강판이나 형강을 영구적으로 결합하는 부품이다.

(2) 리벳작업 순서

드릴링→리밍→리벳팅→코킹(기밀, 수밀을 요하는 경우)→플러링(판의 두께와 너비가 같은 공구로 가입하여 때려 기밀, 수밀 등을 더욱 완전하게 하는 작업)

> **예제** 리벳팅이 끝난 뒤에 리벳머리 주위나 강판의 가장자리를 정으로 때려 그 부분을 밀착시켜서 틈을 없애는 작업은?
> ① 랩핑 ② 호닝
> ③ 코킹 ④ 클러칭

(3) 리벳이음 강도

① 리벳이 전단될 때

$$W = \frac{\pi}{4} d^2 \tau \,[\text{kgf}]$$

여기서, τ : 전단응력[kg/mm^2]
P : 피치[mm]
W : 인장하중[kgf]
t : 판의 두께[mm]
d : 리벳지름[mm]

② 리벳구멍 사이에서 판이 전달될 때

$$W = t(p-d)\sigma_t \,[\text{kgf}]$$

여기서, σ_t : 인장응력[kg/mm^2]

③ 핀 또는 리벳이 압축으로 파괴되는 때

$$W = dt\sigma_c \,[\text{kgf}]$$

여기서, σ_c : 압축응력

(4) 리벳의 직경과 피치

① 리벳의 전단저항과 압축저항이 같다고 할 때 리벳지름

$$\frac{\pi}{4}d^2\tau = dt\sigma_c$$

② 리벳이 전단되는 때와 판이 전단될 때의 리벳피치

$$\frac{\pi}{4}d^2\tau = (p-d)t\sigma_t$$

(5) 리벳 효율

① 강판 효율

$$\eta t = \frac{t(p-d_1)\sigma_t}{tp\sigma_t} = \frac{p-d_1}{p} = 1 - \frac{d_1}{p}$$

여기서, d_1 : 리벳 구멍지름[mm]
σ_t : 판재의 인장강도[kgf/mm^2]

② 리벳 효율

$$\eta_s = \frac{n\frac{\pi}{4}d^2\tau}{tp\sigma_t}$$

여기서, τ : 리벳재료의 전단강도
η : 1피치 내의 리벳 전단면수

CHAPTER 02 축 관계 기계요소

1 축

(1) 축의 종류

① 차축(axle)

주로 휨 하중을 받는 회전 또는 정지축이다.

② 스핀들(spindle)

주로 비틀림 하중을 받는 회전축이다.

③ 전동축(shaft)

휨 하중과 비틀림 하중을 주로 받으며, 동력전달을 주목적으로 사용되는 회전축이다. 즉, 전체적인 하중을 받는 축이다. 전동축은 주축, 선축, 중간축으로 구성되어 있다.

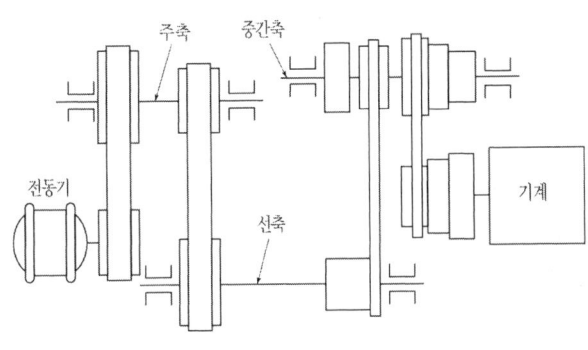

▲ 전동축

④ 크랭크축(crank shaft)

회전을 직선으로 또는 직선을 회전운동으로 바꾸는 축이다.

⑤ 플랙시블축(flexible shaft)

휘어지면서 동력을 전달하는 축이다.

> **예제** 큰 토크를 축에서 보스로 전달시키려면 1개의 키(key)만으로 전달시키는 것은 불가능하므로 4개~수십 개의 키를 같은 간격으로 축과 일체로 만든 것은?
> ① 미끄럼키　　　　　　② 스플라인 축
> ③ 접선키　　　　　　　④ 성크키

(2) 축 이음

① 플랜지 이음

　양 축의 끝에 플랜지를 두어 볼트로 연결한 것을 말한다.

② 슬리브 이음

　파이프 속에 양쪽 축을 끼워 고정한 것을 말한다. 동력전달은 할 수 없다.

③ 플랙시블 이음

　2축이 일직선이 아니라도 회전력을 전달할 수 있는 축이다. 결합부분에 합성고무, 가죽 등의 탄성재료를 댄다.

④ 올댐 커플링

　두 축이 평행하고 축의 중심이 어긋나 있을 때 사용하는 이음이다. 진동 발생이 쉽고 마찰이 커 고속에는 부적합하다.

⑤ 유니버설 조인트(자재이음)

　두 축이 30° 미만의 각도로 교차한 상태로 회전을 전달한다.

⑥ 클러치

　운전 중 회전을 접속 및 차단, 즉 단속할 수 있는 축 이음이다.

> **예제** 2개의 축이 같은 평면 내에 있으면서 그 중심선이 30° 이내의 각도로 교차하는 경우의 축이음으로 가장 적합한 것은?
> ① 고정 커플링(fixed coupling)
> ② 올덤 커플링(oldham's coupling)
> ③ 플렉시블 커플링(flexible coupling)
> ④ 유니버설 커플링(universal coupling)

(3) 강도에 의한 축 지름 설계

① 굽힘 모멘트만을 받는 축

㉠ 실제축의 경우

$$M = \sigma_a z = \frac{\pi}{32} d^3 \quad \sigma_a = \frac{d^3}{10.2} \sigma_a$$

$$※ \; d = \sqrt[3]{\frac{10.2}{\sigma_a} M} \fallingdotseq 2.17 \sqrt[3]{\frac{M}{\sigma_a}}$$

여기서, M : 축의 굽힘모멘트[kgf · mm]
σ_a : 축의 허용 굽힘응력[kgf/mm^2]
z : 단면계수[mm^2]

㉡ 중공축의 경우

$$M = \frac{\pi}{32} \frac{{d_2}^4 - {d_1}^4}{d_2} \sigma_a = \frac{{d_2}^3}{10.2}(1-x^4)\sigma_a$$

여기서, x(안지름/바깥지름의 비) $= \dfrac{d_1}{d_2}$

$$\therefore d_2 = \sqrt[3]{\frac{10.2M}{(1-x^4)\sigma_a}} \fallingdotseq 2.17 \sqrt[3]{\frac{M}{(1-x^4)\sigma_a}}$$

여기서, d_1 : 축의 내경
d_2 : 축의 외경

예제 휨만을 받는 속이 찬 차축에서 축에 작용하는 굽힘 모멘트가 3,000[kgf-mm]이고, 축의 허용 굽힘 응력이 10[kgf/mm^2]일 때 필요한 축 외경의 최소값[mm]은?

① 13.2　　　　　　　　② 7.4
③ 14.5　　　　　　　　④ 55.3

---

② 비틀림 모멘트만을 받는 축

㉠ 실제축의 경우

$$T = \frac{\pi}{16} d^3 \tau_a \fallingdotseq \frac{d^3}{5.1} \tau_a$$

$$\therefore d = \sqrt[3]{\frac{16T}{\pi \tau_a}} \fallingdotseq \sqrt[3]{\frac{5.1T}{\tau_a}} = 1.72 \sqrt[3]{\frac{T}{\tau_a}}$$

여기서, T : 축의 비틀림 모멘트[kgf/mm]
  d : 축의 지름[mm]
  τ_a : 축의 허용 비틀림응력[kgf/mm^2]
  Z_p : 극단면계수

- 마력(ps)의 경우

$$d_2 = 71.5 \sqrt[3]{\frac{H_{\text{ps}}}{\tau_a N}} \text{ [cm]}$$

- 전력의 경우

$$d_2 = 79.2 \sqrt[3]{\frac{H_{\text{Kw}}}{\tau_a N}} \text{ [cm]}$$

ⓒ 중공축의 경우

$$d_2 = \sqrt[3]{\frac{5.1T}{(1-x^4)\tau_a}} = 1.72 \sqrt[3]{\frac{T}{(1-x^4)\tau_a}} \text{ [cm]}$$

- 마력(ps)의 경우

$$d_2 = 71.5 \sqrt[3]{\frac{H_{\text{ps}}}{(1-x^4)\tau_a N}} \text{ [cm]}$$

- 전력의 경우

$$d_2 = 79.2 \sqrt[3]{\frac{H_{\text{Kw}}}{(1-x^4)\tau_a N}} \text{ [cm]}$$

③ 굽힘과 비틀림을 동시에 받을 축

$$M_e = \frac{1}{2}(M + \sqrt{M^2 + T^2}) = \frac{M}{2}\left[1 + \sqrt{1 + \left(\frac{T}{M}\right)^2}\right]$$

$$= \frac{1}{2}(M + T_e)$$

$$T_e = \sqrt{M^2 + T^2} = M\sqrt{1 + \left(\frac{T}{M}\right)^2}$$

여기서, M_e : 상당(相當) 굽힘 모멘트
  T_e : 상당 비틀림 모멘트

④ 축의 굽힘강성

양단 지지보에서 중앙에 집중하중이 작용한 경우 보의 처짐량

$$\delta = \frac{Wl^3}{48E_l}$$

여기서, E : 탄성계수
I : 단면 2차 모멘트

2 베어링

(1) 베어링은 회전축에 하중이 가해질 때 마찰저항을 적게 하여 회전축을 떠받치는 부분이다. 그리고 베어링과 접촉하고 있는 회전축 부분을 저널(journal)이라 한다.

(2) 하중에 의한 분류

① 레디얼 베어링

축과 직각으로 하중이 작용하는 베어링이다.

② 드러스트 베어링

축 방향으로 하중이 작용하는 베어링이다.

③ 원뿔 베어링

축 방향과 축의 직각방향으로 동시에 하중이 작용하는 베어링이다.

(3) 접촉 방법에 의한 분류

① 구름 베어링

베어링 자체가 구르며 작용하는 베어링으로 마찰저항이 적어 동력 손실이 적고 윤활방법이 편리하며 저널 길이를 짧게 할 수 있다. 하지만 충격에 약하고 축간 거리가 적은 경우 사용이 곤란하며 가격이 비싸다.

② 미끄럼 베어링

베어링과 축이 미끄러지면서 작용하는 베어링으로, 구조가 간단하고 가격이 저렴하며 수리가 쉽고 충격에 견디는 힘이 크다. 하지만 마찰저항이 크고 윤활유의 주유가 철저하여야 한다.

③ 구름 베어링의 호칭

형식번호(첫 번째 숫자), 치수기호(두 번째 숫자), 안지름 기호(세 번째, 네 번째

숫자), 등급 기호

※ 안지름 20[mm] 이상 500[mm] 미만은 안지름을 5로 나눈 수가 안지름 번호이다. 즉 번호×5가 안지름이다.

참고

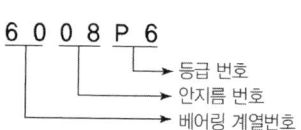

안지름 번호	베어링 내경
1~9	1~9[mm]
00	10[mm]
01	12[mm]
02	15[mm]
03	17[mm]
04	4×5=20[mm]
05	5×5=25[mm]
↓	↓
99	99×5=495[mm]
500	500[mm]

호칭×5 = 지름

보충정리

① 6305 : 05×5=25[mm]
② 6307 : 07×5=35[mm]

④ 구름베어링의 수면시간

$$L_h = 500 \times \frac{33.3}{N} \times (\frac{C}{P})^r [\text{hr}]$$

여기서, r : 볼 베어링($r=3$), 롤러 베어링($r=\frac{10}{3}$)

예제 미끄럼 베어링 재료가 구비하여야 할 성질이 아닌 것은?
① 내식성이 높을 것
② 피로한도가 작을 것
③ 마멸이 적고 면압강도가 클 것
④ 열에 녹아 붙음이 일어나기 어려울 것

예제 볼 베어링의 번호가 6008일 때 베어링의 안지름은 몇 [mm]인가?
① 8   ② 20
③ 30   ④ 40

예제 기본 부하용량이 2,400[kgf]인 볼 베얼링이 베어링 하중 200[kgf]을 받고, 500[rpm]으로 회전할 때, 이 베어링의 수명은 약 몇 시간이 되는가?
① 57540시간   ② 78830시간
③ 84720시간   ④ 98230시간

CHAPTER 03 전동용 기계요소

1 기어

(1) 두 접촉면이 미끄러지면서 회전력을 전달하는 장치이다.

(2) 특징
  ① 동력전달이 확실하며 대동력을 전달할 수 있다.
  ② 회전비가 정확하며 큰 감속비를 얻을 수 있다.
  ③ 충격을 흡수하지 못하므로 소음과 진동이 발생한다.
  ④ 전동효율이 좋다.
  ⑤ 두 축간의 거리가 비교적 가깝고 운동 전달이 확실하다.

(3) 종류

  ① 스퍼 기어(=표준기어, 평기어)
    두 축이 평행한 일반 기어이다.

  ② 내접 기어
    회전방향이 같고 큰 감속에 사용한다.

  ③ 헬리컬 기어
    두 축은 평행하나 기어의 이가 경사진 것이며 정숙한 전달을 할 수 있으나 축 방향으로 트러스트(thrust) 하중, 즉 측압이 발생한다.

  ④ 랙과 피니언(rack & pinion) 기어
    피니언의 회전운동을 랙의 직선운동으로 바꾸는 기어이다.

  ⑤ 베벨 기어
    두 축이 교차하는 기어이다.

⑥ 스크류 기어

두 축이 평행하지도 교차하지도 않는 기어이다.

⑦ 웜과 웜 기어

큰 감속비를 얻기 위한 나사형의 웜을 이용한 기어이며 역회전이 불가능하다.

⑧ 하이포이드 기어

피니언이 중심보다 아래쪽에 설치된 것이며 베벨기어보다 큰 동력을 전달할 수 있다. 제작이 어려운 단점이 있다.

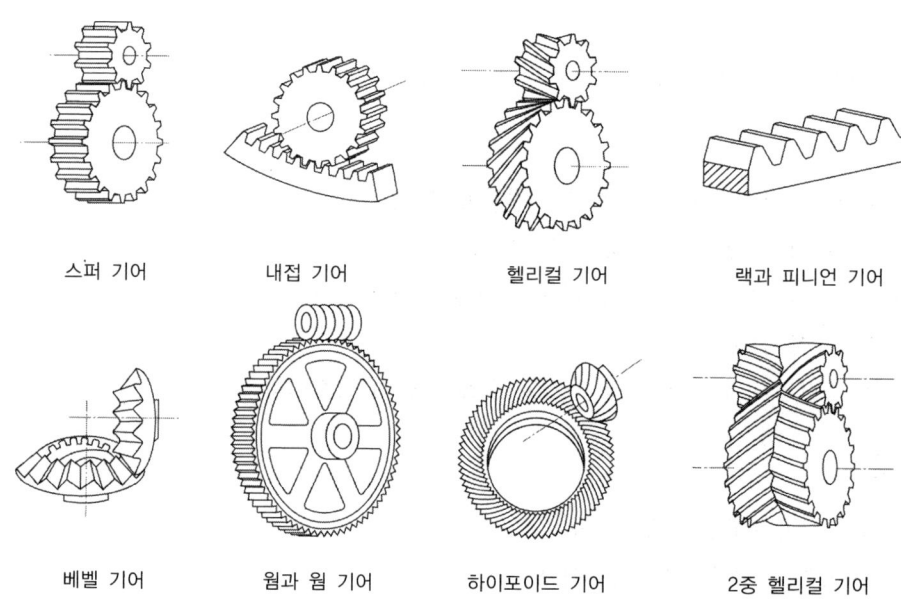

스퍼 기어   내접 기어   헬리컬 기어   랙과 피니언 기어

베벨 기어   웜과 웜 기어   하이포이드 기어   2중 헬리컬 기어

▲ 기어의 종류

참고 ① 두 축이 평행한 경우
  ㉠ 스퍼 기어
  ㉡ 내접 기어
  ㉢ 헬리컬 기어
  ㉣ 더블 헬리컬 기어
  ㉤ 랙과 피니언 기어
② 두 축이 만나는(교차하는) 경우
  ㉠ 직선 베벨기어
  ㉡ 스파이럴 베벨기어
③ 두 축이 만나지도 평행하지도 않은 경우
  ㉠ 하이포이드 기어
  ㉡ 나사(screw) 기어
  ㉢ 웜 기어

(4) 기어의 각부 명칭

① 피치원 : 기어의 중심이 되는 원

② 원주피치 : 피치원상의 이에서 이 사이의 거리

③ 기초원 : 이모양 곡선을 만드는 원

④ 이끝원 : 기어의 이끝을 연결하는 원

⑤ 이뿌리원 : 기어의 이뿌리를 연결하는 원

⑥ 이끝높이 : 피치원에서 이끝원까지의 거리

⑦ 이뿌리높이 : 피치원에서 이뿌리원까지의 거리

⑧ 이높이 : 이끝원에서 이뿌리원까지의 거리

⑨ 백래시 : 기어가 물려 있을 때 이 사이의 간극

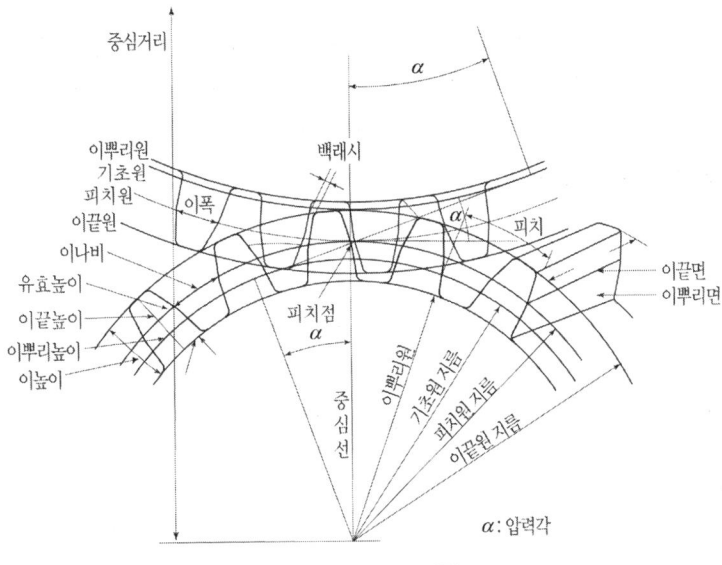

▲ 기어의 각부 명칭

> **참고** 기어 이의 크기 표시방법
>
> - 원주피치(CP) = $\dfrac{\text{피치원의 둘레}}{\text{잇수}} = \dfrac{\pi D}{Z}$ [mm]
>
> - 모듈(m) = $\dfrac{\text{피치원의 지름}}{\text{잇수}} = \dfrac{D}{Z}$, 즉 $D = mZ$ [mm]
>
>   여기서 $D_1 = mZ_1$, $D_2 = mZ_2$
>
> - 지름피치(DP) = $\dfrac{\text{잇수}}{\text{피치원의 지름(inch)}} = \dfrac{25.4 \cdot Z}{D}$

- 기초원피치(ground diameter pitch : p_g)=법선피치(normal pitch : p_n)
  $\pi D_g = p_g Z$에서(D_g : 기초원지름)
  $$p_g = \frac{\pi D_g}{Z}$$
- 외경(D_0)
  $$D_0 = m(Z+2) = \frac{(2+Z)}{DP}$$

> **예제** 잇수 $Z=24$, 모듈=2의 표준기어가 있다. 피치원의 반지름 R은 얼마인가?
> ① 12 　　　　　　　② 24
> ③ 52 　　　　　　　④ 48

(5) 치형의 간섭

① 이의 간섭

서로 맞물리고 있는 기어의 한쪽 이끝이 상대기어의 이 뿌리부에 닿아 정상적인 회전을 방해하는 현상이며, 주로 인벌류트 치형에서 일어난다. 방지 방법은 다음과 같다.
㉠ 이의 높이(어덴덤)를 줄이고 압력각을 20°이상 크게 한다.
㉡ 치형의 끝면을 깎아낸다.
㉢ 피니언 반지름 방향의 이뿌리면을 파낸다.

② 언더컷

이의 간섭으로 이 끝부분이 이 뿌리 부분에 파고 들어갈 때 깎여지는 현상을 말하며 언더컷을 방지하기 위해서는 압력각을 크게 하거나 이 끝 높이를 낮게 하여야한다. 또한 전위기어를 사용하여 방지할 수 있다.

(6) 표준 평기어의 계산식

① 회전비

각 기어의 회전수를 N_1, N_2 지름을 D_1, D_2라 하면

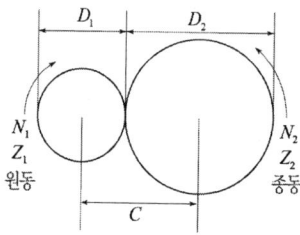

$$\therefore 회전비\ \varepsilon = \frac{Z_2}{Z_1} = \frac{D_2}{D_1} = \frac{mZ_2}{mZ_1} = \frac{N_1}{N_2}$$

② 중심거리(C)

위의 그림에서

㉠ 외접 기어 $A = \dfrac{D_1 + D_2}{2} = \dfrac{(Z_1 + Z_2)}{2} m$

㉡ 내접 기어 $B = \dfrac{D_1 - D_2}{2} = \dfrac{(Z_1 - Z_2)}{2} m$

③ 원주 속도

$$v = v_1 = v_2 = \frac{\pi D_1 N_1}{60 \times 1000} = \frac{\pi D_2 N_2}{60 \times 1000} \ (D_1 = mZ_1, \ D_2 = mZ_2)$$

2 벨트

(1) 평벨트

① 평행(바로)걸기

두 축의 회전방향이 동일할 때 사용하며 축간거리가 짧고 속도비가 클 때는 사용이 곤란하다. 그리고 아래쪽에 긴장측, 위쪽에 이완측으로 하는 이유는 접촉각이 크게 되어 전달능력을 증가시키기 위해서이다. 그리고 벨트의 수명이 길게 되고 동력손실이 감소된다.

$$\text{벨트길이}(L) = 2C + \frac{\pi}{2}(D_1 + D_2) + \frac{(D_2 - D_1)^2}{4C}$$

② 엇(십자)걸기

두 축의 회전방향이 반대일 때 사용하고 접촉각(180°이상)이 크므로 큰 동력을 전달하는데 사용한다.

$$\text{벨트길이}(L) = 2C + \frac{\pi}{2}(D_1 + D_2) + \frac{(D_1 + D_2)^2}{4C}$$

여기서, L : 벨트길이, C : 축간거리, D : 풀리직경

> **예제** 평벨트 바로 걸기의 경우 축의 중심거리가 500[mm], 원동차의 지름 $D_1 = 300$[mm], 종동차의 지름 $D_2 = 750$[mm]일 때 평벨트의 길이[mm]는?
>
> ① 2193　　　　　　　　② 2318
> ③ 2570　　　　　　　　④ 2750

③ 벨트의 초장력

$$T_0 = \frac{T_1 + T_2}{2}$$

④ 벨트의 유효 장력

$$T = T_1 - T_2$$

⑤ 벨트의 전달마력

$$전달마력 = \frac{V(T_1 - T_2)}{75}$$

여기서, T_1 : 인장측 장력, T_2 : 이완측 장력, V : 원주속도

(2) V벨트

① 운전 중 소음, 진동이 적고 충격을 완화시킨다.
② 축간거리가 짧아도 되며 설치면적을 절약할 수 있다.
③ 미끄럼이 적어 큰 속도비를 얻을 수 있다(1 : 7 ~ 1 : 10).
④ 장력이 적으므로 베어링의 부담하중이 적다.
⑤ 작은 장력으로 큰 회전력을 얻을 수 있다.
⑥ 고속운전이 가능하다(25[m/s]까지). 하지만 수명을 길게 하기 위해서는 10 ~ 15[m/s]가 적당하다.
⑦ 전동효율이 좋다(96 ~ 99[%]).

3 로프

(1) 장점

① 큰 동력을 전달할 수 있고 미끄럼이 적다.
② 장거리 동력전달이 가능하다.
③ 초기 장력이 필요치 않다.
④ 전동경로가 직선이 아니어도 사용이 가능하다.
⑤ 전동효율이 높다(90[%] 이상).
⑥ 고속운전이 가능하다.

(2) 단점

① 설비가 복잡하고 엉킴이 생기기 쉽다.
② 수리가 어렵고 진동, 소음이 크다.
③ 전동이 불확실하고 조정이 어렵다.

4 체인

① 미끄럼이 없어 일정한 속도비를 얻을 수 있다.
② 유지 및 보수가 쉽다.
③ 큰 동력을 전달할 수 있고 효율(95[%] 이상)이 높다.
④ 내열, 내유, 내습성이 크다.
⑤ 수명이 길다.
⑥ 어느 정도의 충격을 흡수한다.
⑦ 진동과 소음이 발생하기 쉬워 고속회전에는 적합하지 않다.
⑧ 초기 장력이 필요치 않으며 베어링의 마멸이 적다.

> **예제** 체인 전동장치의 일반적인 특징에 해당하지 않는 것은?
> ① 미끄럼이 없는 일정한 속도비를 얻을 수 있다.
> ② 전동 효율이 우수한 편이다.
> ③ 체인 길이의 신축이 가능하고, 다축 전동이 용이하다.
> ④ 고속 회전에 적합하다.

5 마찰차

(1) 특징

① 정확한 속도비로 동력을 전달할 수 있다.
② 미끄럼 때문에 큰 동력 전달은 부적합하다.

(2) 종류

원통 마찰차, 원뿔 마찰차, 홈붙이 마찰차, 변속 마찰차가 있다.

CHAPTER 04 제어용 기계요소

1 스프링

(1) 특징
① 진동 및 탄성 에너지를 흡수한다. 즉, 충격력을 완화한다.
② 에너지를 축적한다.
③ 복원성 이용 및 진동을 완화한다.
④ 힘의 측정에 사용된다.

(2) 힘과 하중
① 힘(W) = $k\delta$
   여기서, k : 스프링 상수, δ : 변위량
② 스프링 상수
   ㉠ 직렬의 경우 : $\dfrac{1}{k} = \dfrac{1}{k_1} + \dfrac{1}{k_2} + \dfrac{1}{k_3} + \dfrac{1}{k_4} + \cdots$
   단, k : 전체의 스프링 상수

   ㉡ 병렬의 경우 : $k = k_1 + k_2 + k_3 + k_4 + \cdots$
   단, k : 전체의 스프링 상수

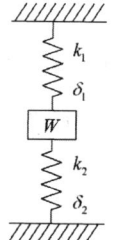

예제 그림에서 스프링 상수가 $k_1 = 0.4[kgf/mm]$, $k_2 = 0.2[kgf/mm]$일 때 전체 스프링 상수는 몇 [kgf/mm]인가?

① 0.16
② 0.13
③ 0.4
④ 0.6

03 단원연습문제

01 자동차나 소형 전자부품 조립시 많이 사용하고 있으며 스프링 작용을 할 수 있는 톱니에 의하여 체결볼트와 너트의 풀림을 방지할 수 있고, 여러 번 사용할 수 있는 이점이 있는 와셔는?

① 혀달린 와셔 ② 톱니 와셔
③ 고무 와셔 ④ 평 와셔

02 15[t]의 인장하중을 받는 볼트 호칭지름으로 다음 중 가장 적합한 것은? (단, 안전율 3, 재료 인장강도는 5,400[kgf/cm²]이며, 골지름/바깥지름(d_1/d)=0.62로 가정한다.)

① M30 ② M36
③ M42 ④ M48

03 판의 두께 15[mm], 리벳의 지름 16[mm], 리벳 구멍의 지름 17[mm], 피치 65[mm]인 1줄 리벳 겹치기 이음에서 1피치마다 1,500[kgf]의 하중이 작용할 때 판의 효율[%]은?

① 73.8 ② 75.4
③ 76.9 ④ 77.5

04 키가 전달할 수 있는 토크의 크기가 큰 것부터 작은 순으로 된 것은?

① 스플라인, 성크키, 평키, 새들키
② 성크키, 스플라인, 새들키, 평키
③ 평키, 새들키, 성크키, 스플라인
④ 세레이션, 성크키, 스플라인, 평키

05 리벳이음에서 리벳효율을 나타낸 공식으로 옳은 것은? (단, 리벳효율은 전단 파괴에 의하여 구하며, n : 1피치 내의 리벳의 전단면수, P : 피치[mm], σ : 강판 재료의 허용 인장응력[kgf/cm²], t : 강판의 두께[mm], d : 리벳의 지름[mm], τ : 리벳의 허용 전단응력[kgf/cm²]이다.)

① $\eta = 1 - \dfrac{d}{P}$ ② $\eta = \dfrac{4Pt\sigma}{\pi d^2 \tau}$

③ $\eta = 1 - \dfrac{P}{d}$ ④ $\eta = \dfrac{n\pi d^2 \tau}{4Pt\sigma}$

06 리드가 36[mm]인 3줄 나사가 있다. 이 나사의 피치는 몇 [mm]인가?

① 3 ② 12

③ 24 ④ 108

07 허용 인장응력이 10[kgf/cm²]인 아이볼트에 축방향으로 1[t]의 하중이 작용하는 경우, 허용 인장 응력을 고려한 아이볼트로 다음 중 가장 적합한 것은?

① M12 ② M16

③ M24 ④ M28

08 다음 중 직선왕복운동을 회전운동으로 변화시키는 축은?

① 크랭크 축 ② 직선축

③ 플렉시블 축 ④ 중간축

09 결합용 나사의 리드각(λ)과 마찰각(ρ)의 관계에서 자립(self locking) 상태를 바르게 표현한 것은?

① $\lambda = 0.5\rho$ ② $\lambda \leq \rho$

③ $\lambda > \rho$ ④ $\lambda = 2\rho$

10 일명 미끄럼 키라고도 하며 회전 토크를 전달함과 동시에 보스가 축방향으로 이동할 수 있는 키는?

① 평 키 ② 새들 키

③ 페더 키 ④ 반달 키

11 리벳 이음을 용접이음과 비교한 설명으로 틀린 것은?

① 구조물 등에서 현장조립할 때에는 용접이음보다 쉽다.
② 경합금을 이용할 때에는 용접이음보다 신뢰성이 떨어진다.
③ 용접이음과 같이 강판 등을 영구적으로 접합할 때 사용한다.
④ 용접이음과는 달리 초기 응력에 의한 잔류변형이 생기지 않으므로 취약 파괴가 일어나지 않는다.

12 키가 사용되지 않은 곳은?

① 기어
② 커플링
③ 체인
④ 벨트풀리

13 두 줄 나사를 두 바퀴 돌렸더니 축방향으로 12[mm] 이동하였다면 이 나사의 피치(p)와 리드(l)는 각각 얼마인가?

① $p=3[\text{mm}]$, $l=3[\text{mm}]$
② $p=6[\text{mm}]$, $l=3[\text{mm}]$
③ $p=3[\text{mm}]$, $l=6[\text{mm}]$
④ $p=6[\text{mm}]$, $l=6[\text{mm}]$

14 동력용 나사의 전체효율을 구할 때 필요한 항목이 아닌 것은?

① 리드
② 수직응력
③ 나사산에 작용하는 하중
④ 나사를 돌리는 데 필요한 토크

15 다음 중 축과 보스의 양쪽에 키 홈을 파며 가장 널리 사용되는 일반적인 키는 무엇인가?

① 안장 키
② 납작 키
③ 둥근 키
④ 묻힘 키

16 사용목적이 마모된 암나사를 재생하거나 강도가 불충분한 재료의 나사 체결력을 강화시키는데 사용되는 기계요소인 것은?

① 헬리서트(Heli sert)
② 분할핀(Split pin)
③ 세트 스크류(Set screw)
④ 로크너트(Lock nut)

17 축에 끼운 링이 빠지는 것을 방지하기 위하여 사용하며 끝부분을 두 갈래로 벌려서 굽혀 빠지지 않도록 하는 기계요소인 것은?

① 테이퍼핀 ② 코터
③ 코킹   ④ 분할핀

18 세로방향으로 쪼개져 있어 구멍의 크기가 핀보다 작아도 망치로 때려 박을 수 있는 핀으로, 충격이나 진동을 받는 곳에 사용하며 지지력이 매우 큰 장점이 있는 핀은?

① 스냅(snap) 핀   ② 스프링(spring) 핀
③ 평행(parallel) 핀   ④ 테이퍼(taper) 핀

19 아주 큰 회전력을 전달하거나 양방향으로 회전하는 축에 120° 또는 180°의 각도로 두 곳에 설치하는 키는?

① 원뿔키   ② 접선키
③ 미끄럼키 ④ 안장키

20 추력이 한 방향으로만 작용할 때 사용되는 것으로 주로 바이스, 압착기 등에 사용되는 나사로 가장 적합한 것은?

① 너클나사 ② 톱니나사
③ 볼나사   ④ 삼각나사

21 먼지, 모래 등이 들어가기 쉬운 곳에 가장 적합한 나사는?

① 사각나사 ② 톱니나사
③ 둥근나사 ④ 사다리꼴나사

22 큰 토크를 전달하고자 할 때 사용하며 축과 보스에 여러 개의 홈을 동일 간격으로 만들어서 축과 보스를 끼워지도록 만든 기계 요소는?

① 스플라인 ② 코터
③ 리벳   ④ 스냅링

23 M5×0.8로 표시되는 나사에 관한 설명으로 옳지 않은 것은?

① 미터 나사이다.
② 나사의 피치는 0.8[mm]이다.
③ 나사를 180°회전시키면 리드는 0.4[mm]이다.
④ 암나사 작업을 위해 지름 5[mm]의 드릴이 필요하다.

24 다음 키의 종류 중 축은 가공하지 않고 보스에만 키 홈을 가공하는 키는?

① 안장 키　　　　　　　② 묻힘 키
③ 미끄럼 키　　　　　　④ 둥근 키

25 리벳이음에서 1피치 내의 리벳 전단면의 수가 증가함에 따라 리벳의 효율은?

① 증가한다.　　　　　　② 감소한다.
③ 관계없다.　　　　　　④ 반비례한다.

26 보스를 축 방향으로 미끄럼 이송시킴과 동시에 회전력을 전달하기 위한 키로 다음 중 가장 적합한 것은?

① 안장키　　　　　　　② 접선키
③ 반달키　　　　　　　④ 페더키

27 나사에서 3침법의 측정이 가장 적합한 것은?

① 피치　　　　　　　　② 유효지름
③ 골지름　　　　　　　④ 외경

28 다음 중 나사산 단면이 3각형 형태가 아닌 것은?

① 미터 나사　　　　　　② 애크미 나사
③ 유니파이 나사　　　　④ 휘트워드 나사

29 다음은 나사에 대한 설명이다. 틀린 것은?

① 유효지름은 수나사의 최대 지름이며, 나사의 크기를 나타낸다.
② 오른 나사는 시계방향으로 회전할 때 전진하는 나사이다.
③ 나사를 1회전시켰을 때 축 방향으로 진행한 거리를 리드라고 한다.
④ 사각나사는 힘이 작용하는 방향이 축선과 평행하며, 나사효율이 좋다.

30 다음 중 나사의 풀림방지를 위한 방법으로 거리가 먼 것은?

① 분할 핀을 사용하여 조립
② 캡 너트를 사용
③ 로크 너트를 사용
④ 스프링 와셔를 사용

31 강판의 두께 12[mm], 리벳의 지름 20[mm], 피치 50[mm]의 1줄 겹치기 리벳이음에서 1피치 당 하중이 1,200[kgf]일 경우, 강판의 인장응력은 몇 [kgf/mm^2]인가?

① 8.61
② 6.42
③ 7.53
④ 3.33

32 큰 토크를 축에서 보스로 전달시키려면 1개의 키(key)만으로 전달시키는 것은 불가능하므로 4개~수십 개의 키를 같은 간격으로 축과 일체로 만든 것은?

① 미끄럼키
② 스플라인 축
③ 접선키
④ 성크키

33 코터 이음(cotter joint)을 하기에 가장 적합한 곳은?

① 2개의 강판을 접합해야 할 경우
② 배관이음을 해야 할 경우
③ 축 중심이 일정거리만큼 떨어진 2개의 평행한 축을 연결할 경우
④ 기본적으로 회전력을 전달하지만 축방향으로 인장력이나 압축력을 받는 2개의 축을 연결할 경우

34 나사산의 각도는 60°이고, 보통나사와 가는 나사가 있으며 미국, 영국, 캐나다 등 세 나라의 협정나사로서 ABC 나사라고도 하는 것은?

① 관용 나사
② 사다리꼴 나사
③ 톱나사
④ 유니파이 나사

35 나사효율을 바르게 표기한 것은?

① $\dfrac{\text{리드각}}{\text{나사각}}$ ② $\dfrac{\text{나사에 준 일량}}{\text{나사가 이룬 일량}}$

③ $\dfrac{\text{나사가 이룬 일량}}{\text{나사에 준 일량}}$ ④ $\dfrac{\text{마찰이 있는 경우의 회전력}}{\text{마찰이 없는 경우의 회전력}}$

36 나사의 끝을 침탄처리한 작은 나사로서, 주로 얇은 판의 연결에 사용하며, 암나사를 만들지 않고 드릴 구멍에 끼워 암나사를 내면서 조여지는 나사는?

① 볼 나사(ball screw) ② 세트 스크루(set screw)
③ 태핑나사(tapping screw) ④ 작은 나사(machine screw)

37 수나사의 호칭지름은 나사의 어떤 지름을 의미하는가?

① 유효지름 ② 안지름
③ 골지름 ④ 바깥지름

38 리벳팅이 끝난 뒤에 리벳머리 주위나 강판의 가장자리를 정으로 때려 그 부분을 밀착시켜서 틈을 없애는 작업은?

① 랩핑 ② 호닝
③ 코킹 ④ 클러칭

39 안지름이 1[m]인 압력용기에 5[kgf/cm²]의 내압이 작용하고 있다. 압력용기의 뚜껑을 18개의 볼트로 체결할 경우 볼트의 지름은 얼마로 설정해야 하는가? (단, 볼트지름 방향의 허용 인장응력은 1,000[kgf/cm²]이고, 볼트에는 인장하중만 작용한다.)

① 31.7[mm], M33 ② 21.7[mm], M22
③ 26.7[mm], M27 ④ 16.7[mm], M18

40 안지름이 1[m]인 압력용기에 5[N/cm²]의 내압이 작용하고 있다. 압력용기의 뚜껑을 18개 볼트로 체결할 경우 다음 중에서 사용가능한 가장 작은 볼트는? (단, 볼트 지름 방향의 허용인장응력은 1,000 [N/cm²]이고, 볼트에는 인장하중만 작용한다.)

① M14 (골지름 11.835[mm]) ② M22 (골지름 19.294[mm])
③ M27 (골지름 23.752[mm]) ④ M36 (골지름 31.670[mm])

41 마름모꼴 단면의 코일을 암나사와 수나사 사이에 삽입하여 주철, 경금속, 플라스틱, 목재 등과 같이 강도가 불충분한 모재를 강화하거나 마멸 등으로 나사산이 손상된 암나사 구멍을 재생하는 데 사용하는 기계요소는?

① 로크 너트(lock nut) ② 분할 핀(split pin)
③ 세트 스크루(set screw) ④ 헬리 인서트(helicoid insert)

42 다음 중 나사에 대한 설명으로 틀린 것은?

① 나사를 1회전시켰을 때 축방향으로 진행한 거리를 리드라고 한다.
② 오른나사는 시계방향으로 회전할 때 전진하는 나사이다.
③ 유효지름은 수나사의 최대 지름이며, 나사의 크기를 나타낸다.
④ 일반적으로는 대부분 오른나사이며, 왼나사는 특수한 목적에 사용한다.

43 테이퍼가 있는 일종의 쐐기로서, 축과 축을 결합하는 경우와 축방향으로 작용하는 압축력이나 인장력에 대해서 풀리지 않도록 부품을 결합할 때 사용하는 기계요소는?

① 핀 ② 코터
③ 와셔 ④ 스플라인

44 외접하는 마찰차의 지름이 각각 D_1, D_2 일 때 중심거리의 계산 공식은?

① $\frac{1}{4}(D_1 + D_2)$ ② $\frac{1}{4}|(D_1 - D_2)|$
③ $\frac{1}{2}(D_1 + D_2)$ ④ $\frac{1}{2}|(D_1 - D_2)|$

45 2개의 축이 같은 평면 내에 있으면서 그 중심선이 30° 이내의 각도로 교차하는 경우의 축이음으로 가장 적합한 것은?

① 고정 커플링(fixed coupling)
② 올덤 커플링(oldham's coupling)
③ 플렉시블 커플링(flexible coupling)
④ 유니버설 커플링(universal coupling)

46 드럼의 지름이 400[mm]인 브레이크 드럼에 브레이크 블록을 누르는 힘 280[N]이 작용하고 있을 때 브레이크 제동력은 몇 [N]인가? (단, 마찰계수 = 0.15)

① 42
② 60
③ 8,400
④ 16,800

47 매분 200회전하는 지름 300[mm]의 평 마찰차를 400[N]으로 밀어붙이면 약 몇 [kW]의 동력을 전달시킬 수 있는가? (단, 접촉부 마찰계수 = 0.3)

① 0.268
② 0.377
③ 268
④ 377

48 다음 중 와셔의 사용목적으로 적합하지 못한 것은?

① 볼트 구멍의 지름이 볼트보다 너무 클 때
② 볼트 시트면의 재료가 약해서 넓은 면으로 지지하여야 할 때
③ 볼트가 받는 전단응력을 감소시키려 할 때
④ 진동이나 회전이 있는 곳의 볼트나 너트의 풀림 방지

49 다음 중 무단 변속을 만들 수 없는 마찰차는?

① 구면마찰차
② 원통마찰차
③ 원추마찰차
④ 원판마찰차

50 두 축이 교차하는 경우의 축 이음으로 가장 적합한 것은?

① 고정 커플링(fixed coupling)
② 플렉시블 커플링(flexible coupling)
③ 유니버설 커플링(universal coupling)
④ 올덤 커플링(oldham's coupling)

51 원통 마찰차 전동장치에서 원동차 지름이 180[mm]이고 속도비가 1/3일 때 두 축의 중심거리 [mm]는? (단, 미끄럼이 없는 것으로 가정한다.)

① 100
② 120
③ 360
④ 420

52 기어의 각부 명칭에 대한 설명 중 틀린 것은?

① 모듈 : 피치원 지름을 잇수로 나눈 값
② 피니언 : 서로 물리는 2개의 기어 중 작은 것
③ 원추 피치 : 피치 원주에서 측정한 하나의 이에서 다음 이까지의 거리
④ 지름 피치 : 기어의 잇수를 이뿌리원으로 나눈 값

53 외접 원통마찰차의 속도비가 2이고, 축간거리가 600[mm]라면 두 마찰차의 직경은 각각 몇 [mm]인가?

① 100, 200
② 300, 600
③ 400, 800
④ 600, 1200

54 모듈이 6이고, 중심거리가 300[mm], 속도비가 2 : 3인 외접하는 표준 스나이퍼 기어의 작은 기어 바깥지름[mm]은 얼마인가?

① 240
② 252
③ 360
④ 372

55 그림과 같은 기어 전동 장치에서 기어수가 $Z_1=30$, $Z_2=40$, $Z_3=20$, $Z_4=30$인 경우 Ⅰ축이 300[rpm]으로 우회전하면 Ⅲ축은 어느 방향으로 몇 회전하는가? (단, Z_2는 Ⅰ축의 기어와 맞물린 기어이고, Z_3는 Ⅲ축 기어와 맞물린 기어 잇수이다)

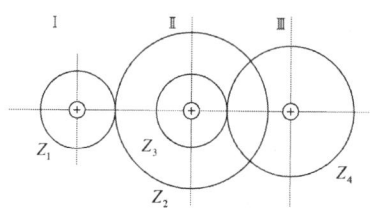

① 300 우회전 ② 300 좌회전
③ 150 우회전 ④ 150 좌회전

56 주로 굽힘작용을 받으면서 회전력은 거의 전달하지 않는 축으로 가장 적당한 것은?
① 프로펠러 샤프트 ② 차축
③ 기어 축 ④ 공작기계의 주축

57 미끄럼 베어링 재료가 구비하여야 할 성질이 아닌 것은?
① 내식성이 높을 것
② 피로한도가 작을 것
③ 마멸이 적고 면압강도가 클 것
④ 열에 녹아 붙음이 일어나기 어려울 것

58 잇수가 40개, 모듈 4인 표준기어를 깎고자 할 때 기어 바깥지름은 몇 [mm]인가?
① 84 ② 120
③ 160 ④ 168

59 300[rpm]으로 2.5[kW]를 전달시키고 있는 축의 비틀림 모멘트는 약 몇 [kgf·mm]인가?
① 5240 ② 6087
③ 8121 ④ 8953

60 전동축이 회전할 때 축에 직각방향으로만 힘이 작용하는 축에 사용하는 베어링으로 가장 적합한 것은?

① 피봇 저널 베어링
② 원추 롤러 베어링
③ 스러스트 볼 베어링
④ 레이디얼 볼 베어링

61 휨만을 받는 속이 찬 차축에서 축에 작용하는 굽힘 모멘트가 3,000[kgf-mm]이고, 축의 허용 굽힘 응력이 10[kgf/mm^2]일 때 필요한 축 외경의 최소값[mm]은?

① 13.2
② 7.4
③ 14.5
④ 55.3

62 회전운동을 직선운동으로 변환시키는 기어는?

① 스크류 기어
② 크라운 기어
③ 인터널 기어
④ 랙와 피니언

63 모듈 3, 잇수 30인 표준 스퍼 기어의 외경은 몇 [mm]인가?

① 85
② 96
③ 105
④ 116

64 유니버설 이음(universal joint)에 관한 설명으로 옳은 것은?

① 두 축이 평행하고 있을 때 사용하는 클러치이다.
② 두 축이 교차하고 있을 때 사용하는 크랭크 축이다.
③ 두 축이 직교할 때에 사용되고 운전 중 단속할 수 있다.
④ 두 축이 교차하는 경우에 사용되는 커플링의 일종이다.

65 700[rpm]으로 80[PS]를 전달하는 축의 토크 T는 몇 [kgf/cm]인가?

① 5,240
② 6,087
③ 8,953
④ 8,185

66 양단에 베어링으로 지지되어 있고 그 중앙에 회전체 1개를 가진 원형 단면축에 대한 위험속도의 계산에 필요한 설계인자로서 가장 거리가 먼 것은?

① 축의 길이
② 전단탄성계수
③ 회전체의 무게
④ 축의 단면 2차 모멘트

67 잇수 $Z=24$, 모듈=2의 표준기어가 있다. 피치원의 반지름 R은 얼마인가?

① 12
② 24
③ 52
④ 48

68 둥근 축에 작용하는 굽힘모멘트가 3,000[N·mm]이고, 축의 허용 굽힘응력이 10[N/mm^2]일 때 축으 바깥지름은 약 몇 [mm] 이상이어야 하는가?

① 7.4[mm]
② 13.2[mm]
③ 14.5[mm]
④ 55.3[mm]

69 내면이 원추형인 원통에 2개의 원추키 모양의 슬릿을 가진 원추를 넣고 3개의 볼트로 죄어 두 축을 연결하는 것은?

① 셀러 커플링
② 분할 머프 커플링
③ 슬리브 커플링
④ 플랜지 커플링

70 축의 설계와 관련되는 용어에서 임계속도란 무엇인가?

① 축이 회전 가능한 최대의 회전속도
② 진동 축에서 안전율이 10일 때의 회전수
③ 축의 이음부분이 마모되기 시작하는 때의 회전수
④ 축의 회전속도가 축의 공진 진동수와 일치할 때의 속도

71 볼 베어링의 번호가 6008일 때 베어링의 안지름은 몇 [mm]인가?

① 8
② 20
③ 30
④ 40

72 그림과 같은 기어 트레인 장치에서 A축과 B축이 만나는 기어의 잇수를 각각 Z_1, Z_2라 하고, B축과 C축이 만나는 기어의 잇수를 각각 Z_2, Z_3, C축과 D축이 만나는 기어의 잇수를 각각 Z_3, Z_4라고 할 때 그 잇수가 다음 표와 같을 경우 A축의 회전수(N_1)가 1,600[rpm]일 때 D축의 회전수(N_4)는 몇 [rpm]인가?

축	기어	잇수(개)	기어	잇수(개)
A축	Z_1	45	–	–
B축	Z_2	32	$Z_2{'}$	64
C축	Z_3	15	$Z_3{'}$	75
D축	Z_4	72	–	–

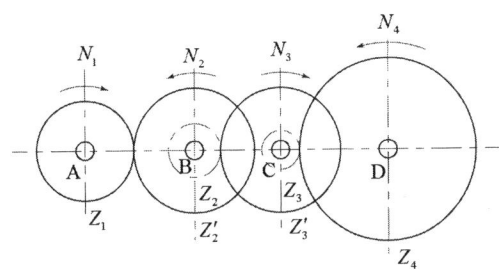

① 90　　② 100
③ 110　　④ 5

73 기본 부하용량이 2,400[kgf]인 볼 베어링이 베어링 하중 200[kgf]을 받고, 500[rpm]으로 회전할 때, 이 베어링의 수명은 약 몇 시간이 되는가?

① 57540시간　　② 78830시간
③ 84720시간　　④ 98230시간

74 구리, 주석, 흑연의 분말을 혼합하여 성형을 한 후 가열하고, 윤활제를 첨가하여 소결한 것으로 주유가 곤란한 부분의 베어링으로 사용하는 것은?

① 포금(gun metal)　　② 인청동(phosphor bronze)
③ 켈밋(kelmet)　　　　④ 오일라이트(oilite)

75 베어링 재료에 요구되는 성질로 거리가 먼 것은?

① 하중 및 피로에 대한 충분한 강도를 가져야 한다.
② 마찰계수가 크고 녹아 붙지 않아야 한다.
③ 열전도율이 크고 내마모성이 커야 한다.
④ 내식성이 크고 유막의 형성이 용이해야 한다.

76 볼 베어링의 구조에서 전동체의 원둘레에 고르게 배치하여 전동체가 몰리지 않고 일정한 간격을 유지할 수 있게 하며, 서로 접촉을 피하고 마모와 소음을 방지하는 역할을 하는 것은?

① 리테이너(retainer)　　② 스트레이너(strainer)
③ 패킹(packing)　　　　④ 실(seal)

77 미끄럼 베어링에서 베어링과 접촉하고 있는 축 부분을 무엇이라고 하는가?

① 핀　　　　② 플랜지
③ 조인트　　④ 저널

78 원동차 지름이 200[mm], 종동차 지름이 350[mm]인 원통 마찰차에서 원동차가 12분 동안 630회전을 할 때 종동차는 20분 동안 몇 회전을 하는가?

① 400　　　② 800
③ 500　　　④ 600

79 그림과 같은 단식 블록 브레이크에서 브레이크에 가해지는 힘 F를 나타내는 식으로 옳은 것은? (단, W : 브레이크 드럼과 브레이크 블록 사이에 작용하는 힘, μ : 마찰계수, f : 마찰력)

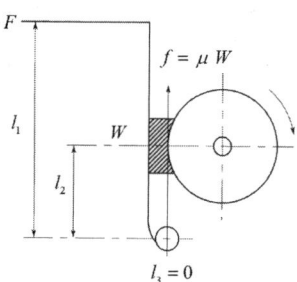

① $F = \dfrac{\mu W l_2}{l_1}$ ② $F = \dfrac{W l_1}{l_2}$

③ $F = \dfrac{W l_2}{l_1}$ ④ $F = \dfrac{\mu W l_1}{l_2}$

80 기본 부하용량이 18,000[N]인 볼 베어링이 베어링 하중을 2,000[N]을 받고 150[rpm]으로 회전할 때 이 베어링의 수명은 약 몇 시간인가?

① 62,000   ② 71,000
③ 76,000   ④ 81,000

81 볼 베어링의 호칭번호가 6008일 경우 안지름은 몇 [mm]인가?

① 8   ② 16
③ 20   ④ 40

82 기어의 각부 명칭 중 피치원의 둘레를 잇수로 나눈 값을 무엇이라 하는가?

① 모듈   ② 원주피치
③ 지름피치   ④ 물림 길이

83 V벨트의 속도를 5[m/s]로 하여 20[kW]를 전달하려면 인장측의 장력은 몇 [kgf]인가? (단, 인장측의 장력은 이완측의 장력의 2배이다)

① 408   ② 816
③ 1124   ④ 1632

84 중심거리가 900[mm]인 한 쌍의 표준 스퍼 기어의 회전비가 1 : 3일 때 피니언의 피치원 지름은 몇 [mm]인가?

① 450   ② 750
③ 1050   ④ 1350

85 평 벨트 풀리의 벨트 접촉면의 중앙부가 약간 높은 이유로 가장 적절한 것은?
① 벨트의 중량을 감소시키기 위하여
② 벨트의 접촉각을 크게 하기 위하여
③ 벨트가 마모되는 것을 방지하기 위하여
④ 벨트가 벗겨지는 것을 방지하기 위하여

86 기초원 지름이 150[mm], 잇수 30, 압력각 20°인 인벌류트 스퍼 기어에서 물림길이가 7π[mm]라면 이 기어의 물림률은?
① 1.0
② 2.0
③ 1.5
④ 2.5

87 평 벨트에서 십자 걸기(엇걸기)를 할 때 벨트의 길이 계산 공식으로 가장 적합한 것은? (단, C는 벨트의 중심거리, D_1, D_2는 두 풀리의 지름)

① $L \fallingdotseq 2C + \dfrac{\pi}{2}(D_2 + D_1) + \dfrac{(D_2 - D_1)^2}{4C}$

② $L \fallingdotseq 2C + \dfrac{\pi}{2}(D_2 - D_1) + \dfrac{(D_2 - D_1)^2}{4C}$

③ $L \fallingdotseq 2C + \dfrac{\pi}{2}(D_2 - D_1) + \dfrac{(D_2 + D_1)^2}{4C}$

④ $L \fallingdotseq 2C + \dfrac{\pi}{2}(D_2 + D_1) + \dfrac{(D_2 + D_1)^2}{4C}$

88 V벨트 전동과 비교한 체인전동의 특성에 대한 설명으로 틀린 것은?
① 전동효율이 높다.
② 고속회전에 적합하다.
③ 미끄럼이 없어 속도비가 일정하다.
④ V벨트 길이보다는 체인 길이를 쉽게 조절할 수 있다.

89 스퍼 기어의 원동축 피니언이 300[rpm]으로 잇수가 20개일 때, 100[rpm]으로 감속하려면 중동축 기어의 잇수는?

① 40개　　　　　　　　② 50개
③ 60개　　　　　　　　④ 80개

90 전위기어를 사용하는 이유로 틀린 것은?

① 언더 컷을 피하려고 할 때
② 이의 강도를 개선하려고 할 때
③ 축 방향의 하중을 제거하려고 할 때
④ 중심거리를 변화시키려고 할 때

91 평행한 두 축 사이에 회전운동을 전달하고 기어 이(톱니)의 줄이 축에 평행한 기어(gear)는?

① 스퍼 기어(spur gear)　　　　② 베벨 기어(bevel gear)
③ 헬리컬 기어(Helical gear)　　④ 웜 기어(worm and worm wheel)

92 평벨트 바로 걸기의 경우 축의 중심거리가 500[mm], 원동차의 지름 $D_1 = 300$[mm], 종동차의 지름 $D_2 = 750$[mm]일 때 평벨트의 길이 [mm]는?

① 2193　　　　　　　　② 2318
③ 2570　　　　　　　　④ 2750

93 전동용 평벨트(belt) 재료의 구비조건이 아닌 것은?

① 탄성이 작을 것　　　　② 마찰계수가 클 것
③ 인장강도가 클 것　　　④ 열이나 기름에 강할 것

94 체인 전동장치의 일반적인 특징에 해당하지 않는 것은?

① 미끄럼이 없는 일정한 속도비를 얻을 수 있다.
② 전동 효율이 우수한 편이다.
③ 체인 길이의 신축이 가능하고, 다축 전동이 용이하다.
④ 고속 회전에 적합하다.

95 전동용 기계요소인 기어(gear)에서 두 축이 만나지도 평행하지도 않는 기어가 아닌 것은?

① 베벨 기어(bevel gear)
② 스크류 기어(screw gear)
③ 하이포이드 기어(hypoid gear)
④ 웜과 웜 기어(worm and worm gear)

96 언더컷을 방지하기 위하여 표준이의 래크 공구로 표준절삭량보다 낮게 절삭하여 기준 피치선의 피치원보다 다소 바깥쪽으로 절삭한 기어는?

① 스퍼 기어
② 인터럴 기어
③ 전위 기어
④ 헬리컬 기어

97 다음 중 언더컷에 대한 설명으로 옳은 것은?

① 과잉의 용융금속이 용착부 밖으로 덮인 비드의 상태를 말한다.
② 용접 중에 용착금속 내에 녹아 들어간 슬래그가 용착금속 내에 혼입되어 있는 결함을 말한다.
③ 용착금속 내에 포함되어 있는 가스나 응고할 때 생긴 수소 등의 가스가 밖으로 방출되지 못하여 생긴 작은 공간을 말한다.
④ 용접전류가 과다할 경우 용융이 지나치게 되어 비드 가장자리에 홈 또는 오목한 형상이 생기는 것을 말한다.

98 다음 중 평벨트에 비하여 V벨트의 특징이 아닌 것은?

① 운전이 정숙하다.
② 고속운전을 할 수 있다.
③ 미끄럼이 적고 속도비가 크다.
④ 장력이 크므로 베어링에 걸리는 부담하중이 크다.

100 바깥지름 300[mm], 안지름 250[mm], 클러치를 미는 힘 500[kgf], 마찰계수가 0.2라고 할 경우 클러치 전달토크(torque)는 몇 [kgf·mm]인가?

① 11390
② 17530
③ 27500
④ 18275

101 표준 스퍼 기어에서 모듈이 3일 때, 기어의 원주피치는 약 몇 [mm]인가?

① 9.42
② 3.14
③ 6.28
④ 3

102 그림에서 스프링 상수가 $k_1 = 0.4$[kgf/mm], $k_2 = 0.2$[kgf/mm]일 때 전체 스프링 상수는 몇 [kgf/mm]인가?

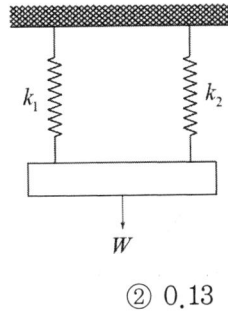

① 0.16
② 0.13
③ 0.4
④ 0.6

103 다음 중 마찰 클러치의 장점이 아닌 것은?

① 주동축의 운전 중에도 단속이 가능하다.
② 클러치의 재료는 온도상승에 의한 마찰계수 변화가 커야 한다.
③ 토크가 걸리면 미끄럼이 일어나 안전장치의 작용을 한다.
④ 무단 변속에도 적은 충격으로 단속시킬 수 있다.

104 평벨트 풀리의 경우 벨트와의 접촉면 중앙을 약간 높게 하는 이유는?

① 강도를 크게 하기 위하여
② 축간 거리를 맞추기 위하여
③ 외관상 보기 좋게 하기 위하여
④ 벨트의 벗겨짐을 방지하기 위하여

105 원동차의 지름이 125[mm]이고, 종동차의 지름은 350[mm]인 원통 마찰 전동장치에서 접촉면의 마찰계수가 0.2일 때 200[kgf]의 힘으로 서로 밀어붙일 경우 최대 전달토크는 몇 [kgf·m]인가?

① 3500
② 7000
③ 14000
④ 28000

106 스프링에 작용하는 진동수가 스프링의 고유 진동수와 같거나 공진하는 현상을 무엇이라 하는가?

① 스프링의 서징현상 ② 스프링의 지수현상
③ 스프링의 피로현상 ④ 스프링의 완화현상

107 평벨트 전동장치에서 벨트의 원주속도 $v=10$[m/sec], 긴장측의 장력이 $T_1=150$[kgf], 이완측의 장력은 $T_2=30$[kgf]일 때 유효장력[kgf]은?

① 50 ② 120
③ 150 ④ 160

108 그림과 같은 코일 스프링 장치에서 W는 작용하는 하중, 스프링 상수를 K_1, K_2라 할 경우 합성 스프링 상수를 바르게 표현한 것은?

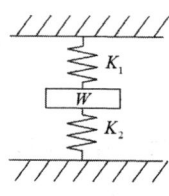

① $K_1 + K_2$ ② $\dfrac{1}{K_1 + K_2}$
③ $\dfrac{K_1 K_2}{K_1 + K_2}$ ④ $\dfrac{K_1 + K_2}{K_1 K_2}$

109 스프링 장치에 인장하중 $P=100$[N]일 때 스프링 장치의 하중방향의 처짐량[cm]은? (단, 스프링 상수 $k_1=20$[N/cm], $k_2=10$[N/cm])

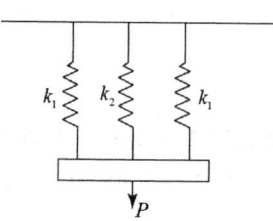

① 1.67 ② 2
③ 2.54 ④ 20

110 다음 중 마찰차의 일반적인 특징에 관한 설명으로 옳지 않은 것은?

① 일정한 속도비를 얻기 어렵다.
② 기어 장치보다도 큰 회전력을 전달할 수 있다.
③ 무단변속기구로도 이용할 수 있다.
④ 과부하의 경우 안전장치의 역할을 할 수 있다.

111 미끄럼 베어링 재료가 구비하여야 할 성질이 아닌 것은?

① 열에 녹아 붙음이 잘 일어나지 않을 것
② 마멸이 적고, 면압강도가 클 것
③ 피로한도가 작을 것
④ 내식성이 높을 것

112 단판 마찰 클러치의 접촉면 평균 지름이 80[mm], 전달 토크 494[kgf·mm], 마찰계수 0.2인 경우에 토크를 전달시키려면 몇 [kgf]의 힘이 필요한가?

① 44.8
② 51.8
③ 61.8
④ 73.8

113 3[kW], 1,800[rpm]인 전동기로 300[rpm]인 펌프를 회전시킬 경우 두 축간 거리가 600[mm]인 V벨트에서 원동풀리의 지름이 D_1 =120[mm]일 때, 종동 풀리 지름 D_2는 몇 [mm]인가?

① 360
② 480
③ 900
④ 720

114 체인의 원동차 잇수(Z_1)가 30개, 회전수(N_1) 300[rpm]이고, 종동차 잇수(Z_2)가 20개일 때 종동차의 회전수(N_2)와 종동차의 속도(V_2)는 각각 얼마인가? (단, 종동차의 피치는 15[mm]이다.)

① $N_2 = 450$[rpm], $V_2 = 2.75$[m/s]
② $N_2 = 400$[rpm], $V_2 = 2$[m/s]
③ $N_2 = 450$[rpm], $V_2 = 2.25$[m/s]
④ $N_2 = 400$[rpm], $V_2 = 2.5$[m/s]

115 스프링 상수가 3[N/mm]인 스프링과 4.5 [N/mm]인 스프링을 직렬로 연결하여 스프링 저울을 만들었다. 이 스프링 저울로 어떤 물건의 무게를 측정하였더니 저울이 5[cm]가 늘어났다. 이 물건의 무게는 몇 [N]인가?

① 30
② 45
③ 75
④ 90

116 플렉시블 커플링의 설명으로 틀린 것은?

① 어느 정도의 진동은 흡수할 수 있다.
② 두 축의 수축과 팽창이 일어날 때 원활하게 진동하기 위하여 적용한다.
③ 두 축이 어느 정도의 각도(15~30°)로 교차할 때 사용한다.
④ 양측의 중심선이 정확히 일치하기 곤란한 곳에 사용한다.

117 다음 감아걸기 전동장치에서 축간거리를 가장 멀리 할 수 있는 것은?

① 로프 전동장치
② 타이밍 벨트 전동장치
③ V-벨트 전동장치
④ 체인 전동장치

118 다음 중 원추 클러치의 설명으로 틀린 것은?

① 마찰 클러치의 한 종류이다.
② 주동축의 운전 중에도 단속이 가능하다.
③ 갑자기 큰 토크가 걸리면 미끄럼이 일어나 안전장치의 작용을 할 수 있다.
④ 클러치의 재료는 온도상승에 의한 마찰계수 변화가 큰 것이 좋다.

119 지름 d, 길이 l인 전동축에서 비틀림각이 1°인 것을 0.25°로 하기 위하여 축지름만을 설계변경한다면 얼마로 하면 되겠는가?

① $\sqrt{2}\,d$
② $2d$
③ $\sqrt[3]{2}\,d$
④ $\sqrt[3]{4}\,d$

120 웜 기어 장치에서 회전수 1,500[rpm]인 3줄 웜이 잇수 30개인 웜휠(웜 기어)에 물려 돌고 있다면, 이 때 웜 휠의 회전수는 몇 [rpm]인가?

① 50
② 150
③ 180
④ 280

121 축에서 마력 s, 허용전단응력 τ[kgf/mm²] 매문 회전수 n[rpm], 축의 지름을 d라고 할 때 축의 지름 [cm]을 구하는 식은?

① $d = 71.5 \sqrt[3]{\dfrac{ps}{\tau n}}$ ② $d = 7,150 \sqrt[3]{\dfrac{ps}{\tau n}}$

③ $d = 79.2 \sqrt[3]{\dfrac{ps}{\tau n}}$ ④ $d = 7,920 \sqrt[3]{\dfrac{ps}{\tau n}}$

122 2,500[rpm]으로 회전하면서 25[kW]을 전달하는 전동축이 있다. 이 전동축의 비틀림 모멘트는 몇 [N·m]인가?

① 7.5 ② 9.6
③ 70.2 ④ 95.5

123 회전수 2,000[rpm]에서 최대 토크가 35[N·m]로 계측된 축의 전달동력은 약 몇 [kW]인가?

① 7.3 ② 10.3
③ 13.3 ④ 16.3

124 두 축의 중심선이 평행이고 그 편심거리가 크지 않으며 교차하지 않을 때 사용되는 축 이음은?

① 유니버설 조인트 ② 머프 커플링
③ 세레이션 커플링 ④ 올덤 커플링

125 다음 중 하물을 감아올릴 때는 제동 작용은 하지 않고 클러치 작용을 하며, 내릴 때는 하물자중에 의해 제동이 걸리는 브레이크에 속하는 것은?

① 원판 브레이크 ② 나사 브레이크
③ 밴드 브레이크 ④ 내부확장식 브레이크

일 반 기 계 공 학

측정기기

01 측정의 개요
02 측정기의 종류
03 공작용 기준 측정기구

CHAPTER 01 측정의 개요

1 측정방법의 분류

(1) 절대측정

측정기로부터 직접 측정하여 값을 읽을 수 있는 방법으로 절대 측정기에는 눈금자, 버니어 캘리퍼스, 마이크로미터 등이 있다.

(2) 비교측정

표준길이와 비교하여 측정하는 방법으로 비교 측정기에는 다이얼 게이지, 내경 퍼스 등이 있다.

2 측정오차

(1) 개인오차

측정하는 사람에 따라 발생하는 오차이며, 숙련도에 따라서 어느 정도 줄일 수 있다.

(2) 계기오차

측정기의 구조, 측정압력, 측정할 때의 온도 또는 측정기의 마모에 따른 오차이며, 이 오차들은 측정기를 미리 점검하면 수정할 수 있다.

(3) 우연오차

주위 환경에 따라 발생하는 오차이며, 오차의 원인을 모르는 경우가 많다. 이럴 경우에는 여러 번 측정을 하여 그 평균값을 구하는 것이 좋다.

(4) 시차

측정기의 눈금과 눈의 위치가 같지 않은 데서 발생하는 오차이며 위치가 수평이 되도록 한다.

3 아베의 원리

"표준자와 피측정물은 같은 축선 상에 있어야 한다."는 원리이다. 같은 축선 상에 있지 않을 경우에는 측정오차가 발생한다. 아베의 원리에 어긋나는 측정기에는 버니어 캘리퍼스, 내측 마이크로미터 등이 있다.

CHAPTER 02 측정기의 종류

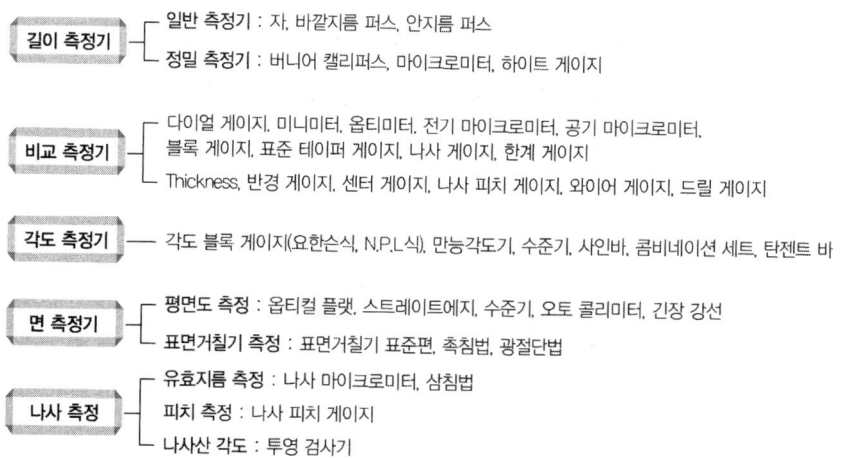

1 버니어 캘리퍼스(vernier calipers)

(1) 버니어 캘리퍼스는 어미자와 아들자로 구성되어 있으며 바깥지름, 안지름, 깊이를 측정할 수 있는 기구이다. 1/20[mm]까지 읽을 수 있는 것은 본척의 19눈금을 부척에서 20등분한 것이며, 1/50[mm]까지 읽을 수 있는 것은 본척은 0.5[mm]이고, 부척은 본척의 12[mm] 사이, 즉 24.5눈금을 25등분한 것이다.

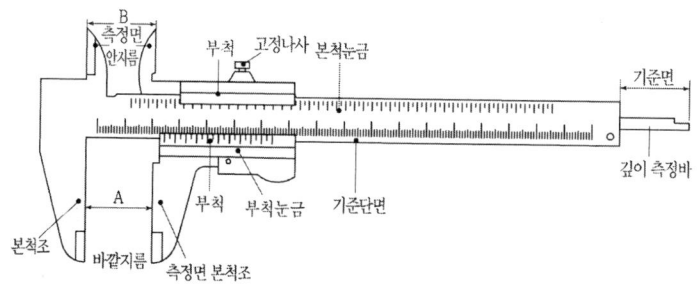

▲ 버니어 캘리퍼스의 구조

(2) 버니어 캘리퍼스의 종류

① M형 : 부척 19[mm]를 20등분한 것이며 바깥지름, 안지름, 깊이 등을 측정한다.

② M2형 : 부척 24.5[mm]를 25등분한 것이다.

③ CB형 : 부척 12[mm]를 25등분한 것이며, 바깥지름, 안지름 측정용이며 안지름 측정용의 측정면에는 조(jaw)가 끝에 있다.

④ CM형 : 부척 49[mm]를 50등분한 것이다.

(3) 버니어 캘리퍼스의 사용방법

① 주척(어미자)의 눈금은 일반 센티미터(cm)자와 같다. 즉, 주척의 0에서 부척(아들자) 0까지의 눈금을 읽는다. 아래 그림에서 주척의 눈금은 120[mm]이다.

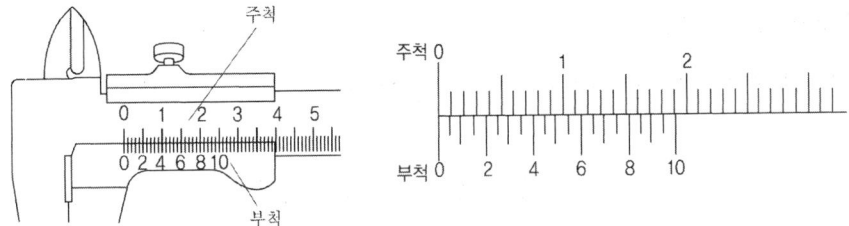

▲ 버니어 캘리퍼스의 눈금

② 주척의 눈금 12에서부터 부척의 눈금 0까지의 눈금을 읽는다. 이것을 읽기 위해서는 주척의 눈금과 부척의 눈금이 일치되는 부분(선)을 찾는다. 아래 그림에서 부척의 눈금이 4이므로 부척의 눈금은 0.4[mm]를 나타낸다. 따라서 주척의 눈금 12[mm]와 부척의 눈금 0.4[mm]를 합하여 읽으면 측정값은 12.4[mm]이다.

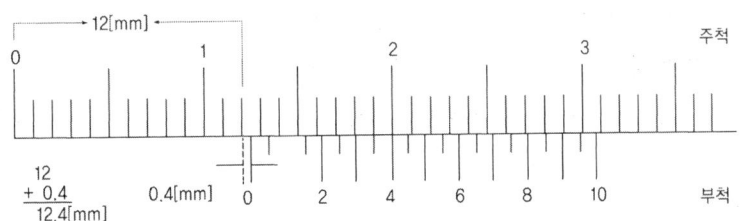

▲ 버니어 캘리퍼스의 눈금읽기

> **예제** 버니어 캘리퍼스의 어미자에 새겨진 1[mm]의 19눈금(19[mm])을 아들자에서 20등분할 때 어미자와 아들자의 1눈금 크기의 차이[mm]는?
> ① 1/25 ② 1/20
> ③ 1/24 ④ 1/50

2 마이크로미터(micrometer)

(1) 마이크로미터의 구조

바깥지름, 안지름 및 깊이 측정에 사용되며, 암나사와 수나사의 끼워 맞춤을 이용한 측정기이며 스핀들이 1회전하면 0.5[mm]를 이동한다. 슬리브의 최소 눈금 크기는 0.5[mm]이고, 딤블을 1회전시키면 스핀들은 축방향으로 0.5[mm]가 이동한다. 따라서 딤블의 원둘레가 50등분되어 있으므로 1눈금은 $0.5 \times \dfrac{1}{50} = \dfrac{1}{100}$ 이 된다.

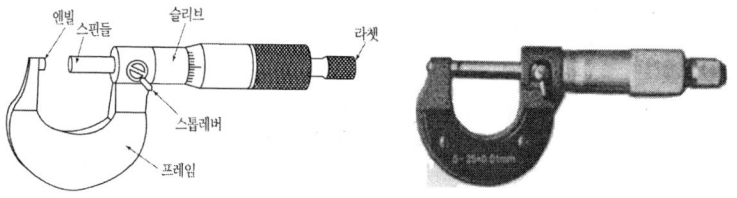

▲ 외경 마이크로미터의 구조

(2) 눈금 읽는 방법(mm방식)

아래 그림은 0 ~ 25[mm]용 외측 마이크로미터의 눈금읽기를 나타낸 것이다.

① 슬리브의 0기선 위(基線上)의 1[mm] 단위의 눈금을 읽는다. 이 경우 5이다.
② 슬리브의 0기선 아래(基線下)의 0.5[mm] 단위의 눈금을 읽는다. 이 경우 0.5이다.
③ 슬리브 0기선 위에 있는 딤블의 눈금을 읽는다. 이 경우 43이다. 따라서 실제 값은 0.43[mm]이다.
④ 측정값은 5[mm] + 0.5[mm] + 0.43[mm] = 5.93[mm]이다.

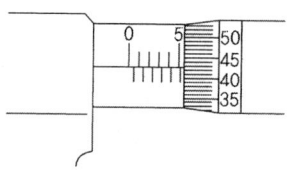

▲ 외경 마이크로미터의 눈금읽기

예제 그림과 같은 마이크로미터의 측정값[mm]은?

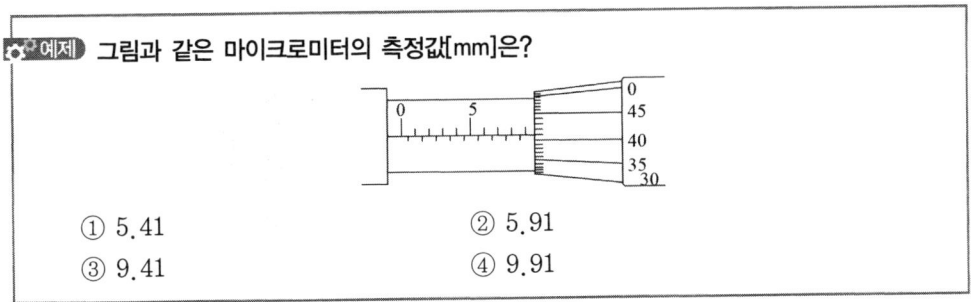

① 5.41　　　　　　　② 5.91
③ 9.41　　　　　　　④ 9.91

3 하이트 게이지(height gauge)

정반 위에 버니어 캘리퍼스를 수직으로 설치하여 금긋기, 높이를 측정하는데 사용되며 읽을 수 있는 최소 눈금은 0.02[mm]로 HT형, HB형, HM형, HT형이 있다.

베이스 위에 최소 눈금 0.5[mm]의 본척이 고정되어 있으며, 이 본척을 따라 상하로 이동하는 슬라이더가 있다. 슬라이더에는 본척의 12[mm]를 25등분한 부척 1/50이 새겨져 있다.

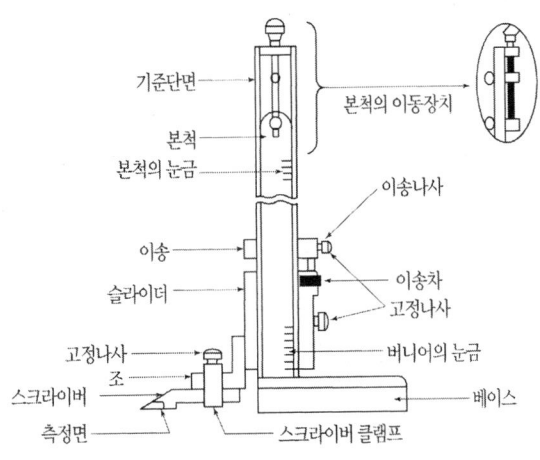

4 다이얼 게이지(dial gauge)

(1) 다이얼 게이지는 바늘이 1회전하면 스핀들이 1[mm] 움직이며, 원둘레가 100등분되어 있으므로 1눈금은 0.01[mm]까지 판독할 수 있다. 용도는 다듬면의 평면도 점검, 기어의 백래시 측정, 축의 휨과 진동점검, 원통의 진원도, 축의 스러스트(thrust) 점검 등이다.

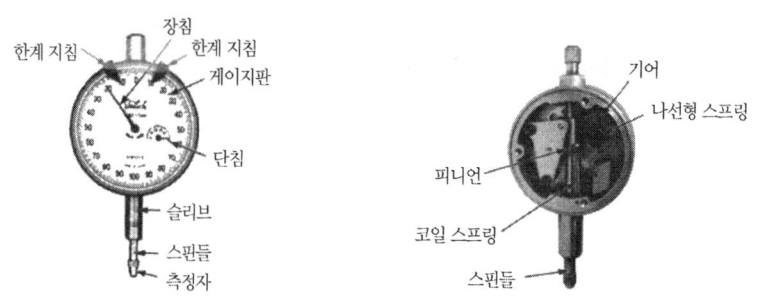

▲ 다이얼 게이지의 구조

(2) 다이얼 게이지 눈금 읽는 방법

측정값이 옆의 그림과 같은 경우 다음의 순서로 읽는다.

① 짧은 바늘의 위치를 읽는다. 일반적으로 1과 2 사이에 있다.

② 긴 바늘의 눈금을 읽는다. 36의 위치에 있다.

③ 눈금 읽기의 값은 눈금판에 0.01[mm]라고 표시되어 있으므로 긴 바늘의 한 눈금이 0.01[mm]이다. 따라서 긴 바늘의 값은 0.36[mm]이다. 긴 바늘이 1회전하는 데 대해 짧은 바늘은 1눈금 전진하므로 짧은 바늘의 눈금은 0.01×100=1[mm]이다. 따라서 이 경우의 측정값은 1.0+0.36=1.36[mm]이다.

▲ 다이얼 게이지의 눈금읽는 방법

(3) 다이얼 게이지로 측정할 때 주의사항

① 측정물에 스핀들이 접촉되어 있는 상태에서 측정물을 빠른 속도로 움직이던가, 회전시켜서는 안된다.

② 측정물에 스핀들을 직각으로 댄다. 비스듬하게 대면 다이얼 게이지가 움직이던가, 스핀들의 이동량이 달라져 정확한 값이 표시되지 않는다.

③ 스핀들의 나가기와 돌아오기에는 약간의 차이가 있으므로 비교 측정을 할 때에는 반드시 처음에 0점을 맞출 때와 같은 방향으로 들어가게 하여 오차를 작게 하여야 한다.

④ 눈의 위치와 바늘을 이은 선이 눈금판과 직각이 되지 않을 때에는 시차가 생기므로 이에 대해서도 주의하고 또 다른 측정기구와 마찬가지로 측정물과의 온도 차이에 대해서도 주의하여야 한다.

> **예제** 다음 중 회전축의 흔들림 검사에 가장 적합한 측정기는?
> ① 블록 게이지 ② 다이얼 게이지
> ③ 마이크로미터 ④ 버니어 캘리퍼스

5 마이크로 인디케이터(micro indicator)

마이크로 인디케이터는 길이의 미세한 변화를 기계적으로 확대하는 컴퍼레이터(comparator : 정밀 비교측정기)이며, 바늘의 회전은 360° 미만, 최소 눈금은 $1[\mu m]$ 이하이다.

6 오토 콜리미터(auto collimator)

오토 콜리미터는 망원경과 반사경을 조합하여 레버와 기어에 의하여 확대를 병용하여 측정하는 기구이다.

7 옵티미터(optimeter)

미니미터의 레버에 의한 측정을 광학적으로 확대한 것으로 확대율은 800배, 측정 범위는 $\pm 0.1[mm]$, 최소눈금 $1[\mu]$, 정밀도 $\pm 0.25[\mu]$ 정도이다.

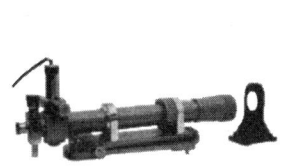

▲ 오토 콜리미터

▲ 옵티미터

8 공기 마이크로미터(air micrometer)

압축 공기를 사용하는 비교 측정기로서 확대율이 매우 크고 조정이 쉬우며, 측정력이 작아 무접촉의 측정이 가능하고, 반지름이 작은 다른 종류의 측정기로는 불가능한 것을 측정할 수 있으며, 많은 치 수의 동시 측정, 선별이나 치수 결정이 자동으로 되며, 원격 측정, 자동제어 등에 사용된다. 그 정밀도는 ±0.1~1[μ]이다.

9 전기 마이크로미터(electronic micrometer)

길이의 극히 작은 변화를 전기 용량의 변화로 측정하는 방법으로 0.01[μ] 정도의 미소 변화도 검사할 수 있다.

10 삼침법(three-wire method)

삼침법은 3줄의 지름이 같은 철사를 이용하여 수나사의 유효지름을 측정하는 방법이다. 나사 사이에 3침을 대고 그 바깥쪽의 치수를 외측 마이크로미터로 측정한다. 3침을 대는 방법은 처음에는 2개의 바늘을 나사의 아래쪽 홈에 대고 다른 1개는 위쪽 나사홈에 대고 스핀들을 돌려주면 된다.

11 옵티컬 플랫(optical flat)

비교적 작은 부분의 평면도 측정에 이용되고 있는데 광학유리를 연마하여 만든 극히 정확한 평행평면반을 측정면에 살그머니 포개어 놓고 표면에 나트륨 광선과 같은 탄색광을 비추어 간섭무늬를 만든다. 무늬가 곧게 나타나면 정밀한 평면이다. 또한 간섭 한 개의 크기는 약 0.3[μm]이다.

CHAPTER 03 공작용 기준 측정기구

1 블록 게이지(block gauge)

(1) 블록 게이지는 공작용 길이 표준용으로 널리 사용되며, 가로 단면이 직사각형이며 편평한 측정면을 가진 것으로 호칭치수는 서로 마주하는 평행 평면 사이의 거리이다. 표준 조합에는 103개조, 76개조, 47개조, 32개조, (+)9개조, (−)9개조, 8개조 등이 있다.

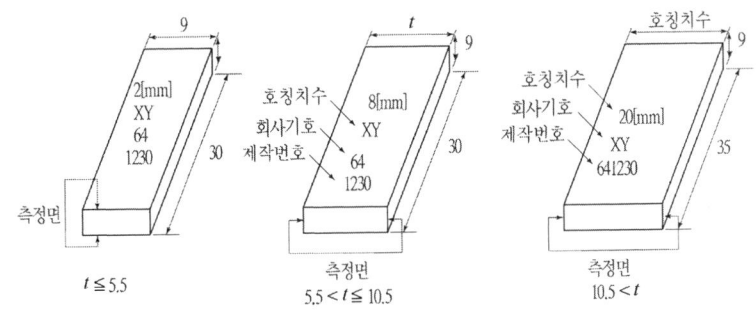

▲ 블록 게이지

(2) 블록 게이지의 특징
① 치수 정밀도가 우수하다.
② 밀착에 의한 임의의 치수를 정확히 만들 수 있다(몇 개를 조합 밀착시켜).
③ 비교 측정의 표준이 된다.
④ 경년 변화가 거의 없다.

(3) 블록 게이지의 등급과 용도
① AA급 : 참조용, 최고 기준용이다.
② A급 : 표준용
③ B급 : 검사용
④ C급 : 공작용

(4) 블록 게이지에서 2개 면 사이에 스핀들 기름을 바르고 눌러서 미끄러지도록 하면 밀착되는데 이것을 링깅(wringing)이라 한다.

> **예제** 블록 게이지의 등급 중 정밀도의 순서로 나열한 것은?
> ① C - B - A - AA ② A - B - C - AA
> ③ A - AA - B - C ④ AA - A - B - C

2 사인 바(sine bar)

직각삼각형의 2변 길이로 삼각함수에 의해 각도를 구하는 것으로 삼각법에 의한 측정에 많이 이용되며 양 원통 롤러 중심거리(L)는 일정 치수로 보통 100[mm] 또는 250[mm]로 만든다. 각도 θ는 다음 공식으로 구해진다.

$$\sin\theta = \frac{H-h}{L}$$

여기서, L : 롤러의 중심사이 거리
H, h : 블록 게이지의 높이

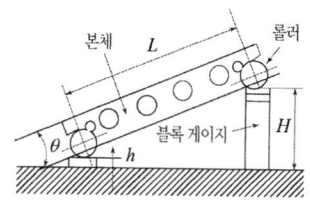

▲ 사인 바

> **예제** $L = 50$[mm]의 사인 바(sine bar)에 의하여 경사각 $\theta = 20°$를 만드는 데 필요한 게이지 블록의 높이 차이(h)는 약 몇 [mm]로 조합하여야 하는가?
>
>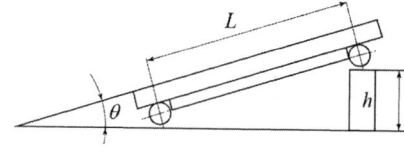
>
> ① 16.40 ② 17.10
> ③ 18.20 ④ 19.30

04 단원연습문제

01 치공구의 특징이 아닌 것은?
① 불량 생산이 적게 된다.
② 숙련자만이 작업할 수 있다.
③ 제품의 호환성이 적게 된다.
④ 제품 검사 시간을 줄일 수 있다.

02 버니어 캘리퍼스의 어미자에 새겨진 1[mm]의 19눈금(19[mm])을 아들자에서 20등분할 때 어미자와 아들자의 1눈금 크기의 차이[mm]는?
① 1/25
② 1/20
③ 1/24
④ 1/50

03 그림과 같은 마이크로미터의 측정값[mm]은?

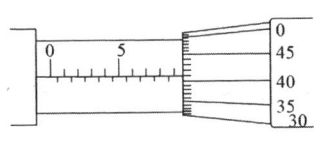

① 5.41
② 5.91
③ 9.41
④ 9.91

04 다음 중 한계 게이지란?
① 양쪽 모두 통과하도록 되어 있다.
② 양쪽 모두 통과하지 못하도록 되어 있다.
③ 한쪽은 헐겁게 통과하고, 다른 한쪽은 약간 헐겁게 통과하도록 되어 있다.
④ 한쪽은 통과하고, 다른 한쪽은 통과하지 못하도록 되어 있다.

05 본 척의 최소 눈금이 1.0[mm]이고, 버니어눈금은 24.5[mm]를 25등분하였다면 최소 측정값은?
① 0.01
② 0.02
③ 0.04
④ 0.05

06 다음 측정 기구 중에서 실제 치수와 표준치수와의 차이를 측정하는 것은?

① 블록 게이지
② 마이크로미터
③ 버니얼 캘리퍼스
④ 한계 게이지

07 버니어캘리퍼스의 어미자의 1눈금이 1[mm]이고, 아들자의 눈금은 어미자의 19[mm]를 20등분하였을 때 읽을 수 있는 최소 눈금[mm]은?

① 0.02
② 0.20
③ 0.50
④ 0.05

08 마이크로미터의 측정면이나 블록게이지의 측정면과 같이 비교적 작고, 정밀도가 높은 측정물의 평면도 검사에 사용하는 측정기로 다음 중 가장 적합한 것은?

① 윤곽 투영기(profile projector)
② 옵티컬 플랫(optical flat)
③ 컴비네이션 세트(combination set)
④ 오토 콜리메터(auto collimator)

09 블록 게이지의 등급 중 정밀도의 순서로 나열한 것은?

① C − B − A − AA
② A − B − C − AA
③ A − AA − B − C
④ AA − A − B − C

10 어미자 1눈금이 0.5[mm]일 때, 12[mm]를 25등분하여 아들자의 눈금으로 사용하는 버니어 캘리퍼스는 몇 [mm]까지 읽을 수 있는가?

① 0.02
② 0.2
③ 12.5
④ 6

11 0.01[mm]까지 측정할 수 있는 마이크로미터에서 나사의 피치와 딤블의 눈금에 대해 옳게 설명한 것은?

① 피치는 0.1[mm], 원주는 20등분되어 있다.
② 피치는 0.1[mm], 원주는 25등분되어 있다.
③ 피치는 0.5[mm], 원주는 50등분되어 있다.
④ 피치는 0.5[mm], 원주는 100등분되어 있다.

12 100[mm]의 사인 바에 의하여 30°를 만드는데 필요한 블록 게이지가 다음과 같이 준비되어 있을 때 필요 없는 것은?

40[mm], 20[mm], 5.5[mm], 4.5[mm]

① 20
② 4.5
③ 5.5
④ 40

13 다음 중 회전축의 흔들림 검사에 가장 적합한 측정기는?

① 블록 게이지
② 다이얼 게이지
③ 마이크로미터
④ 버니어 캘리퍼스

14 다음 중 비교 측정의 표준이 되는 게이지는?

① 한계 게이지
② 마이크로미터
③ 센터 게이지
④ 블록 게이지

15 하이트 게이지의 사용목적으로 맞지 않는 것은?

① 각도를 측정할 수 있다.
② 금긋기 작업을 할 수 있다.
③ 실제 높이를 측정할 수 있다.
④ 다이얼 게이지를 부착하여 비교 측정할 수 있다.

16 사인 바로 각도를 측정할 때 각도가 몇 도를 넘으면 오차가 많아지는가?

① 20°
② 25°
③ 35°
④ 45°

17 +5[μm] 오차가 있는 호칭 치수 50[mm]의 블록 게이지와 다이얼 게이지를 사용하여 비교 측정하였더니 50.275[mm]이었다면 실제 치수[mm]는?

① 50.285
② 50.265
③ 50.275
④ 50.270

18 각도측정기인 사인 바는 일정 각도 이상을 측정하면 오차가 커지는데 일반적으로 몇 도 이하에서 사용하는가?

① 30°
② 45°
③ 60°
④ 75°

19 오버 핀 법이란 측정방법은 다음의 어느 것의 측정에 관련되는 것인가?

① 기어의 피치
② 나사의 평균지름
③ 나사의 피치
④ 기어의 이두께

20 어미자의 눈금이 1[mm]이고, 어미자 49[mm]를 50등분하였다면 버니어 하이트 게이지의 최소 측정값 [mm]은?

① 0.01
② 0.015
③ 0.02
④ 0.025

21 $L=50$[mm]의 사인 바(sine bar)에 의하여 경사각 $\theta=20°$를 만드는 데 필요한 게이지 블록의 높이 차이(h)는 약 몇 [mm]로 조합하여야 하는가?

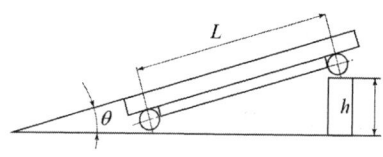

① 16.40
② 17.10
③ 18.20
④ 19.30

22 사용하는 측정기의 최소 측정단위가 1[μm]이면 몇 [mm]까지 측정이 가능한가?

① $\frac{1}{100}$
② $\frac{1}{1000}$
③ $\frac{1}{10000}$
④ $\frac{1}{100000}$

23 측정은 방법에 따라 직접측정, 비교측정, 간접측정, 절대측정으로 구분할 수 있는데, 다음 중 비교측정법으로 측정하는 것은?

① 마이크로미터 ② 다이얼 게이지
③ 사인 바 ④ 터보 게이지

24 다음 중 측정값의 통계적 용어에 관한 설명으로 옳은 것은?

① 치우침(bias) – 참값과 모평균과의 차이
② 오차(error) – 측정값과 시료평균과의 차이
③ 편차(deviation) – 측정값과 참값과의 차이
④ 잔차(residual) – 측정값과 모평균과의 차이

25 대량의 제품 치수가 공차 내에 있는지 여부를 검사하는 게이지의 명칭으로 가장 적합한 것은?

① 한계 게이지 ② 다이얼 게이지
③ 옵티미터 ④ 블록 게이지

26 하이트 게이지의 사용상 주의점에 관한 설명으로 틀린 것은?

① 측정 전에 정반 표면과 하이트 게이지의 베이스 밑면을 깨끗이 닦고 측정해야 한다.
② 측정 전에 스크라이버 밑면을 정반 위에 닿게 하여 0점 확인을 하며, 맞지 않을 경우 0점 조정을 하는 것이 좋다.
③ 아베의 원리에 맞는 구조이므로 스크라이버를 정확히 수평으로 셋팅하는 것이 정확도를 올릴 수 있다.
④ 시차를 없애기 위해서는 어미자와 버니어의 눈금을 일치하는 곳의 수평 위치에서 눈금을 읽어야 한다.

27 정확도와 정밀도에 대한 설명으로 틀린 것은?

① 정확도는 참값에 대한 한쪽으로 치우침이 작은 정도를 뜻한다.
② 정밀도는 측정값의 흩어짐이 작은 정도를 뜻한다.
③ 정밀도는 모표준편차로 나타낼 수 있다.
④ 정확도는 계통적 오차보다는 우연오차에 의한 원인이 크다.

28 다음 금긋기용 공구 중 가공물의 중심을 잡거나 정반 위에서 가공물을 이동시켜 평행선을 그을 때 사용되는 공구의 명칭은?

① 리머   ② 펀치
③ 서피스 게이지   ④ 스크레이퍼

29 드릴로 뚫은 구멍을 정확한 치수로 다듬는 데 사용되는 공구는?

① 탭   ② 다이스
③ 정   ④ 리머

30 200[mm]의 사인 바(sin bar)를 사용하여 피측정물의 지면과 sin bar의 측정면이 일치하였다. 블록 게이지의 높이가 45[mm]일 때의 각도 α는?

① 5°   ② 8°
③ 11°   ④ 13°

기계공작법

05

01 주조
02 소성가공
03 공작기계
04 용접

CHAPTER 01 주조

금속을 가열하여 융해시켜 유동성을 갖는 용융 금속으로 만든 후, 이것을 모래나 금속으로 만든 주형(mold)에 주입(pouring)하여 그 속에서 냉각, 응고시킨 것을 주물 또는 주조품이라 하며 이 때의 공정(process)을 주조(casting)라 한다.

1 주조 공정

계획(설계 도면 : 주조 방안 결정) → 모형(pattern : 원형) 제작 → 주형(mold) 제작 → 용해 → 주입 → 주형 해체 → 주물의 공정을 거친다.

(1) 모형(원형 : 목형) 제작

목재 또는 금속으로 주형을 만들기 위한 모형을 제작하는 공정이며, 이는 주형을 만들기 위하여 제작한다.

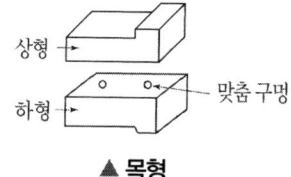

▲ 목형

(2) 주형 제작

모형(원형)을 주물사에 묻고 다진 후 모형과 같은 모양의 공간을 형성하게 하는 공정이다.

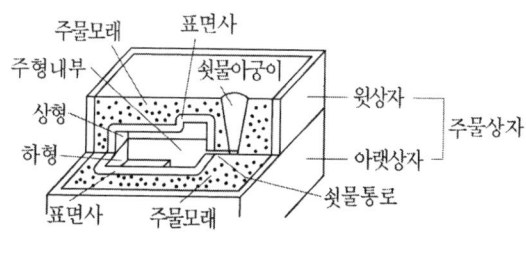

▲ 주형

(3) 용해

원재료의 용해로에서 가열, 용해하여 주조하기 좋은 용융 금속으로 만드는 공정이다.

(4) 주입

용융 금속을 주형 속에 주입, 응고시키는 공정이다.

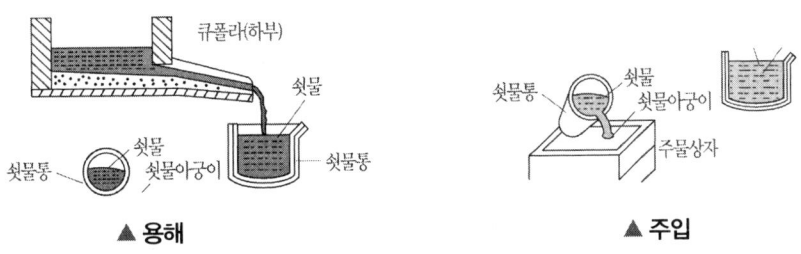

▲ 용해　　　　　　　　　▲ 주입

(5) 주물처리

응고가 끝나면 라이저 및 주입 계통 등을 제거하는 공정이다.

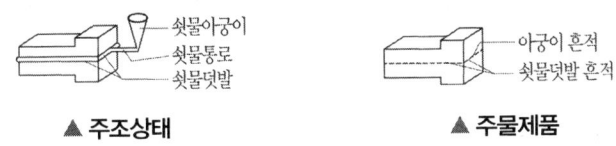

▲ 주조상태　　　　　　　　　▲ 주물제품

2 목형

주형을 만들기 위해서는 실제와 같은 모형이 있어야 한다. 이와 같이 실물과 같은 모양을 나무로 만들면 목형, 금속으로 만들면 금형이라 하며 석고나 왁스 등도 사용한다.

(1) 목형의 종류

① 현형

원형으로 가장 기본적이고 일반적인 것으로, 제작할 제품과 거의 같은 모양의 원형에 주조 재료의 수축 여유, 가공 여유, 코어 프린터 등을 고려하여 만든 원형을 현형이라 한다.

㉠ 단체형(one piece pattern) : 간단한 주물(1개로 된 목형)
㉡ 분할형(split pattern) : 한 쪽에 단이 있는 부품(상형, 하형의 2개의 목형)

ⓒ 조립형(built-up pattern) : 아주 복잡한 주물(3개 이상의 목형) – 상수도관용 밸브

③ **부분형**

목형이 대형이고 같은 모양의 부분이 연속하여 전체를 구성하고 있을 경우, 그 한 부분의 목형을 만들고 이 목형을 이동하면서 주형 전체를 만들 수 있는 목형이다 (큰 기어, 프로펠러).

④ **회전형**

비교적 작고 제작 수량이 적은 벨트 풀리, 기어의 소재 등과 같은 회전체로 된 물체를 제작할 때 많이 사용한다(풀리나 회전체).

⑤ **긁기형**

소정의 단면의 형상과 같은 안내판으로 모래를 긁어서 주형을 만드는 방법이다[밴드 파이프(bend pipe) ; 곡관].

⑥ **골격형**

제작 개수가 적은 대형 파이프, 대형 주물의 제작비를 절약하기 위해 골격만 목재로 만들고, 그 골격 사이를 점토 등으로 메꾸어 현형을 만드는 방법이다(대형 파이프, 대형 주물).

⑦ **코어형**

코어 제작을 위한 목형, 내부가 비어있는(중공) 주물을 만들 때 사용하는 목형이다.

(2) 목형의 제작

① **수축여유(shrinkage allowance)**

용융 금속을 주형(mold) 안에서 응고 또는 냉각되면서 그 부피가 줄어드는데 이를 수축이라 한다. 이 수축을 고려하여 필요한 치수보다 수축량을 고려하여 모형의 치수를 결정하여야 한다.

② **가공여유(machining allowance)**

주조 후 기계 가공을 요하는 부분은 가공에 필요한 치수만큼 크게 도면에 기입하여 목형을 만드는데 이 양을 가공 여유라 한다. 가공 여유를 붙일 경우 제품의 다듬질 정도를 항상 염두에 두어야 한다.

③ **목형구배(taper)**

모래주형(sand mold)에서 목형(원형)을 뽑아낼 때 주형이 파손되지 않도록 목형의 측면을 경사지게 하는 것으로 목형의 모양에 따라 다르나 1[m]당 6 ~ 10[mm]

정도의 구배를 둔다.

④ 코어 프린트(core print)=부목

코어(core)의 위치를 정하거나, 주형에 쇳물을 부었을 때 쇳물의 부력에 코어가 움직이지 않도록 하거나 또는 쇳물을 주입했을 때 코어에서 발생되는 가스를 배출시키기 위해서 코어에 코어 프린트를 붙인다.

⑤ 라운딩(rounding)

응고할 때 직각인 부분에 결정 조직의 경계가 생겨 부서지기 쉬운데 이를 방해하기 위해 모서리 부분을 둥글게 만들어 주는 것을 말한다.

⑥ 덧붙임(stop off)

주물의 두께가 균일하지 못하고 복잡한 주물은 냉각될 때 냉각 속도의 차이로 내부 응력에 의해 변형 또는 파손되기 쉬운데 이것을 방지할 목적으로 덧붙임하여 목형을 만들고 이것으로 주형을 만들어 주조한다. 주조 후 잘라 버린다.

※ 코어 : 중공부(中空部)가 있는 주물을 만들 경우에 사용된다. 중공부를 만들기 위해 주형에서 쇳물 대신 자리를 차지하는 물체로서 코어는 보통 모래로 만든다.

> **참고** 주물 금속의 중량 계산법
> 주물 금속의 중량을 다음과 같이 계산한다.
> $$\frac{W_m(\text{주물의 중량})}{S_m(\text{주물의 비중})} = \frac{W_p(\text{목형의 중량})}{S_p(\text{목형의 비중})}$$

> **예제** 목형의 중량이 15[kgf]일 때 주물의 중량은 몇 [kgf]인가? (단, 주물의 비중은 7.2이고, 목형의 비중은 0.5이다.)
> ① 7.5   ② 108
> ③ 180   ④ 216
>
> **예제** 주조형 목형(원형)을 실물치수보다 크게 만드는 가장 중요한 이유는?
> ① 주형의 치수가 크기 때문이다.
> ② 코어를 넣어야 하기 때문이다.
> ③ 잔형을 덧붙임하여야 하기 때문이다.
> ④ 수축여유와 가공여유를 고려하기 때문이다.
>
> **예제** 목형이 대단히 크고, 대칭 형상을 갖는 주조 부품의 목형으로 다음 중 가장 적합한 것은?
> ① 현형   ② 코어 목형
> ③ 골조 목형 ④ 부분 목형

3 주물사

(1) 주형을 만드는데 사용하는 모래를 말한다.

(2) 주물사의 구비조건

내열성이 크고, 화학적 변화가 생기지 않아야 한다. 성형성, 통기성이 좋고, 적당한 강도를 가져야 하며 가격이 저렴하고 구입이 용이하고, 노화되지 않으며 재사용이 가능해야 한다.

4 특수 주조법

(1) 다이캐스팅

정밀한 금형에 용융 금속을 고압, 고속으로 주입하여 주물을 얻는 방법으로 정밀도가 높고 주물 표면이 깨끗하여 다듬질 공정을 줄일 수 있고 조직이 치밀하여 강도가 크고 얇은 주물이 가능하며 제품을 경량화 할 수 있고 주조가 빠르기 때문에 대량 생산하여 단가를 줄일 수 있다. 하지만 Die의 제작비가 많이 들므로 소량 생산에 부적당하고 Die의 내열강도 때문에 용융점이 낮은 아연, 알루미늄, 구리 등의 비철 금속에 국한된다. 자동차 부품, 전기 기계, 통신 기기 용품, 일용품, 기화기, 광학 기계 등에 사용한다.

(2) 원심 주조법

회전하는 원통의 주형 안에 용융 금속을 넣고 회전시켜 원심력에 의해 중공 주물을 얻는 방법으로 코어가 필요 없으며 질이 치밀하고 강도가 크고 기포의 개입이 적어 gate, riser, feeder가 필요 없다. 파이프, 피스톤링, 실린더 라이너, 브레이크링, 차륜 등에 사용한다.

(3) 칠드 주조법

주물을 제작할 때 일부에 금속을 대고 표면을 급랭시키면 이 부분은 다른 부분보다 조직이 백선화(白銑化)해서 단단한 탄화철이 되고 그 내부는 서서히 냉각되어 연한 주물이 된다. 이 방법을 칠드 주조라 하고, 이렇게 이루어진 주물을 칠드 주물이라 한다. 압연 롤러, 볼 밀(ball mill), 파쇄기(crusher)등에 사용한다.

(4) 셸 몰드법

석탄산계 합성수지 분말을 혼합한 모래를 사용하여 5~6[mm] 정도의 조개껍질 모양의 셸형의 주형을 만들어 이 형에 쇳물을 부어 주물을 만드는 방법이다. 주형을 신속히 대량 생산할 수 있으며, 주물의 표면이 아름답고, 치수의 정밀도가 높으며, 복잡한 형상을 만들 수 있고, 기계 가공을 하지 않아도 사용할 수 있다. 숙련공이 필요 없으며 완전 기계화가 가능하다. 그리고 주형에 수분이 없으므로 pin hole의 발생이 없다. 또한 주형이 얇기 때문에 통기 불량에 의한 주물 결함이 없다. 자동차, 재봉틀, 계측기 등의 얇고 작은 부품의 주조 등에 사용한다.

(5) 인베스트먼트법

주물과 동일한 모양을 왁스(wax), 파라핀(paraffin) 등으로 만들어 주형재에 매몰하고 가열로에서 가열하여 주형을 경화시킴과 동시에 모형재인 왁스나 파라핀을 녹여 주형을 완성하는 방법으로 "lost wax법", "정밀주조"라고도 한다. 치수의 정도와 표면의 평활도가 여러 정밀주조법 중에서 가장 우수하나 주형 제작비가 비싸다.

> **예제** 벨트 풀리(belt pulley)와 같은 원형모양의 주형 제작에 편리한 주형법은?
> ① 혼성주형법   ② 회전주형법
> ③ 조립주형법   ④ 고르게 주형법

CHAPTER 02 소성가공

재료에 외력을 제거하여도 원래 상태로 돌아가지 않는 성질을 이용한 제조방법이다.
※ 탄성 : 재료에 외력을 가하였다가 제거하면 원형으로 되돌아오는 성질을 말한다.

1 소성가공의 종류

(1) 단조(forging)

금속을 일정한 온도의 열과 압력을 가해 해머로 두드리거나 또는 프레스(압축기) 등으로 압축력 또는 충격력을 가하는 가공이다. 분리된 기계 부품을 만들어낸다.

(2) 압연(rolling)

금속 소재를 고온 또는 상온에서 압연기의 회전 롤러 사이로 통과시켜 판재나 레일과 같은 모양의 재료를 성형하는 것으로 두께 또는 단면적을 감소시키고 길이방향으로 늘리는 가공이다.

(3) 인발(drawing)

테이퍼형상의 구멍을 가진 틀을 통하여 선재나 파이프 등을 만들 경우 틈을 통과하며 잡아당겨 늘이는 가공(철사)이다.

(4) 압출(extruding)

용기 모양의 공구 속에 빌릿(billet)이라고 불리는 소재 조각을 삽입하여 램에 의해서 가압하고 다이에 뚫은 구멍에서 재료를 압출하여 다이구멍의 단면 형상을 가진 긴 제품을 만드는 가공이다.

(5) 전조(roll forming)

금속을 절삭하지 않고 소재를 가공틀 2개 혹은 3개에 끼우고 강한 힘으로 압축하여 제품을 만드는 가공으로 압연과 유사하며 나사나 기어 등을 성형하는 가공이다.

(6) 프레스 가공(press working)

판재를 형틀에 의하여 변형시켜 가공하는 것이다.

> **예제** 다이 또는 롤러를 사용하여 재료를 회전시키면서 압력을 가하여 제품을 만드는 가공방법으로 나사의 가공에 적합한 것은?
> ① 압연가공(rolling) ② 압출가공(extruding)
> ③ 전조가공(form rolling) ④ 프레스 가공(press working)

2 소성가공 방법 → 재결정 온도로 분류

(1) 냉간가공

금속을 상온에서 가공하는 방법으로 가공면이 아름답고 정밀하지만 연신율은 감소한다.

(2) 열간가공

금속재료에 열을 가하여 가공하는 방법으로 산화되기 쉬우므로 정밀한 가공은 곤란하며 거친 가공에 적합하다.

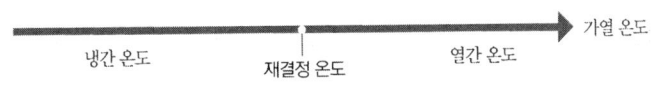

▼ 금속의 재결정 온도

철(Fe)	구리(Cu)	알루미늄(Al)	니켈(Ni)	아연(Zn)	주석(Sn)
340~350[℃]	210~250[℃]	150~240[℃]	530~660[℃]	7~75[℃]	-7~25[℃]

> **보충정리**
> - ▶ 가공경화 : 가공 도중 외력을 받아 재료의 강도가 증가하는 성질로 금속이 반복되는 소성가공에 의하여 단단해지는 현상이다.
>   예) 철사를 계속하여 구부렸다 폈다를 반복하면 단단해진 다음 부러지게 되는 경우
> - ▶ 시효경화 : 금속이 시간이 지나면 자연적으로 단단해지는 현상을 말한다.
> - ▶ 재결정 : 가공 경화된 금속의 결정입자를 적당한 온도로 가열하면 변형된 결정입자가 파괴되어 점차 미세한 다각형의 결정입자로 되는 것이다.
> - ▶ 재결정 온도
>   - 소성변형된 금속을 가열하여 금속의 조직이 새로운 조직으로 변하게 되는 온도
>   - 열간가공과 냉간가공을 구분하는 온도가 됨

예제 다음 중 냉간 가공의 특징이 아닌 것은?
① 가공면이 매끄럽고 곱다. ② 가공도가 크다.
③ 연신율이 작아진다. ④ 제품의 치수가 정확하다.

예제 소성가공법 중 냉간 가공과 비교한 열간 가공의 특징이 아닌 것은?
① 거친 가공에 적합하다.
② 재결정 온도 이상으로 가열하므로 가공이 쉽다.
③ 가공면이 아름답고 정밀한 형상의 가공 면을 얻는다.
④ 표면이 가열되어 있어 산화로 인해 정밀가공이 어렵다.

3 단조

(1) 재료를 적당한 온도로 가열한 후 타격을 가하여 형상을 만들며 재료의 성능개선을 위한 작업이다.

(2) 연신율이 큰 재료는 가능하나 주철은 불가능하다.

(3) 방법에는 개방형 형틀을 사용하여 소재를 변형시키는 자유단조와 2개의 다이 사이에 재료를 넣고 가압하여 성형시키는 방법인 형단조가 있다. 이 형단조는 복잡한 형상을 가진 제품을 값싸게 대량 생산할 수 있는 장점이 있으나 형틀의 가격이 비싸다는 단점을 가진다.

4 판금

(1) 판금가공의 특징
① 복잡한 형상도 쉽게 가공할 수 있다.
② 제품이 가벼우며 표면이 아름답고 정밀하다.
③ 수리가 용이하고 가격이 저렴하다.

(2) 판금가공의 종류
① **절단** : 수공구나 기계공구를 사용하여 자르는 작업이다.
② **굽힘** : 여러 가지 모양으로 구부리는 작업이다.
③ **타출** : 해머로 두드려 볼록하게 하는 작업이다.
④ **용접** : 판재를 붙이는 작업(납땜, 용접)이다.
⑤ **압축** : 소재의 표면에 금속형틀을 사용하여 압축시키는 가공이다.
 ㉠ 엠보싱 : 재료 표면의 두께를 일정하게 하는 가공이다.
 ㉡ 코이닝 : 주화, 메달 등의 표면에 하는 가공이다.

> **TIP** 스프링 백 : 굽힘가공시 힘을 제거하면 탄성에 의하여 원상태로 돌아가는 것이다.

예제 판금가공(sheet metal working)의 종류에 해당되지 않는 것은?
① 접합가공   ② 단조가공
③ 성형가공   ④ 전단가공

예제 동전 제작시 사용되는 방법으로 다이에 요철을 만들어 압축하는 가공은?
① 사이징(sizing)   ② 엠보싱(embossing)
③ 컬링(curling)   ④ 압인가공(coining)

CHAPTER 03 공작기계

1 절삭 이론

(1) 구성인선(built up edge)
① 칩의 일부가 가공 경화된 후 절삭 끝에 부착되어 절삭 날과 함께 절삭작업을 하므로 바이트의 경사면과 여유면의 마모를 촉진시키고 거칠게 하는 것이다.
② 구성인선의 발생 순서
발생→성장(→최대 성장)→분열→탈락(→일부 잔류)의 과정을 1/100～1/300초 주기로 반복한다.

(2) 원인
① 바이트의 온도가 올라갈 경우
② 윗면 경사각이 작을 경우(30° 이하)
③ 절삭 속도가 작을 경우(50[m/sec] 이하)
④ 절삭 깊이가 크고 이송 속도가 적을 경우
⑤ 경사면의 거칠기가 좋지 못한 경우

(3) 방지법
① 경사각을 30° 이상 크게 하며 절삭 깊이를 작게 한다.
② 절삭 속도와 이송을 크게 한다.
③ 칩과 바이트 사이의 윤활을 완전하게 한다.

> **예제** 공작기계로 공작물을 절삭할 때는 절삭저항이 발생하는데 절삭저항에 해당되지 않는 것은?
> ① 주분력   ② 배분력
> ③ 횡분력(이송분력)   ④ 치핑(chipping)

2 선반

(1) 공작물이 회전하고 절삭공구가 직선 절삭 가공을 하는 기계이다.

(2) 선반의 크기
베드 위의 스윙 폭, 양 센터 사이의 최대 거리, 왕복대의 스윙으로 표시한다.

(3) 척
단동척은 4개의 조가 각각 움직이며 연동척은 3개의 조가 동시에 움직인다.

(4) 돌림판
주축에 고정되어 센터 작업 시 공작물의 회전에 사용한다.

(5) 방진구
공작물의 진동을 방지하기 위해 지지해주는 기구이다.

(6) 바이트
절삭하는 날로써 고속도강, 초경합금, 세라믹 등을 사용한다.

(7) 절삭속도(V)

$$V = \frac{\pi d N}{1,000} \, [\text{m/min}]$$

여기서, d : 공작물의 지름[mm]
N : 매분 회전수[rpm]

TIP 선반은 기어절삭을 할 수 없다.

예제 지름 20[mm]의 드릴로 연강판에 구멍을 뚫을 때 회전수가 200[rpm]이면 절삭속도는 몇 [m/min]인가?

① 12.6　　　　　　② 15.5
③ 17.6　　　　　　④ 75.3

예제 다음 중 선반에서 4대 주요 구성부분이 아닌 것은?

① 바이트　　　　　② 베드
③ 주축대　　　　　④ 왕복대

3 셰이퍼

소형 공작물을 절삭하는 기계이며 램의 최대형, 테이블의 크기, 테이블의 최대이송 거리로 그 크기를 표시한다.

> **예제** 다음 공작기계 중 평면절삭을 하려고 할 때 가장 적합한 기계는?
> ① 보링 머신 ② 셰이퍼
> ③ 드릴링 머신 ④ 선반

4 플래이너

셰이퍼, 슬로터 및 플레이너는 평면 가공을 한다는 것에 공통점이 있으나, 셰이퍼와 슬로터에는 소형 공작물을 가공하며 공작물을 이송하고, 플레이너는 대형 공작물을 가공하고 공구에는 귀환 행정시 이송을 한다. 그 크기는 테이블의 크기(길이×너비), 공구대의 수평 및 위아래 이동거리, 테이블 윗면부터 공구대까지의 최대 높이로 표시한다.

5 슬로터

슬로터는 셰이퍼를 직립형으로 한 공작기계로 그 운동기구도 셰이퍼와 거의 같으며, 그 크기는 램의 최대 행정, 테이블의 크기, 테이블의 이동거리 및 원형 테이블의 지름으로 나타낸다. 램은 적당한 각 도로 기울일 수 있어 경사면을 절삭할 수도 있다. 이송은 테이블이 베이스 위에서 전후, 좌우로 이송되고, 원형 테이블은 선회할 수 있어 분할 작업이 되어 내접 기어 등의 분할 절삭이 가능하다. 이 외에도 각 구멍 절삭, 키 홈 절삭, 평면 절삭, 스플라인 절삭, 곡면 등을 가공할 수 있다.

구분	플레이너	셰이퍼	슬로터
기계명	평삭기	형삭기	수직 셰이퍼
급속귀환장치	벨트 및 유압	크랭크 기어와 암	크랭크 기어와 암
바이트	이송(상하, 좌우)	직선 왕복운동	상하 왕복운동
공작물(테이블)	직선왕복운동	이송(좌우)	이송(전후, 좌우) 또는 회전운동
크기	테이블의 최대행정	램의 최대행정	램의 최대행정 원형테이블의 지름
가공물	큰 일감 가공	평면, 측면, 홈, 더브테일 가공	구멍의 내면, 키 홈, 내접 기어, 스플라인 구멍

6 밀링 머신

원판 또는 원통둘레에 많은 절삭 날을 가진 공구로서 밀링커터를 회전시켜 공작물을 가공하는 기계로, 특수장치를 부착하면 기어 가공, 비틀림 가공 등을 할 수 있다.

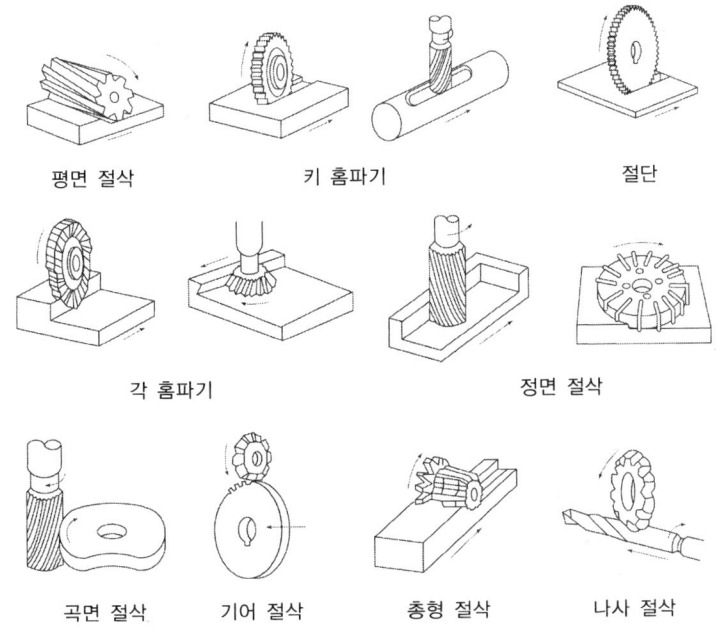

평면 절삭 키 홈파기 절단
각 홈파기 정면 절삭
곡면 절삭 기어 절삭 총형 절삭 나사 절삭

(1) 밀링 머신의 크기 표시

① 테이블의 이송량(좌우×전후×상하)
② 테이블의 길이×높이
③ 주축의 중심에서 테이블 윗면까지의 최대 거리
④ 주축 끝에서 테이블 윗면까지의 최대 거리

(2) 밀링 절삭 방법

① 상향 절삭(올려깎기 : up-cutting)
밀링 머신의 상향 절삭이란 밀링 커터의 회전 방향과 공작물의 이송 방향이 반대인 절삭이다.

장점	단점
• 밀링 커터의 날이 일감을 들어올리는 방향으로 작용하므로, 기계에 무리를 주지 않는다. • 절삭을 시작할 때 날에 가해지는 절삭 저항이 0에서 점차적으로 증가하므로, 날이 부러질 염려가 없다. • 칩이 날을 방해하지 않고 절삭된 칩이 가공된 면에 쌓이지 않으므로 절삭열에 의한 치수 정밀도의 변화가 작다. • 커터 날의 절삭 방향과 일감의 이송 방향이 서로 반대이고, 따라서 서로 밀고 있으므로 이송기구의 백래시가 자연히 제거된다.	• 커터가 일감을 들어올리는 방향으로 작용하므로, 일감 고정이 불안정 하고, 떨림이 일어나기 쉽다. • 커터 날이 절삭을 시작할 때 재료의 변형으로 인하여 절삭이 되지 않고 마찰 작용을 하므로, 날의 마멸이 심하다. • 커터의 절삭 방향과 이송 방향이 반대이므로 절삭 자취의 피치가 길고, 마찰 작용과 아울러 가공면이 거칠다. • 칩이 가공할 면 위에 쌓이므로 시야가 좋지 않다.

② 하향 절삭(내려깎기 : down-cutting)

밀링 머신에서 하향 절삭이란 밀링 커터의 절삭 방향과 공작물의 이송방향이 같은 절삭이다.

장점	단점
• 밀링 커터의 날이 마찰 작용을 하지 않으므로, 날의 마멸이 작고 수명이 길다. • 커터 날이 밑으로 향하여 절삭하고, 따라서 일감을 밑으로 눌러서 절삭하므로, 일감의 고정이 간편하다. • 커터의 절삭 방향과 이송 방향이 같으므로, 날 하나 마다의 날자리 간격이 짧고, 따라서 가공면이 깨끗하다. • 절삭된 칩이 가공된 면 위에 쌓이므로 가공할 면을 잘 볼 수 있어 좋다.	• 커터의 절삭 작용이 일감을 누르는 방향으로 작용하므로, 기계에 무리를 준다. • 커터의 날이 절삭을 시작할 때 절삭 저항이 가장 크므로, 날이 부러지기 쉽다. • 가공된 면 위에 칩이 쌓이므로, 절삭열로 인한 치수 정밀도가 불량해질 염려가 있다. • 커터의 절삭 방향과 이송 방향이 같으므로, 백래시 제거 장치가 없으면 가공이 곤란하다.

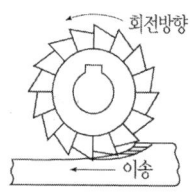

상향 절삭

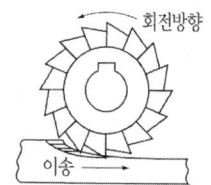

하향 절삭

> **예제** 다음 중 밀링머신에서 사용되는 부속장치가 아닌 것은?
> ① 분할대   ② 래크 절삭장치
> ③ 슬로팅 장치   ④ 릴리빙 장치

7 드릴링 머신

드릴의 절삭 회전운동과 축 방향 이송을 이용해 구멍을 뚫는 공작기계이다.

(1) 날끝각

트위스트 드릴의 경우 118°

(2) 여유각

12 ~ 15°

(3) 비틀림각

35°

(4) 드릴 가공의 종류

가공의 종류	의미
드릴링(drilling)	구멍을 뚫는 작업
보링(boring)	뚫은 구멍이나 주조한 구멍을 넓히는 작업
리밍(reaming)	뚫린 구멍을 정밀하게 다듬는 작업
태핑(tapping)	탭을 사용하여 암나사를 가공하는 작업
스폿 페이싱(spot facing)	너트가 앉을 자리를 만드는 작업
카운터 보링(counter boring)	볼트 머리가 묻히게 깊은 자리를 파는 작업
카운터 싱킹(counter sinking)	접시머리 나사의 머리부를 묻히게 원뿔 자리를 파는 작업

> **예제** 다음 중 드릴링 머신 작업의 종류에 속하지 않는 것은?
> ① 보링   ② 브로우칭
> ③ 카운터 보링   ④ 리밍
>
> **예제** 지름 20[mm]의 드릴로 연강 판에 구멍을 뚫을 때, 회전수가 200[rpm]이면 절삭 속도는 약 몇 [m/min]인가?
> ① 12.6   ② 15.5
> ③ 17.6   ④ 75.3

8 연삭

숫돌차를 이용해 공작물을 연삭하여 다듬질하는 공작기계이다.

(1) 연삭숫돌

연삭 과정 중 입자가 마멸→파쇄→탈락→생성의 과정을 순환하여 새로운 입자가 생성되는 것을 자생작용(self-sharping)이라 한다.

> **예제** 연삭숫돌은 자동적으로 닳아 떨어져 나가서 새로운 날을 형성하므로 커터와 바이트처럼 연삭하지 않아도 되는데 이러한 현상을 무엇이라 하는가?
> ① 트루잉   ② 자생작용
> ③ 글레이징   ④ 드레싱

(2) 연삭 숫돌의 상태

① 글레이징(glazing : 무딤)
   숫돌차의 입자가 탈락되지 않고 마모에 의하여 납작하게 된 상태
② 로딩(loading : 눈메꿈)
   숫돌 입자 표면에 가공 쇳가루가 차 있는 상태
③ 드레싱(dressing)
   숫돌의 면에 새로이 입자가 발생하는 현상
④ 트루잉(truing)
   숫돌차를 원래의 모양으로 만들어 주는 방법

> **예제** 다음은 공작기계의 특성을 나열한 것이다. 이 중에서 잘못 설명한 것은?
> ① 밀링 머신은 회전하는 공작물에 절삭공구를 이송하여 원하는 형상으로 가공하는 공작기계이다.
> ② 공작물의 회전과 그 회전축을 포함하는 평면 내에서 공구의 선 운동에 의해서 공작물을 원하는 형태로 절삭하는 것을 선삭 가공이라 한다.
> ③ 드릴 작업은 일반적으로 드릴 주축을 회전시켜 작업하지만 정확을 요하는 깊은 구멍작업에는 가공물을 회전시킨다.
> ④ 연삭숫돌을 공구로 사용하고 가공물에 상대운동을 시켜 정밀하게 가공하는 작업을 연삭이라 한다.
>
> **예제** 다음 중 공작기계의 명칭과 가공법이 바르게 연결된 것은?
> ① 선반 – 기어 가공, 키 홈 가공
> ② 밀링 – 수나사 가공, 기어 가공
> ③ 연삭기 – 평면 가공, 외경 가공
> ④ 드릴링 머신 – 카운터 보링, 기어 가공

9 특수 가공

(1) 호닝(honing)

보링할 때 생긴 바이트 자국을 숫돌차를 사용하여 매끄럽게 정밀 다듬질하는 가공이다.

(2) 래핑(lapping)

공작물과 랩공구 사이에 미분말 상태의 래핑제와 연마제를 넣고 이들 사이에 상대 운동을 시켜 면을 매끈하게 하는 방법이다. 랩과 공작물 사이에 래핑제와 래핑액을 충분히 넣고 가공하는 습식법과 공작물 표면에 래핑제를 넣고 건조 상태에서 래핑하는 건식법이 있다. 습식법은 건식법에 비해 절삭량이 많고 다듬면은 광택이 적으나, 건식법은 다듬면이 거울면과 같이 광택이 난다. 이런 래핑제품은 블록 게이지, 렌즈 등의 측정기기, 광학기기 등의 다듬질에 이용된다. 래핑작업은 원통 래핑, 평면 래핑, 구면 래핑, 나사 래핑, 기어 래핑, 크랭크 축의 래핑 등이 있다.

(3) 버핑(bugging)

식물이나 헝겊과 같은 부드러운 재료로 된 원판에 미세한 입자를 부착한 후, 이것을 회전시키면서 공작물을 눌러 그 표면을 매끈하게 다듬질하는 방법이다.

(4) 브로칭(broaching)

봉의 외주에 많은 상사형의 날을 축을 따라 치수순으로 배열한 절삭 공구를 브로치라는 절삭 공구를 사용하여 공작물의 안팎을 필요한 모양으로 절삭하는 가공법을 말한다. 둥근 구멍 안의 키 홈, 스플라인 홈, 다락형 구멍 등을 가공하는 내면 브로치 작업과 세그먼트 기어의 치형이나 홈, 그 밖의 특수한 모양의 면 가공을 하는 외면 브로치 작업이 있다. 그 특징은 각 제품에 따라 브로치를 만들어야 하며 설계, 제작에 시간이 걸리고, 공구의 값이 비싸므로 일정량 이상의 대량 생산에 이용된다.

(5) 전해연마(electrolytic polishing)

전기도금과는 반대로 일감을 양극(+)으로 하여 적당한 전해액에 넣고 직류 전류를 짧은 시간 동안 세게 흐르게 하여 전기적으로 그 표면을 녹여 매끈하고 광택이 나게 하는 가공법이다. 그 특징은 기계연마보다 훨씬 그 표면이 매끈하고 가공 변질층이 나타나지 않으므로 평활한 면을 얻을 수 있고, 복잡한 형상의 연마도 가능하며, 가동면에는 방향성이 없고, 내마멸성, 내부식성이 좋아진다.

(6) 초음파 가공(ultra-sonic machining)

약 16[kHz] 이상의 음파를 초음파라 하는데 테이블에 고정된 공작물에 숫돌 입자와 물 또는 기름의 혼합액을 순환시키면서 일정한 압력하에서 수직으로 설치된 진동 공구가 16~30[kHz], 폭 30~40[μm]로 진동할 때 숫돌 입자의 급격한 타격으로 공작물(초경합금, 보석류, 세라믹, 유리)을 절단, 구멍뚫기, 평면가공, 표면 다듬질을 하는 것이다.

(7) 방전가공

불꽃방전에 의해 재료를 미소량 용해시켜 금속을 가공하는 방법이다.

(8) 쇼트 피닝(shot peening)

금속(주철, 주강제)으로 만든 구(球) 모양의 쇼트(shot : 지름 0.7~0.9[mm]의 공)을 40~50[m/sec]의 속도로 공작물 표면에 압축공기나, 원심력을 사용하여 분사하면 매끈한 0.2[mm] 경화층을 얻게 된다. 이 때 shot들이 해머와 같이 작용을 하여 공작물의 피로강도나 기계적 성질을 향상시켜 준다. 크랭크축, 판 스프링, 컨넥팅 로드, 기어, 로커암에 사용한다.

CHAPTER 04 용접

1 용접의 장단점

2개의 금속을 반 용융 상태나 용융 상태, 상온에서 압력을 가하여 접합하는 것을 말한다.

장점	단점
• 구조물의 무게를 경감하고 모양을 자유롭게 한다. • 재료나 경비를 절감한다. • 기밀 수밀 작용이 원활하다. • 접합부의 강도 증가 및 공정시간을 단축한다.	• 열에 의한 잔류 응력으로 균열발생 • 재료, 재질의 변형 • 용접부 검사가 어렵다.

2 용접의 종류

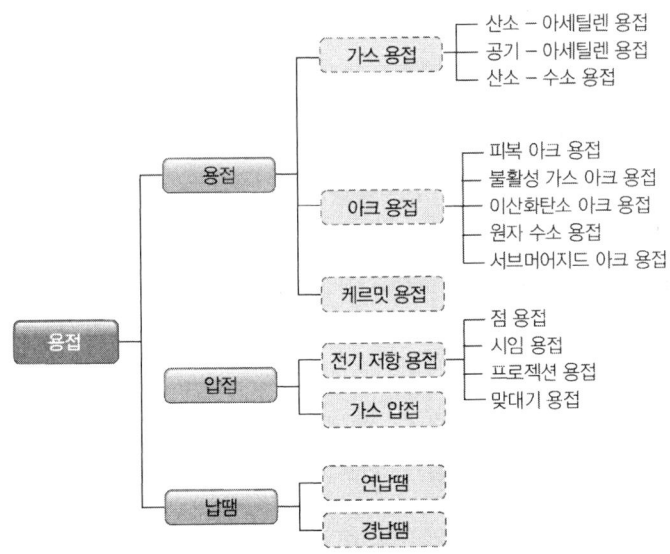

3 가스 용접

아세틸렌 등의 가스와 산소를 사용한 불꽃으로 모재를 녹여 붙이는 용접작업이다.

(1) 가스 용접의 장점
① 가열온도의 조절이 용이하다.
② 설비비가 싸고 이동이 용이하다.
③ 용접 및 절단이 가능하고, 얇은 판의 용접도 가능하다.

(2) 불꽃의 종류
① 중성 불꽃
  산소 – 아세틸렌 비율 1 : 1 표준불꽃으로 일반 용접에 사용한다.
② 탄화 불꽃
  아세틸렌이 많은 불꽃으로 스테인리스 강판 용접에 사용한다.
③ 산화 불꽃
  산소가 많은 불꽃으로 황동 등의 용접에 사용한다.

(3) 가스 용접의 설비
① 아세틸렌(C_2H_2) 가스
  카바이트(CaC_2)에 물을 혼합하여 얻어지는 가스를 말한다.
  ㉠ 공기보다 가볍다.
  ㉡ 순수한 것은 무색, 무취이다.
  ㉢ 1.5 ~ 2기압 이상 압축시 폭발한다.
  ㉣ 카바이트 1[kg]을 이용하면 348[l]의 가스를 발생한다.
② 산소용기
  ㉠ 액화산소를 사용하여 35[℃]에서 150[kg/cm2]로 압축 저장한다.
  ㉡ 충격을 주지 말아야 한다.
  ㉢ 40[℃] 이하 유지한다.
  ㉣ 직사광선을 피한다.
  ㉤ 기름이 묻지 않도록 한다.
③ 용제

용접 시 고온에서 금속의 산화를 방지하기 위하여 사용하는 분말로서 붕사, 붕산, 규산, 나트륨 등을 사용한다.

(4) 역화

① 불꽃이 팁 끝에 흡인되어 "빵빵"소리를 내는 현상이다.

② 원인

토치의 성능불량, 팁에 찌꺼기 부착, 팁의 과열로 발생한다.

③ 조치

산소 밸브를 잠그고 아세틸렌 밸브를 잠근 후 산소 밸브를 조금 열고 물 속에 담근다.

(5) 점화방법

① 아세틸렌 밸브를 조금 열고 불을 붙인 후 산소 밸브를 연다.

② 용접봉

심선의 지름 1.0, 1.4, 2.0, 2.6, 3.2, 4.0, 5.0, 6.0, 7.0, 8.0이 있다.

예제 가스용접에서 용제(Flux)를 사용하지 않아도 되는 것은?
① 주철　　　　　　　　② 구리합금
③ 반경강　　　　　　　④ 연강

예제 화염온도가 가장 높고 발열량에 비하여 가격도 저렴하여 가스용접에 많이 사용하는 가스는?
① 아세틸렌　　　　　　② 프로판
③ 일산화탄소　　　　　④ 수소

---

4 아크 용접

(1) 아크 용접의 원리

모재와 전극 사이에 아크를 발생시켜 아크의 강한 열을 사용하여 모재의 일부분을 녹임과 동시에 전극도 녹여 용접하는 방법이다.

(2) 아크 용접의 종류

① 교류 용접기

현재 널리 사용되는 것으로 200[V] 전원에서 전압을 낮추어 대전류를 얻는 일종의 변압기로, 조정하는 기구로 가동 철심형, 가동 코일형, 가포화 리액터형, 탭 전환형으로 나눈다.

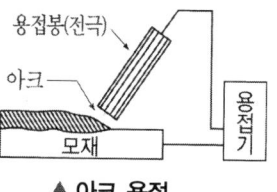

▲ 아크 용접

② 직류 용접기

용접전류로 직류를 쓰는 것으로 직류전원 발생 방법에 따라 정류기형 직류 용접기, 전자식 직류 용접기, 발전기식 직류 용접기로 나눈다.

㉠ 정극성 : 모재가 ⊕ 용접봉이 ⊖
㉡ 역극성 : 모재가 ⊖ 용접봉이 ⊕
※ ⊕극성의 발열량이 60~70[%]가 되어 정극성을 많이 사용한다.

> **예제** 아크 용접에서 모재에 (+)극, 용접봉에 (−)극을 연결하여 용접할 때의 극정은?
> ① 역극성   ② 정극성
> ③ 음극성   ④ 모극성

(3) 아크 용접봉

① 심선

심선은 가능한 모재의 성분과 같으면 좋고 외부에서 피복제를 입혀 사용한다.

② 피복제

심선의 외부에 규사, 산화티타늄, 산화철 등을 입힌다.

㉠ 공기 중의 산소나 질소의 침입을 방지하여, 피복재의 연소 가스의 이온화에 의하여 전류가 끊어졌을 때에도 계속 아크를 발생시키므로 안정된 아크를 얻을 수 있도록 한다.
㉡ 슬래그(slag)를 형성하여 용접부의 급랭을 방지하며, 용착 금속에 필요한 원소를 보충한다.
㉢ 불순물과 친화력이 강한 재료를 사용하여 용착 금속을 정련한다.
㉣ 붕사, 산화티탄 등을 사용하여 용착 금속의 유동성을 좋게 한다.
㉤ 좁은 틈에서 작업할 때 절연 작용을 한다.

③ 용접봉의 표시

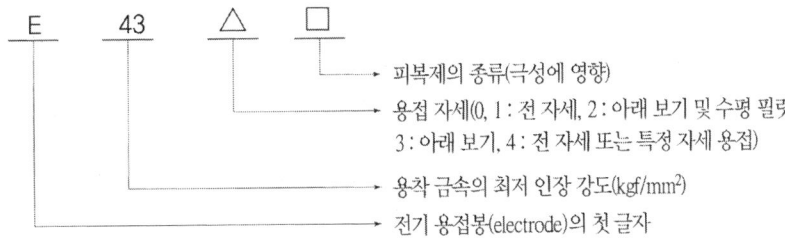

④ 용접부의 결함

결함의 종류	결함의 발생 원인	방지 대책
용입 불량 (모재의 어느 한 부분이 완전히 용착되지 못하고 남아있는 현상)	① 홈 각도가 좁을 때 ② 용접속도가 너무 빠를 때 ③ 용접전류가 너무 낮을 때 ④ 부적당한 용접봉 사용시 ⑤ 토치의 겨냥 각도가 나쁜 경우 ⑥ 다층 용접의 경우 전층의 비드가 매우 불량한 경우 ⑦ 아크의 길이가 너무 긴 경우	① 홈 각도를 크게 하거나 루트 간격을 넓힌다. ② 용접속도를 빠르지 않게 한다. ③ 슬래그의 피포성을 해치지 않을 정도로 전류를 높인다. ④ 적당한 용접 조건들을 선정한다. ⑤ 토치 겨냥 위치와 운봉 속도를 조절하여 슬래그가 선행하지 않도록 한다. ⑥ 전층 비드의 불규칙한 형상을 제거한다. ⑦ 루트 간격 및 표면의 치수를 조절한다.
언더컷 (용접선 끝에 생기는 작은 홈)	① 용접전류 및 전압이 지나치게 높은 경우 ② 아크 길이가 너무 길 때 ③ 용접속도가 너무 빠를 때 ④ 부적당한 용접봉 사용시 ⑤ 전극 와이어의 송급 속도보다 용접 속도가 빠른 경우 ⑥ 전극 와이어의 송급이 불규칙한 경우 ⑦ 토치 각도 및 운봉 조작이 부적당한 경우	① 전류를 낮춘다. ② 짧은 아크 길이로 유지한다. ③ 용융금속이 충분히 용착할 수 있도록 용접속도를 늦추고 운봉시 유의한다. ④ 목적에 맞는 용접봉을 선정한다. ⑤ 적당한 용접 조건들을 선정한다. ⑥ 전극 와이어의 송급 속도가 일정하도록 와이어 피딩장치 및 토치 내부를 수시 점검한다. ⑦ 토치 각도 및 운봉 조작을 규정대로 한다.

결함	원인	대책
오버랩 (용착금속이 변 끝에서 모재에 융합되지 않고 겹친 부분을 의미함) 	① 전류가 너무 낮을 때 ② 용접속도가 너무 느릴 때 ③ 운봉방법(용접봉 취급)이 나쁠 때 ④ 토치의 겨냥 위치가 부적당한 경우 발생할 수 있는데 특히 H Fillet(수평 필릿)의 경우 이 원인일 수 있다.	① 적정 전류를 선택한다. ② 용접속도를 높인다. ③ 운봉방법을 확실히 한다. ④ 토치의 겨냥 위치와 운봉 속도를 조절한다. ⑤ 적당한 용접 조건들을 선정한다.
기공 (용착금속 속에 남아 있는 가스로 인한 구멍) 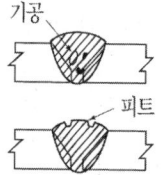	① 가스의 유량이 부족하거나 가스에 불순물이 혼입되어 있는 경우 ② 노즐에 스패터가 많이 부착되어 가스의 흐름을 방해하는 경우 ③ 용접 와이어가 흡습(수분이 함유) 되었거나 오염되어 있는 경우 ④ 이음부에 기름, 페인트, 녹 등이 부착해 있을 때 ⑤ 강풍(2[m/sec])으로 Shielding 효과가 충분하지 못하거나 아크의 길이가 너무 긴 경우 ⑥ 용접부의 급랭으로 인해 가스가 부상하기 전에 냉각되어 기공 형성된다. ⑦ 가용접 불량 및 잘못된 용접봉 선정의 경우	① 적당한 용접조건을 설정하고 노즐을 수시로 체크하여 스패터를 제거해야 한다. ② 모재 및 와이어에 부착된 불순물을 사전 점검하여 제거하고 전극 와이어는 완전히 건조한 후 사용한다. ③ 바람이 2[m/sec] 이상이면 방풍벽을 설치한 후 사용하고 가용접은 기량이 뛰어난 사람이 행하되 후 처리를 정확히 한다. ④ 용접봉 선정을 정확히 한다.
슬래그 섞임 (녹은 피복제가 용착금속 표면에 떠 있거나 용착금속 속에 남아 있는 것으로 용접부를 취약하게 하며 크랙을 일으키는 주원인이 된다.) 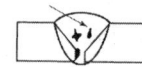	① 슬래그 제거 불완전 ② 전류 과소, 운봉조작 불완전 ③ 봉의 각도 부적당시 ④ 슬래그가 용융지보다 앞설 때 ⑤ 운봉속도가 너무 느릴 때	① 슬래그 및 불순물 제거를 깨끗이 한다. ② 전류를 약간 높게 하며, 용입이 충분하도록 운봉한다. ③ 적당한 용접 각도를 유지 (봉의 유지 각도를 낮춘다.) ④ 아크 힘에 의해 뒤로 밀리게 하거나 진행 방향쪽이 낮아서 슬래그가 앞서는 경우 모재의 각도를 조절한다. ⑤ 운봉속도를 높인다.

결함	원인	대책
피트(Pit) (기공이나 용융금속이 튀는 현상이 발생한 결과 용접부의 바깥면에서 나타나는 작고 오목한 구멍을 의미한다.) 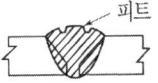	① 모재에 탄소, 망간 등 합금 원소가 많은 경우 ② 이음부에 기름, 페인트, 녹 등이 부착되어 있거나 전극 와이어가 흡습되어 있는 경우	① 염기도가 높은 전극 와이어를 선택한다. ② 이음매를 청결히 하고 적당한 예열을 한다. ③ 전극 와이어를 충분히 건조시킨다.
스패터 (용융금속 중 일부 입자가 모재로 이행하면서 용접부를 이탈해 용착되는 용융 방울을 말하며, 사용되는 보호가스(Shielding Gas)의 종류에 따라 발생 정도가 달라진다.) 	① 용접전류 및 전압이 너무 높은 경우 ② 사용 전류 대비 Arc의 길이가 너무 긴 경우 ③ 전극 와이어에 습기가 함유되어 있는 경우 ④ 모재에 녹, 페인트 등 이물질이 많은 경우 ⑤ 토치의 진행 각도가 부적당한 경우	① 적당한 용접 조건을 선정한다. ② 전극 와이어는 충분히 건조한 후 사용한다. ③ 모재의 표면 상태를 Check하고, 불순물을 철저히 제거한다. ④ 적당한 토치 각도를 유지하면서 작업한다.
크랭킹(Cracking) (용착금속이 냉각 후 실 모양의 균열이 형성되어 있는 상태로서 열간 및 냉간균열이 있다.) 	① 작업자의 기량이 부족하거나, 용접 절차가 잘못된 경우 ② 모재에 합금원소가 함유되어 있는 경우 ③ 이음부의 구속이 많은 경우 ④ 급랭에 의해 열 영향부가 경화된 경우 ⑤ 아크를 급히 끊으면 나타나는 현상으로 크레이트 처리가 불완전한 경우 ⑥ 전극 와이어가 잘못 선정되었거나 심하게 흡습되어 있는 경우 ⑦ 다층 용접의 경우 초층 비드가 너무 작은 경우	① 예열 및 후열 처리를 하고 모재의 원소를 충분히 체크한 후, 적당한 전극 와이어를 선정한다. ② 크레이터를 충분히 메운 후 천천히 아크를 유지하고 용접순서를 재검토하여 결점 사항을 수정하도록 한다. ③ 충분한 교육 및 연습을 통해 작업자의 기량을 향상시키고 초층 비드를 되도록 크게 한다.

비드의 외관 불량 	① 용접전류가 높거나 너무 낮거나 토치 운봉 조작이 잘못된 경우 ② 용접속도가 너무 늦어 용접부가 심하게 과열되거나 모재에 이물질이 많은 경우 ③ 모재의 표면에 요철부가 많은 경우 ④ 가용접이 잘못된 경우 ⑤ 루트 간격이 일정하지 못하거나 잘못되어 있는 경우	① 적정 전류를 유지하고 운봉 속도 및 조작을 일정하게 한다. ② 용접부의 과열을 피함 (무리한 일층 용접보다는 다층 용접으로 함) ③ 용접부를 청결하게 하고 가용접은 규정에 의하고 되도록 비드 높이를 낮게 한다. ④ 모재의 루트 갭(Root Gab)을 일정하게 한다.
웜 홀 (벌레 같은 모양이어서 웜 홀이라고 하며 용융금속이 채워지지 않고 길게 홈이 파이는 현상이 발생한 결과 용접부의 바깥면에 나타나는 길고 좁은 홈을 의미한다.)	① 보호가스가 나오지 않은 경우는 반드시 발생한다. ② 보호가스가 너무 적거나 많은 경우 발생한다. ③ 이음부에 기름지, 페인트, 녹 등이 부착되어 있거나 전극 와이어가 흡습되어 있는 경우 ④ 모재가 너무 뜨거운 경우 ⑤ 플럭스(Flux)의 과도한 가스 발생으로 발생한 경우	① 보호가스의 유량을 적절하게 맞춘다. ② 이음매를 청결히 하고 적당한 예열을 하고 전극 와이어를 충분히 건조시킨다. ③ 용접 층간 온도를 너무 뜨겁지 않게 하고 용접봉이 불량으로 제조되었는지 확인한다.

예제 다음 중 아크 용접에서 언더컷(under cut)이 가장 많이 나타나는 조건은?

① 운봉불량, 전류 과대일 때 ② 고전압·고용접 속도일 때
③ 전류부족, 저용접 ④ 피복제 조성불량, 전류부족일 때

예제 피복금속 아크 용접에서 용입불량이 나타나는 원인으로 거리가 먼 것은?

① 이음설계에 결함이 있을 때
② 용접속도가 너무 느릴 때
③ 용접전류가 너무 낮을 때
④ 용접봉 선택이 불량할 때

(4) 특수 용접

① **전기 저항 용접**

접합재료에 전류를 흘려보내서 접촉부의 저항열에 의하여 가압 접합시키는 방법이다.

㉠ 스폿(점) 용접 : 두 전극 간에 2장의 판을 끼우고 가압하면서 통전하면 저항열로 용융 상태에 달하게 될 때 가압하여 접합하는 방법으로 6[mm] 이하의 판재를 접합할 때 적당하며, 0.4~3.2[mm]의 판재가 가장 능률적이다. 자동차, 항공기에 널리 사용된다.

㉡ 시임 용접 : 점 용접의 전극 대신 롤러 형상의 전극을 사용하여 용접 전류를 공급하면서 전극을 회전시켜 용접하는 방법으로 접합부의 내밀성을 필요로 할 때 이용하며 얇은 판재에 연속적으로 전류를 통하여도 좋은 결과를 얻을 수 있다. 또한 가열 범위가 좁으므로 변형이 적고 박판과 후판의 용접이 가능하며 산화작용이 적은 특징이 있다.

㉢ 맞대기 용접 : 두 개의 봉을 맞대고 용접한다.

㉣ 프로젝션 용접 : 점 용접의 변형으로 용융부에 돌기를 만들어 전류를 집중시켜 가압하여 용접하는 방법으로 판재의 두께가 다른 것도 용접이 가능하며, 열전도율이 다른 금속의 용접 또한 가능하다. 전류와 압력이 각 점에 균일하므로 용접의 신뢰도가 높으며, 작업 속도가 빠르다.

② **불활성 가스 아크 용접**

전극봉 주위에 알곤(Ar) 또는 헬륨(He) 등의 불활성 가스를 분출시키며 행하는 아크 용접을 말한다.

㉠ TIG 용접 : 텅스텐 전극봉을 사용하는 비소모 전극식 용접이다.

㉡ MIC 용접 : 모재와 다른 소모성 전극봉을 사용한다.

㉢ 테르밋 용접 : 산화철과 알루미늄 분말을 사용하여 3,000[℃]의 고온으로 용접하는 방법이다.

③ **납땜**

모재와 접합면은 녹이지 않고 모재보다 용융점이 낮은 비철금속을 녹여서 땜질하는 방법이다. 용융 온도가 450[℃] 이상의 것을 경납, 400[℃] 이하의 것을 연납이라 한다.

㉠ 연납 : 주석(Sn)+납(Pb) 또는 니켈, 구리, 아연 등

㉡ 경납 : 동납, 황동납, 은납 등

예제 자동차 산업 등에 널리 이용되고 있는 점 용접(Spot welding)의 특징이 아닌 것은?
① 표면이 평평하고 외관이 아름답다.
② 재료가 절약된다.
③ 변형 발생이 크다.
④ 구멍을 가공할 필요가 없다.

예제 용융용접의 일종으로서 아크열이 아닌 와이어와 용융슬래그 속에서 전극 와이어를 연속적으로 공급하여 통전된 전류의 저항열을 이용하여 용접을 하는 것은?
① 이산화탄소 아크 용접   ② 테르밋 용접
③ 불활성 가스 아크 용접   ④ 일렉트로 슬래그 용접

05 단원연습문제

01 다음 중 공구재료로서 필요한 성질이 아닌 것은?
① 내마멸성이 커야 한다.
② 인성이 커야 한다.
③ 취성이 커야 한다.
④ 피삭재에 비해 충분히 경도가 높아야 한다.

02 2개의 회전하고 있는 롤러 사이에 소재를 통과시켜 단면적을 감소시켜 길이를 늘리는 소성가공 방법은?
① 압출
② 인발
③ 압연
④ 단조

03 다음 재료 중 소성가공이 가장 어려운 것은?
① 저탄소강
② 구리
③ 알루미늄
④ 주철

04 다음 중 소성가공에서 인발(drawing)을 바르게 설명한 것은?
① 회전하는 2~3개의 롤러 사이에 넣고 가공하는 방법
② 판재를 형틀에 의하여 변형시켜 가공하는 방법
③ 재료를 통 속에 넣고 압축하여 뽑아내는 가공방법
④ 일정한 틈을 통과시켜 잡아당겨 늘리는 가공방법

05 금속 파이프 또는 소재를 컨테이너 속에 넣고 강한 압력으로 다이(die)를 통과시켜 축 방향으로 일정한 단면을 가진 소재로 가공하는 방법은?
① 프레스 가공
② 선반가공
③ 압출가공
④ 전조가공

06 목형의 중량이 15[kgf]일 때 주물의 중량은 몇 [kgf]인가? (단, 주물의 비중은 7.2이고, 목형의 비중은 0.5이다.)
① 7.5
② 108
③ 180
④ 216

07 압출가공에 관한 설명으로 옳지 않은 것은?
① 속이 빈 용기를 만들 때에는 충격압출이 적합하다.
② 납 파이프나 건전지 케이스를 생산하는 데 적합하다.
③ 단면의 형태가 다양한 직선·곡선제품의 생산이 가능하다.
④ 압출에 의한 표면결함은 소재온도와 가공속도를 늦춤으로써 방지할 수 있다.

08 벨트 풀리(belt pulley)와 같은 원형모양의 주형 제작에 편리한 주형법은?
① 혼성주형법
② 회전주형법
③ 조립주형법
④ 고르게 주형법

09 사형주조와 비교한 다이캐스팅의 장점에 관한 설명으로 옳지 않은 것은?
① 단면이 얇은 주물의 주조가 가능하다.
② 제품의 크기가 대형 주물주조에 적합하다.
③ 아연, 알루미늄 합금의 대량생산용으로 사용한다.
④ 주물의 형상이 정확하고 끝손질할 필요가 거의 없다.

10 판금가공(sheet metal working)의 종류에 해당되지 않는 것은?
① 접합가공
② 단조가공
③ 성형가공
④ 전단가공

11 스프링 백 현상은 어느 작업 시 가장 많이 발생하는가?
① 용접
② 절삭
③ 열처리
④ 프레스

12 테이퍼 구멍을 가진 다이에 재료를 잡아 당겨 통과시켜 가공제품이 다이 구멍의 최소 단면형상 채수를 갖게 하는 가공법은?

① 전조가공　　　　　　② 절단가공
③ 인발가공　　　　　　④ 프레스 가공

13 주조형 목형(원형)을 실물치수보다 크게 만드는 가장 중요한 이유는?

① 주형의 치수가 크기 때문이다.
② 코어를 넣어야 하기 때문이다.
③ 잔형을 덧붙임하여야 하기 때문이다.
④ 수축여유와 가공여유를 고려하기 때문이다.

14 다이 또는 롤러를 사용하여 재료를 회전시키면서 압력을 가하여 제품을 만드는 가공방법으로 나사의 가공에 적합한 것은?

① 압연가공(rolling)　　　　② 압출가공(extruding)
③ 전조가공(form rolling)　　④ 프레스 가공(press working)

15 인발에 영향을 미치는 요인으로 가장 거리가 먼 것은?

① 윤활 방법　　　　　　② 펀치의 각도
③ 단면 감소율　　　　　④ 다이(die)의 각도

16 판재를 굽힘가공 시 탄성의 영향으로 굽힘각의 정밀도가 나지 않는 경우가 있다 가장 큰 이유는?

① 가공 경화　　　　　　② 이송 굽힘
③ 시효 경화　　　　　　④ 스프링 백

17 가스용접에서 용제(Flux)를 사용하지 않아도 되는 것은?

① 주철　　　　　　　　② 구리합금
③ 반경강　　　　　　　④ 연강

18 자동차 산업 등에 널리 이용되고 있는 점 용접(Spot welding)의 특징이 아닌 것은?
① 표면이 평평하고 외관이 아름답다. ② 재료가 절약된다.
③ 변형 발생이 크다. ④ 구멍을 가공할 필요가 없다.

19 시험 전 시험편 지름이 40[mm]이었고, 시험 후 시험편의 지름이 30[mm]이었다. 이 경우의 단면수축률[%]은?
① 25.00
② 43.75
③ 65.25
④ 75.00

20 목형이 대단히 크고, 대칭 형상을 갖는 주조 부품의 목형으로 다음 중 가장 적합한 것은?
① 현형
② 코어 목형
③ 골조 목형
④ 부분 목형

21 동전 제작시 사용되는 방법으로 다이에 요철을 만들어 압축하는 가공은?
① 사이징(sizing)
② 엠보싱(embossing)
③ 컬링(curling)
④ 압인가공(coining)

22 소성가공법 중 냉간 가공과 비교한 열간 가공의 특징이 아닌 것은?
① 거친 가공에 적합하다.
② 재결정 온도 이상으로 가열하므로 가공이 쉽다.
③ 가공면이 아름답고 정밀한 형상의 가공 면을 얻는다.
④ 표면이 가열되어 있어 산화로 인해 정밀가공이 어렵다.

23 판두께 10[mm], 인장강도 3,500[N/cm2], 안전계수 4인 연강판으로 5[N/cm2]의 내압을 받는 원통을 만들고자 한다. 이때 원통의 안지름은 몇 [cm]인가?
① 87.5
② 175
③ 350
④ 700

24 아크 용접 결함인 언더컷의 발생 주요 원인이 아닌 것은?

① 전류가 너무 낮을 때   ① 용접속도가 너무 빠를 때
② 아크 길이가 너무 길 때   ④ 용접봉 선택이 부적당할 때

25 아크 용접에서 용접입열이란 무엇을 말하는가?

① 용접봉에서 모재로 용융금속이 옮겨가는 상태
② 단위시간당 소비되는 용접봉의 중량
③ 용접봉이 녹기 시작하는 온도
④ 용접부에 외부에서 주어지는 열량

26 다음 중 스폿(spot)용접에 관한 설명으로 맞는 것은?

① 가압력이 필요 없다.   ② 가스용접의 일종이다.
③ 로봇을 이용한 자동화가 용이하다.   ④ 알루미늄 용접이 불가능하다.

27 주조품을 제작하기 위한 목형(pattern)의 종류 중 주물형상이 크고 소량의 주조품을 요구할 때 그 형상의 골격을 제작한 후 간격의 공간을 점토 등의 물질로 메꾸어 제작하는 목형은?

① 코어 목형   ② 부분 목형
③ 매치 플레이트 목형   ④ 골조 목형

28 다음 중 아크 용접에서 언더컷(under cut)이 가장 많이 나타나는 조건은?

① 운봉불량, 전류 과대일 때   ② 고전압·고용접 속도일 때
③ 전류부족, 저용접   ④ 피복제 조성불량, 전류부족일 때

29 카바이트(CaC_2)를 물에 넣으면 아세틸렌 가스와 생석회가 생성되는 다음 화학식에서 밑줄 친 부분에 들어갈 물질의 분자식으로 옳은 것은?

$$CaC_2 + 2H_2O \rightarrow \underline{} + Ca(OH)_2$$

① CO_2 ② C_2H_2
③ CH_3OH ④ $C_2(OH)_2$

30 공작물을 회전시키고, 공구는 직선운동으로 공작물을 가공하는 공작기계는?
① 드릴
② 밀링
③ 연삭
④ 선반

31 용융용접의 일종으로서 아크열이 아닌 와이어와 용융슬래그 속에서 전극 와이어를 연속적으로 공급하여 통전된 전류의 저항열을 이용하여 용접을 하는 것은?
① 이산화탄소 아크 용접
② 테르밋 용접
③ 불활성 가스 아크 용접
④ 일렉트로 슬래그 용접

32 주물의 결함에 속하지 않는 것은?
① 수축공
② 기공
③ 압탕
④ 편석

33 프레스 가공을 분류할 때 전단가공의 종류에 속하지 않는 것은?
① 블랭킹
② 엠보싱
③ 트리밍
④ 세이빙

34 지름 20[mm]의 드릴로 연강 판에 구멍을 뚫을 때, 회전수가 200[rpm]이면 절삭 속도는 약 몇 [m/min]인가?
① 12.6
② 15.5
③ 17.6
④ 75.3

35 프레스 가공에서 굽힘작업에 속하지 않는 것은?
① 비딩(beading)
② 플랜징(flanging)
③ 엠보싱(embossing)
④ 세이빙(shaving)

36 다음 중 용접의 종류 중 압접(Pressure welding)에 해당하는 것은?
① 미그 용접
② 스폿 용접
③ 레이저 용접
④ 원자수소 용접

37 2개의 금속편 끝을 각각 용융점 근처까지 가열하여 양끝을 접촉시켜 압력을 가하여 접합시키는 작업은?
① 단조 ② 압출
③ 압연 ④ 압접

38 다음 중 다이나 롤러를 사용하여 재료를 회전시키면서 압력을 가하여 제품을 만드는 가공방법으로 나사 등의 가공에 가장 적합한 가공방법은?
① 전조 가공(form rolling) ② 압출 가공(extruding)
③ 프레스 가공(press working) ④ 압연 가공(rolling)

39 다음 중 냉간 가공의 특징이 아닌 것은?
① 가공면이 매끄럽고 곱다. ② 가공도가 크다.
③ 연신율이 작아진다. ④ 제품의 치수가 정확하다.

40 스프링 백 현상은 다음 어느 작업할 때 가장 많이 발생하는가?
① 용접 ② 열처리
③ 절삭 ④ 프레스

41 일명 '가스 따내기'라고 하며 가공물의 일부를 용융시켜 불어내어 홈을 만드는 가공방법은?
① 수중 절단법 ② 가스 가우징
③ 아크 절단법 ④ 분말혼합 절단법

42 다음은 공작기계의 특성을 나열한 것이다. 이 중에서 잘못 설명한 것은?
① 밀링 머신은 회전하는 공작물에 절삭공구를 이송하여 원하는 형상으로 가공하는 공작기계이다.
② 공작물의 회전과 그 회전축을 포함하는 평면 내에서 공구의 선 운동에 의해서 공작물을 원하는 형태로 절삭하는 것을 선삭 가공이라 한다.

③ 드릴 작업은 일반적으로 드릴 주축을 회전시켜 작업하지만 정확을 요하는 깊은 구멍작업에는 가공물을 회전시킨다.
④ 연삭숫돌을 공구로 사용하고 가공물에 상대운동을 시켜 정밀하게 가공하는 작업을 연삭이라 한다.

43 저항 점 용접법은 사용이 간편하고 용접 자동화가 용이하므로 자동차 산업현장에서 널리 이용되고 있다. 이러한 점 용접의 품질을 평가하는 방법이 아닌 것은?
① 피로시험
② 마멸시험
③ 비틀림시험
④ 인장시험

44 다음 전기 용접 봉의 피복제 중 내균열성이 가장 좋은 것은?
① 저수소계
② 철분산화철계
③ 일미나이트계
④ 고산화티탄계

45 다음 중 공작기계의 명칭과 가공법이 바르게 연결된 것은?
① 선반 – 기어 가공, 키 홈 가공
② 밀링 – 수나사 가공, 기어 가공
③ 연삭기 – 평면 가공, 외경 가공
④ 드릴링 머신 – 카운터 보링, 기어 가공

46 절삭 공구용 재료가 아닌 것은?
① 소결초경합금
② 인바
③ 주조경질합금
④ 고속도강

47 다음 중 선반에서 4대 주요 구성부분이 아닌 것은?
① 바이트
② 베드
③ 주축대
④ 왕복대

48 철, 구리, 황동 등의 금속 소성가공에서 냉간 가공 중에 나타날 수 있는 현상은?
① 변태
② 풀림
③ 재결정
④ 가공 경화

49 다음 중에서 가스절단이 가장 쉬운 금속은?
① 구리
② 알루미늄
③ 연강
④ 주철

50 절삭공구의 수명이 종료되어 공구를 다시 연삭하거나 새로운 절삭공구로 바꾸기 위한 공구수명 판정방법이 잘못된 것은?
① 완성치수의 변화량이 일정량에 도달했을 때
② 공구인선의 마모가 일정량에 도달하였을 때
③ 가공면에 광택이 있는 색조나 반점이 생길 때
④ 절삭저항의 이송분력과 배분력이 급격히 감소할 때

51 압출 가공에 대한 설명이다. 거리가 먼 것은?
① 속이 빈 용기를 만드는 데는 충격 압출이 적합하다.
② 압출에 의한 표면 결함은 소재온도가 가공속도를 늦춤으로써 방지할 수 있다.
③ 납 파이프나 건전지 케이스를 생산하는데 적합하다.
④ 단면의 형태가 다양한 직선, 곡선 제품의 생산이 가능하다.

52 다음은 전단가공의 종류에 대한 설명이다. 틀린 것은?
① 블랭킹(blanking) : 펀치로 판재를 필요한 치수의 모양으로 따내는 작업
② 전단(shearing) : 판재를 필요한 길이의 치수로 절단하는 작업
③ 피어싱(piercing) : 필요한 치수 모양으로 구멍을 만드는 작업
④ 세이빙(shaving) : 드로잉을 한 제품의 귀 또는 단조부품의 거스러미를 제거하는 작업

53 연강 재료의 절삭 가공시 절삭 저항이 가장 적고 절삭 가공면이 매끈한 칩의 형식은?
① 유동형　　　　　　　　② 전단형
③ 균열형　　　　　　　　④ 열단형

54 전기저항 용접으로 원판상의 전극에 재료를 끼워 가압하면서 전류를 통하게 하여 접합하는 용접방법은?
① 심 용접　　　　　　　　② 프로젝션 용접
③ 맞대기 용접　　　　　　④ 테르밋 용접

55 연삭숫돌은 자동적으로 닳아 떨어져 나가서 새로운 날을 형성하므로 커터와 바이트처럼 연삭하지 않아도 되는데 이러한 현상을 무엇이라 하는가?
① 트루잉　　　　　　　　② 자생작용
③ 글레이징　　　　　　　④ 드레싱

56 지름 20[mm]의 드릴로 연강판에 구멍을 뚫을 때 회전수가 200[rpm]이면 절삭속도는 몇 [m/min]인가?
① 12.6　　　　　　　　　② 15.5
③ 17.6　　　　　　　　　④ 75.3

57 선반의 3분력의 크기가 순서대로 된 것은?
① 배분력 > 주분력 > 이송분력
② 주분력 > 이송분력 > 배분력
③ 주분력 > 배분력 > 이송분력
④ 배분력 > 이송분력 > 주분력

58 연삭숫돌에서 연삭이 진행됨에 따라 입자의 날끝이 자동적으로 닳아 떨어져 커터의 바이트처럼 연삭하지 않아도 되는 현상은?
① 드레싱　　　　　　　　② 글레이징
③ 트리밍　　　　　　　　④ 자생작용

59 아크 용접피복제(flux)의 역할로 옳지 않은 것은?

① 용착금속의 탈산정련작용을 한다.
② 용적을 미세화하고 용착효율을 높인다.
③ 용융금속에 필요한 원소를 보충시켜 준다.
④ 슬래그가 되어 용융금속을 급냉시켜 조직을 튼튼하게 한다.

60 다음 중 Ni-Fe계 합금에서 Ni 35~36[%], 망간 4[%] 정도의 합금으로 선팽창계수가 낮아 표준자, 바이메탈, 시계 추 등에 사용되는 기계 재료는?

① 인코넬(inconel)　　　　② 인바(invar)
③ 미하나이트(meehanite)주철　　④ 듀랄루민(duralumin)

61 다음 용접부분의 검사 중 비파괴 검사법에 해당하는 것은?

① 인장시험　　　　② 피로시험
③ 크리프시험　　　④ 침투탐상시험

62 선반에서 일반적으로 할 수 있는 작업은?

① 나사 절삭　　　　② 사각 추 가공
③ 기어 절삭　　　　④ 묻힘 키 홈 가공

63 드릴가공에 대한 일반적인 설명 중 틀린 것은?

① 탭이 파손될 경우에는 나사 뽑기 기구를 사용한다.
② 드릴의 날끝 각은 공작물의 재질에 따라 다르다.
③ 겹쳐진 구멍을 뚫을 때는 먼저 뚫은 구멍에 같은 종류의 재료를 메우고 구멍을 뚫는다.
④ 재료에 기공이 있으면 가공이 용이하다.

64 공작기계로 공작물을 절삭할 때는 절삭저항이 발생하는데 절삭저항에 해당되지 않는 것은?

① 주분력　　　　　　② 배분력
③ 횡분력(이송분력)　　④ 치핑(chipping)

65 선반가공 중에 발생할 수 있는 구성인선을 방지할 수 있는 대책으로 거리가 먼 것은?

① 절삭깊이를 작게 한다. ② 경사각을 작게 한다.
③ 절삭공구의 인선을 예리하게 한다. ④ 절삭속도를 크게 한다.

66 다음 중 드릴링 머신 작업의 종류에 속하지 않는 것은?

① 보링 ② 브로우칭
③ 카운터 보링 ④ 리밍

67 한꺼번에 여러 개의 구멍을 뚫거나 공정수가 많은 구멍을 가공할 때 가장 적합한 드릴링 머신은?

① 탁상 드릴링 머신 ② 레이디얼 드릴링 머신
③ 다축 드릴링 머신 ④ 직립 드릴링 머신

68 2대 이상의 공작 기계군을 컴퓨터에 결합시켜 작업성 및 생산성을 향상시키는 시스템을 무엇이라 하는가?

① NC ② DNC
③ FMS ④ LC

69 다음 공작기계 중 평면절삭을 하려고 할 때 가장 적합한 기계는?

① 보링 머신 ② 세이퍼
③ 드릴링 머신 ④ 선반

70 매우 작은 입자의 숫돌에 극히 작은 압력으로 가압하면서 공작물의 표면을 따라 축 방향으로 진동을 주면서 원통의 내면, 외면 및 평면을 가공하는 방법은?

① 호닝 ② 브로칭
③ 래핑 ④ 슈퍼피닝

71 드릴링 머신에서 할 수 없는 작업은?

① 코킹 ② 카운터 보링
③ 리밍 ④ 카운터 싱킹

72 아크 용접작업에서 용접결함과 가장 거리가 먼 것은?
① 운봉속도
② 아크의 길이
③ 전류의 세기
④ 용접봉심선의 굵기

73 다음 중 밀링머신에서 사용되는 부속장치가 아닌 것은?
① 분할대
② 래크 절삭장치
③ 슬로팅 장치
④ 릴리빙 장치

74 고속도강으로 만든 지름 16[mm]인 드릴로 연강인 일감에 절삭 속도는 28[m/min]로 구멍을 뚫을 때 드릴링 머신의 스핀들 회전수[rpm]는?
① 140
② 280
③ 557
④ 1114

75 나사 모양의 커터를 회전시키면서 각종 기어를 절삭하는 기계는?
① 호닝
② 셰이퍼
③ 보링 머신
④ 호빙 머신

76 쇼트 피닝(shot peening)에 관한 설명으로 틀린 것은?
① 피닝 효과는 열응력을 향상시킨다.
② 쇼트라는 작은 덩어리를 가공품에 분사한다.
③ 자동차용 코일 또는 판스프링 가공에 쓰인다.
④ 두께가 큰 재료는 효과가 적고 균열의 원인이 될 수 있다.

77 아크 용접에서 모재에 (+)극, 용접봉에(−)극을 연결하여 용접할 때의 극정은?
① 역극성
② 정극성
③ 음극성
④ 모극성

78 자동차 현가장치의 코일 스프링이 인장 또는 수축될 때 감겨 있는 코일 자체에 작용하는 가장 주된 응력은?
① 충격하중에 의한 전단응력
② 전단하중에 의한 전단응력
③ 굽힘 모멘트에 의한 굽힘응력
④ 비틀림 모멘트에 의한 전단응력

79 가스 용접에서 아세틸렌 발생기의 형식에 맞지 않는 것은?

① 주수식　　② 침투식
③ 투입식　　④ 침지식

80 탭 가공에서 탭의 파손원인으로 거리가 먼 것은?

① 막힌 구멍의 밑바닥에 탭 선단이 닿았을 경우
② 탭이 경사지게 들어간 경우
③ 너무 무리하게 힘을 가했을 경우
④ 구멍이 너무 클 경우

81 CNC 선반에서 G04의 의미는?

① 나사 가공　　② 일시정지
③ 직선 보간　　④ 원호 보간

82 화염온도가 가장 높고 발열량에 비하여 가격도 저렴하여 가스용접에 많이 사용하는 가스는?

① 아세틸렌　　② 프로판
③ 일산화탄소　　④ 수소

83 주형을 만드는데 사용하는 주물사 구비조건이 아닌 것은?

① 가스 및 공기가 잘 빠지지 않을 것
② 반복 사용에 따른 형상 변화가 거의 없을 것
③ 내열성이 크고 화학적인 변화가 생기지 않을 것
④ 주형 제작이 용이하고 쇳물의 압력에 견딜 수 있는 강도를 갖출 것

84 공작물을 단면적 100[cm^2]인 유압실린더로 1분에 2[m]의 속도로 이송시키기 위해 필요한 유량은 몇 [L/min]인가?

① 10　　② 20
③ 30　　④ 40

85. 평면 연삭기 숫돌의 원주 속도가 2400[m/min] 이고, 연삭저항이 15[N]일 때, 연삭기에 공급된 동력이 735[W]이면, 이 연삭기의 효율은 약 몇 [%]인가?
   ① 58[%]   ② 75[%]
   ③ 82[%]   ④ 98[%]

86. 압축 코일 스프링에서 왈(Wahl)의 수정계수를 사용하여 전단응력을 구하고자 할 때 필요한 설계인자가 아닌 것은?
   ① 소선의 지름
   ② 스프링의 지름
   ③ 설계압축하중
   ④ 재료의 전단탄성계수

87. 드릴 날의 파손원인으로 거리가 먼 것은?
   ① 드릴이 짧게 고정된 상태에서 가공할 때
   ② 절삭날이 규정된 각도와 형상으로 연삭되지 않아 한쪽으로 과대한 절삭력이 작용할 때
   ③ 드릴 가공 중에 드릴이 외력에 의해 구부러진 상태로 계속 가공할 때
   ④ 이송이 너무 커서 절삭저항이 증가할 때

88. 피복금속 아크 용접에서 용입불량이 나타나는 원인으로 거리가 먼 것은?
   ① 이음설계에 결함이 있을 때
   ② 용접속도가 너무 느릴 때
   ③ 용접전류가 너무 낮을 때
   ④ 용접봉 선택이 불량할 때

일 반 기 계 공 학

재료역학

01 응력과 변율
02 Hook의 법칙과 탄성계수
03 보

CHAPTER 01 응력과 변율

1 하중(load)의 분류

(1) 성질에 따른 분류

인장하중, 압축하중, 전단하중, 굽힘하중, 비틀림하중, 좌굴하중이 있다.

① 인장하중
   재료를 늘리는 하중

② 압축하중
   재료를 줄이는 하중

③ 전단 하중(shearing load)
   단면에 평행한 하중

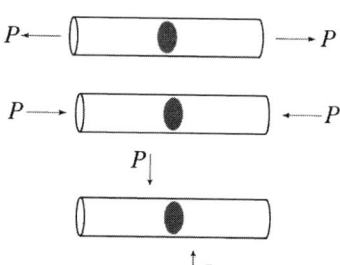

> **보충정리**
> 하중의 종류
> • 인장력 : 잡아당기는 힘
> • 압축력 : 누르는 힘
> • 전단력 : 자르는 힘
> • 굽힘 모멘트 : 구부리는 힘
> • 비틀림 모멘트 : 비트는 힘

(2) 속도에 따른 하중

① 정하중
   정지상태에서 힘을 가하였을 때 변화하지 않는 하중 또는 서서히 변화하는 하중

② 동하중
   하중의 크기가 수시로 변화하는 하중

㉠ 반복하중 : 동일 방향에서 하중이 주기적으로 반복하여 작용하는 하중
㉡ 교번하중 : 하중의 크기 및 방향이 변화하는 인장력과 압축력이 서로 연속적으로 거듭되는 하중
㉢ 충격하중 : 비교적 짧은 시간에 급격히 작용하는 하중

> **예제** 같은 재료에서도 하중의 상태에 따라 안전율을 정해야 하는데, 다음 중 안전율을 가장 크게 정해야 하는 하중은?
> ① 교하중 ② 반복하중
> ③ 충격하중 ④ 정하중

2 응력(stress)

(1) 재료에 외력을 가하면 변형과 동시에 저항이 발생하여 외력과 평형을 이룬다. 이 저항력을 내력(內力)이라고 하며, 단위 면적당 내력의 크기를 응력이라고 하며 그 단위는 kgf/cm^2, lb/in^2, $Nm^2 = Pa$을 사용한다.

$$응력 = \frac{하중}{단면적}, \quad \sigma = \frac{F}{A}$$

- F와(과) A의 비 = F 대 A의 비
- A에 대한 F의 비 = A에 대한 F = A당 F

(2) **수직응력(normal stress)**

재료에 작용하는 응력이 단면에 직각방향으로 작용할 때의 응력이다. 인장응력을 σ_t, 압축응력을 σ_e라고 할 때

- 인장응력(σ_t) = $\dfrac{P_t}{A}$ [kgf/cm^2]

- 압축응력(σ_e) = $\dfrac{P_e}{A}$ [kgf/cm^2]

여기서, P : 하중[kgf], A : 단면적[cm^2], P_t : 인장하중[kgf], P_e : 압축하중[kgf]

(3) 전단응력 또는 접선응력(shearing stress)

재료의 단면에 평행하게 재료를 전단하려고 하는 방향으로 작용하는 외력을 전단하중이라고 하며 이에 대하여 응력이 평행하게 발생하는 것을 전단응력이라고 한다. 따라서 전단응력을 τ라고 한다.

$$전단응력(\tau) = \frac{P_s}{A} [\text{kgf}/\text{cm}^2]$$

여기서, P_s : 전단하중[kgf]

예제 비틀림이 작용할 때 재료의 단면에 생기는 응력은?
① 전단 ② 압축
③ 인장 ④ 굽힘

---

3 변형률(strain)

(1) 재료에 하중을 가하면 그 내부에는 응력이 발생함과 동시에 변형을 일으킨다. 이때 변형량을 원래의 길이로 나눈 것을 변형률이라고 한다.

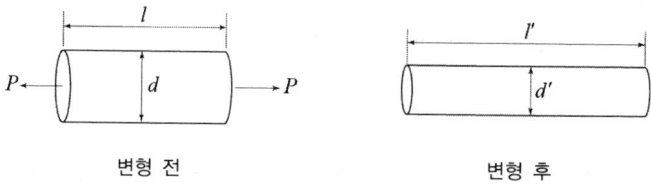

변형 전   변형 후

(2) 종변형률 = 축방향 변형률 = 세로방향 변형률 = 길이방향 변형률 = 힘이 작용하는 방향의 변형률

$$\varepsilon = \frac{l' - l}{l} = \frac{\lambda}{l}$$

(3) 횡변형률＝반지름방향 변형률＝가로방향 변형률＝힘이 작용하지 않는 방향의 변형률

$$\varepsilon' = \frac{d'-d}{d} = -\frac{\delta}{d}$$

여기서, d : 재료의 원래 지름, d' : 재료의 늘어난 지름
δ : 지름의 변화량

※ 변형률의 관계 : 포아송의 비μ(Poisson's ratio), 포아송의 수m(Poisson's number)

$$\mu = \frac{\epsilon'}{\epsilon} = \frac{\frac{\triangle d}{d}}{\frac{\triangle \ell}{\ell}} = \frac{\triangle d \cdot \ell}{\triangle \ell \cdot d} = \frac{1}{m}$$

예제 연강재료를 인장시험할 때 비례한도 내에서 응력(P)과 변형률(ε)과의 관계는?
① $P \propto \varepsilon$
② $P \propto \varepsilon^2$
③ $P \propto \frac{1}{\varepsilon}$
④ $P \propto \frac{1}{\varepsilon^1}$

예제 길이 500[mm] 봉이 인장하중을 받아 0.5[mm]만큼 늘어났을 때 인장변형률은?
① 0.001
② 0.01
③ 100
④ 1,000

(4) 전단하중에 의한 변형률＝전단변형률

$$\gamma = \frac{\lambda_s}{l} = \tan\phi \fallingdotseq \phi[\text{rad}]$$

여기서, λ_s : 전단길이, l : 두 평면 사이의 거리
ϕ : 전단각

(5) 체적 변형률

$$\varepsilon_v = \frac{V'-V}{V} = \frac{\Delta V}{V}$$

여기서, V : 원래의 체적, ΔV : 체적 변화율

4 응력변형률 선도

응력과 변형과의 관계를 나타내는 그림으로 통상 세로축에 응력을 나타내고, 가로축에 변형을 나타낸다. 이 선도에 의해서 탄성한계, 비례한계, 항복 강도, 파단계 등을 구할 수 있다.

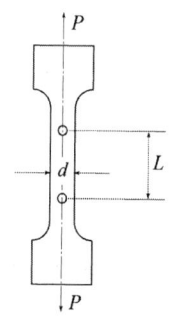 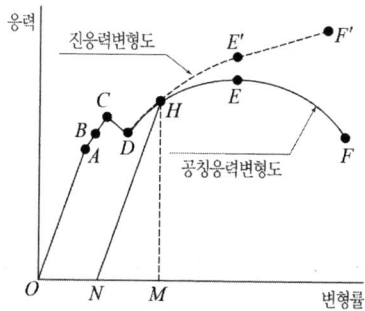

A : 비례한도, B : 탄성한도, C : 상항복점, D : 하항복점, E : 극한강도, E' : 실제 극한강도, F : 파괴강도, F' : 실제파괴강도

▲ **응력과 변형도**

- σ_w : 사용응력(Working Stress) – 사용할 수 있는 응력 = 영구변형 없이 구조물을 안전하게 사용할 수 있는 응력
- σ_a : 허용응력(allow stress) – 사용응력으로 선정한 안전한 범위의 응력 = 사용응력의 상한응력
- σ_u : 극한강도(최대응력)
- 응력의 관계

$$\sigma_w \leqq \sigma_a = \frac{\sigma_u}{S}$$

여기서, S : 안전율

- 인장강도 = $\dfrac{\text{최대하중}}{\text{최초의 단면적}}$ (인장시험의 최대하중을 최초의 단면적으로 나눈값)

보충정리

스프링을 통한 재료의 한계점 용어 정리
- 비례한계(한도) : 스프링을 어느 정도 잡아당겼다가 놓으면 제자리로 돌아간다. 이러한 정도를 비례한계라고 한다. 즉, 당기는 힘에 비례하여 언제나 같은 길이로 늘어나며 놓으면 제자리로 돌아가는 한계를 말한다.
- 탄성한계(한도) : 스프링을 더 큰 힘으로 잡아당겼다가 놓으면 원래 상태로 돌아가지만, 완전히 복원되지 않고 원래 길이에서 약간 늘어난 상태로 돌아가는 것을 말한다.
- 항복점 : 더 큰 힘으로 스프링을 잡아당기면 어느 순간 스프링이 쭉 늘어나는데 이때를 항복점이라 한다. 이때는 스프링의 탄성이 없어져서 스프링이 원래 상태로 돌아가지 못한다.
- 극한응력(강도) : 더 큰 힘으로 잡아당겨 최대의 힘이 가해진 점을 말한다.
- 파단점(파괴점) : 극한응력 후에는 힘을 조금만 가해도 스프링의 철사가 늘어난 후 끊어지게 되는데 이 끊어진 점을 파괴점 또는 파단점이라 한다.

Hook의 법칙과 탄성계수

1 Hook의 법칙

$$\delta \propto \frac{Pl}{A}$$

$$\delta = \frac{1}{E} \times \frac{Pl}{A} = \frac{Pl}{AE}$$

여기서, δ : 늘어난 양
 E : 비례계수＝종탄성계수＝세로탄성계수＝영계수(Young's modulds)
 P : 힘
 l : 재료의 원래 길이
 A : 단면적

$$\delta \propto \varepsilon$$

$$\sigma = E \cdot \varepsilon \text{ 또는 } \varepsilon = \frac{\sigma}{E}$$

$$E = \frac{\delta}{\varepsilon} = \frac{\dfrac{P}{A}}{\dfrac{\lambda}{l}} = \frac{Pl}{A\lambda} [\text{kgf}/\text{cm}^2]$$

여기서, $\lambda(\delta)$: 늘어난 양
 ε : 변형률

즉, $\dfrac{\text{응력}(\delta)}{\text{변형률}(\varepsilon)} = $ 정수(定數, constant)이다.

※ 이 정수를 탄성계수라 하며 단위는 kgf/cm^2, lb/in^2 이다.

> **예제** 비례한도 내에서 인장시험을 할 때 늘어난 길이 $\triangle L$에 관한 공식으로 옳은 것은?
> (단, E는 재료의 세로탄성계수, P는 인장하중, L은 시험편의 초기 길이, A는 시험편의 초기 단면적이다.)
>
> ① $\triangle L = \dfrac{PA}{LE}$ ② $\triangle L = \dfrac{LE}{PA}$
>
> ③ $\triangle L = \dfrac{PL}{AE}$ ④ $\triangle L = \dfrac{AE}{PL}$

2 세로탄성계수(E)

수직응력(σ)과 세로변형률(ε)이 Hook 법칙에 의하여 정비례 관계일 때의 비례상수를 세로탄성계수 또는 Young 계수라고 한다.

$$E = \frac{\sigma}{\varepsilon}, \quad \sigma = E\varepsilon$$

단면적 A, 길이 l인 재료에 P인 인장하중 또는 압축하중을 가하였을 때 늘어남 및 수축량을 λ라 하면

$$\sigma = \frac{P}{A}, \quad \varepsilon = \frac{\lambda}{l} \text{에서}$$

$$E = \frac{\sigma}{\varepsilon} = \frac{\dfrac{P}{A}}{\dfrac{\lambda}{l}} = \frac{Pl}{A\lambda}$$

$$\lambda = \frac{Pl}{AE} = \frac{\sigma l}{E}$$

$$P = \frac{AE\lambda}{l}$$

3 가로탄성계수(G)

탄성한도 내에서 전단응력(τ)와 이에 따른 전단 탄성변형률(γ)와의 비는 같은 재료에 대하여 일정하며 이 상수를 가로탄성계수 또는 전단탄성계수라고 한다.

$$G = \frac{\tau}{\gamma}, \quad \tau = \gamma G$$

여기서 $\tau = \dfrac{P_S}{A}$, $\gamma = \dfrac{\lambda_S}{l} = \psi$를 위 공식에 대입하면

$$G = \frac{\tau}{\gamma} = \frac{\dfrac{P_s}{A}}{\dfrac{\lambda_s}{l}} = \frac{P_s l}{A \lambda_s} = \frac{P_S}{A\psi}$$

$$\lambda_S = \frac{P_S l}{AG} = \frac{\tau l}{G}$$

$$\psi = \frac{P_S}{A \cdot G}$$

$$P_S = A \cdot G \cdot \gamma$$

4 푸와송비(Poisson's ratio)

재료에 축방향으로 하중을 가하면 세로변형과 가로변형이 발생한다. 이때 탄성한도 내에서는 세로 변형률 ε과 가로변형률 ε'와의 비율은 일정한 관계를 갖고 있다.

이 비율을 푸와송비라고 하며 v, μ 또는 l/m로 표시한다.

$$\text{푸와송비 } \nu = \mu = \frac{1}{m} = \left| \frac{\varepsilon'}{\varepsilon} \right| = \frac{\dfrac{\delta}{d}}{\dfrac{\lambda}{l}} = \frac{\delta l}{d\lambda}$$

그리고, 푸와송비의 역수 m을 푸와송수라고 한다.

> **예제** 안전계수와 프와송 비를 나타낸 식으로 가장 옳게 짝지어진 것은?
> ① 안전계수 = 허용응력 / 인장강도
>   프와송 비 = 세로 변형률 / 가로 변형률
> ② 안전계수 = 허용응력 / 인장강도
>   프와송 비 = 가로 변형률 / 세로 변형률
> ③ 안전계수 = 인장강도 / 허용응력
>   프와송 비 = 세로 변형률 / 가로 변형률
> ④ 안전계수 = 인장강도 / 허용응력
>   프와송 비 = 가로 변형률 / 세로 변형률

5 허용 응력(σ_a, kgf/cm²)

안전상 허용할 수 있는 최대의 응력이라고 한다.

6 안전율

$$안전율(S) = \frac{인장강도(\sigma_u)}{허용응력(\sigma_a)}$$

$$\sigma_a = \frac{\sigma_a}{S}$$

> **예제** 단면적 400[mm²]인 봉에 6[kN]의 추를 달았더니 허용인장응력에 도달하였다. 이 봉의 인장강도가 30[MPa]이라면 안전율은 얼마인가?
> ① 2   ② 3
> ③ 4   ④ 5

7 열 응력

온도 $t_1[℃]$에서 길이 l이었던 것이 온도 $t_2[℃]$에서 l'로 되었다면 늘어난 양 λ는

$$\lambda = l' - l = \alpha(t_2 - t_1)l = \alpha \cdot \Delta t \cdot l$$

여기서, α : 선팽창계수

따라서, $l' = l + \lambda = l + \alpha(t_2 - t_1)t$ 이며, 변형률 ε는 아래와 같다.

$$\varepsilon = \frac{\alpha(t_2 - t_1)l}{l[1 + \alpha(t_2 - t_1)]}$$

$$\varepsilon' = \frac{\lambda}{l} = \alpha(t_2 - t_1)$$

이때 재료에 생기는 열응력을 σ, 탄성계수를 E라면

$$\sigma = E\varepsilon = E\alpha(t_2 - t_1)$$

> **예제** 길이 300[mm]인 구리봉 양단을 고정하고 20[℃]에서 70[℃]로 가열하였을 때 열응력에 의해 발생되는 압축응력[N/mm²]은? (단, 구리봉의 세로탄성계수 = 9.2×10³[N/mm²], 선팽창계수(α) = 1.6×10⁻⁵/℃이다.)
>
> ① 6.28　　　　② 7.36
> ③ 8.39　　　　④ 10.2

CHAPTER 03 보

1 보와 하중

(1) 정정보
① 외팔보 : 보의 한 끝만 고정된 것
② 단순보(양단 지지보) : 보의 양끝을 지지한 것
③ 내다지보 : 받침점 바깥에 하중이 걸리는 것

(2) 부정 정보
① 고정보 : 양끝을 모두 고정한 것
② 연속보 : 3개 이상을 지지한 것
③ 고정지지보 : 한 끝은 고정하고 다른 한 끝은 받치고 있는 보

2 보의 반력

(1) 보의 평형조건
① 보에 작용하는 모든 외력의 대수합은 0이다.
② 보에 작용하는 힘의 모멘트 대수합은 0이다.

(2) 외팔보(cantilever)
① 집중 하중 시
$Ra = W_1 + W_1 + W_3 + \sim W_n [\text{kgf}]$
② 등분포 하중 시
$Ra = W \cdot l [\text{kgf}]$

(3) 양단지지보

① 집중 하중 시

$$R_B = \frac{W_1 l_1 + W_2 l_2 + W_3 l_3}{l}$$

$$R_\alpha = (W_1 + W_2 + W_3) - R_B$$

② 등분포 하중 시

$$R_a = R_B = \frac{1}{2} Wl \, [\text{kgf}]$$

3 전단력과 굽힘 모멘트

(1) 외팔보

① 집중 하중 시
- 반력 : $R_B = W$
- 전단력 : $F = -W$
- 굽힘 모멘트 : $M = -Wl$

② 등분포 하중 시
- 반력 : $R_B = -Wl$
- 전단력 : $F = -Wx$
- 굽힘 모멘트 : $M_B = -Wx \cdot \dfrac{x}{2} = -\dfrac{Wx^2}{2} = -\dfrac{Wl^2}{2}$

(2) 양단 지지보

① 집중 하중이 임의점에 작용할 때

$$R_1 = \frac{Wb}{l}, \quad R_2 = \frac{Wa}{l}$$

- $x < a$ 일 때 $\quad F = \dfrac{Wb}{l}, \quad M = \dfrac{Wb}{l} x$
- $x > a$ 일 때 $\quad F = -\dfrac{Wa}{l}, \quad M = \dfrac{Wa}{l}(l-x)$
- $x = a$ 일 때 $\quad M_{\max} = \dfrac{Wab}{l}$

② 등분포 하중 시

$$R_1 = R_2 = \frac{Wl}{2} \qquad F = \frac{W}{2}(l-2x)$$

$$M = \frac{Wx}{2}(l-x) \qquad x = \frac{l}{2} \text{에서}$$

$$F = 0, \quad M_{\max} = \frac{Wl^2}{8}$$

예제 그림과 같은 단순보에서 R_A[kN]와 R_B[kN]의 값으로 적절한 것은?

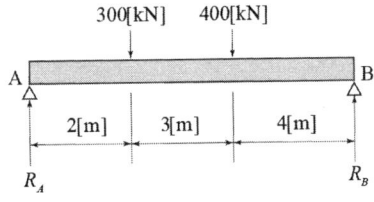

① $R_A = 396.8$, $R_B = 303.2$ ② $R_A = 411.1$, $R_B = 288.9$
③ $R_A = 432.3$, $R_B = 267.7$ ④ $R_A = 467.4$, $R_B = 232.6$

예제 균일분포하중(w[N/m])을 받는 외팔보의 최대 굽힘 모멘트($M_{\max}$)는?
(단, L[m] : 외팔보의 길이)

① $M_{\max} = w \cdot L$ ② $M_{\max} = \dfrac{wL^2}{2}$

③ $M_{\max} = \dfrac{wL^2}{8}$ ④ $M_{\max} = \dfrac{wL}{4}$

4 보의 처짐

(1) 외팔보

① 집중 하중 시

$$Y_{\max} = \frac{W}{3EI}l^3$$

여기서, E : 탄성계수, I : 단면 2차 모멘트

② 등분포 하중 시

$$Y_{\max} = \frac{W}{8EI}l^4$$

(2) 양단지지보

① 집중 하중 시 $Y_{\max} = \dfrac{Wl^3}{EI}$

② 등분포 하중 시 $Y_{\max} = \dfrac{5Wl^4}{384EI}$

보의 최대 휨 모멘트

보의 종류	최대 휨 모멘트(M)	최대 전단력(F)
양단지지보 집중하중 (중앙)	C점 $\dfrac{Wl}{4}$	AC 및 CB 사이 $\dfrac{W}{2}$
양단지지보 등분포하중	C점 $\dfrac{Wl^2}{8}$	A, B점 $\dfrac{Wl}{2}$
양단고정보 집중하중 (중앙)	A, B, C점 $\dfrac{Wl}{8}$	AC 및 CB 사이 $\dfrac{W}{2}$
양단고정보 등분포하중	A, B점 $\dfrac{Wl^2}{12}$	A, B점 $\dfrac{Wl}{2}$
일단고정 타단지지 집중하중 (0.5528l)	B점 $\dfrac{3Wl}{16}$	BC 사이 $\dfrac{11W}{16}$
일단고정 타단지지 등분포하중 (0.5785l)	B점 $\dfrac{Wl^2}{8}$	B점 $\dfrac{5Wl}{8}$

5 보의 굽힘 응력

$$굽힘 \ 모멘트(M) = \sigma b \, Z$$

여기서, σb : 굽힘응력
Z : 단면계수

각종 단면형의 2차 모멘트 단면계수

단면의 모양	단면적 A	단면 2차 모멘트	단면계수 Z
직사각형 ($b \times h$)	bh	$\dfrac{1}{12}bh^3$	$\dfrac{1}{6}bh^2$
원 (d)	$\dfrac{\pi}{4}d^2$	$\dfrac{\pi}{64}d^4$	$\dfrac{\pi}{32}d^3$
중공원 (D, d)	$\dfrac{\pi}{4}(D^2-d^2)$	$\dfrac{\pi}{64}(D^4-d^4)$	$\dfrac{\pi}{32} \cdot \dfrac{(D^4-d^4)}{D}$
타원	πab	$\dfrac{\pi}{4}a^3 b$	$\dfrac{\pi}{4}a^2 b$
삼각형	$\dfrac{1}{2}bh$	$\dfrac{1}{36}bh^3$	$Z_1 = \dfrac{1}{24}bh^2$ $Z_2 = \dfrac{1}{12}bh^2$
정육각형 (꼭지점)	$\dfrac{2\sqrt{3}}{2}b^2 = 2.606b^2$	$\dfrac{15\sqrt{3}}{16}b^4 = 0.5413b^4$	$\dfrac{15\sqrt{3}}{16}b^4 = 0.5413b^4$
정육각형 (변)	$\dfrac{2\sqrt{3}}{2}b^2 = 2.606b^2$	$\dfrac{15\sqrt{3}}{16}b^4 = 0.5413b^4$	$\dfrac{15\sqrt{3}}{16}b^4 = 0.5413b^4$

| 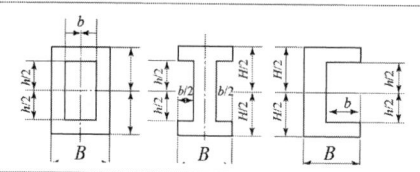 | $BH-bh$ | $\frac{1}{12}(BH^3-bh^3)$ | $\frac{1}{6} \cdot \frac{(BH^3-bh^3)}{H}$ |

예제 폭이 5[cm], 높이가 10[cm]의 단면을 갖는 보에 굽힘 모멘트 1,000[kgf·cm]가 작용할 때 보에 생기는 굽힘응력 σ_b은 약 몇 [kgf/cm²]인가?
① 120 ② 240
③ 340 ④ 480

예제 비틀림을 받는 원형 단면축의 극관성 모멘트는? (단, d : 원형 단면의 지름)
① $\frac{\pi d^3}{16}$ ② $\frac{\pi d^3}{32}$
③ $\frac{\pi d^4}{16}$ ④ $\frac{\pi d^4}{32}$

6 비틀림

비틀림보에서 한 끝을 고정하고 다른 한 쪽 끝을 회전하면 보에 비틀림이 생긴다. 그림에서 ∠BOB′는 비틀림각이다.

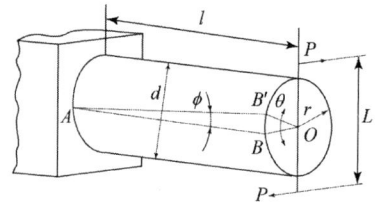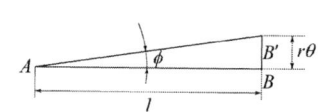

▲ 축의 비틀림과 응력

(1) 비틀림 모멘트(T)

$$(\text{비틀림 모멘트}) T = \tau_{\max} \times Z_P$$

여기서, $\tau_{\max}$(비틀림 전단응력), Z_P:극단면계수

(2) 비틀림각(θ)

$$(비틀림각)\theta = \frac{Tl}{GI_P}[\text{rad}]$$

여기서, T : 비틀림 모멘트
  l : 보의 길이
  G : 횡탄성계수
  I_P : 극단면 2차 모멘트

(3) 동력, 비틀림, 회전수의 관계

$$T = 716.2\frac{H_{ps}}{N}[\text{kg}\cdot\text{m}] = 7018.76\frac{H_{ps}}{N}[\text{J}], T = 974\frac{H_{kW}}{N}[\text{kg}\cdot\text{m}] = 9545.2\frac{H_{kW}}{N}[\text{J}]$$

여기서, H_{ps} : 전달동력[PS]
  H_{kW} : 전달동력[kW]
  N : 회전수

예제 지름이 d인 원형 단면의 허용 비틀림 응력을 τ라 할 때, 이 봉이 받는 허용 비틀림 모멘트는 다음 중 어느 것인가?

① $\frac{\pi d^3}{16}\tau$ ② $\frac{\pi d^4}{16}\tau$

③ $\frac{\pi d^3}{32}\tau$ ④ $\frac{\pi d^4}{32}\tau$

예제 다음 중 원형 단면축에 작용하는 비틀림 모멘트 T와 비틀림각 θ와의 관계식으로 옳은 것은? (단, G는 전단탄성계수, I_p는 극관성 모멘트, l은 축의 길이이다.)

① $\theta = \frac{GI_p}{Tl}$ ② $\theta = \frac{GI_p}{T^2l^2}$

③ $\theta = \frac{Tl}{GI_p}$ ④ $\theta = \frac{T^2l^2}{GI_p}$

06 단원연습문제

01 조립된 기계 부품의 세부 항목에 대한 안전율을 결정하는 데는 여러 가지 변수가 있다. 안전율을 결정하는 요소가 아닌 것은?

① 재료의 품질
② 공작기계의 정도
③ 하중과 응력 계산의 정확성
④ 하중의 종류에 따른 응력의 성질

02 비틀림이 작용할 때 재료의 단면에 생기는 응력은?

① 전단 ② 압축
③ 인장 ④ 굽힘

03 탄소강의 응력-변형 곡선에서 항복점은?

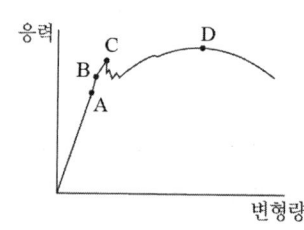

① A ② B
③ C ④ D

04 단순보의 한 지지점으로부터 스팬 길이의 1/3되는 점에 한 개의 집중하중이 작용할 때 최대 처짐이 생기는 위치는?

① 중앙점 부근
② 양단 지지점
③ 하중이 작용하는 지점
④ 지지점과 하중이 작용하는 점의 중간점

05 연강재료를 인장시험할 때 비례한도 내에서 응력(P)과 변형률(ε)과의 관계는?

① $P \propto \varepsilon$
② $P \propto \varepsilon^2$
③ $P \propto \dfrac{1}{\varepsilon}$
④ $P \propto \dfrac{1}{\varepsilon^1}$

06 비틀림을 받는 원형 봉에서의 최대 전단 응력을 구하는 식은?

① (비틀림 모멘트 × 봉의 지름) / 극단면계수
② (비틀림 모멘트 × 봉의 반지름) / 극단면계수
③ (비틀림 모멘트 × 봉의 지름) / 극관성 모멘트
④ (비틀림 모멘트 × 봉의 반지름) / 극관성 모멘트

07 단면이 사각형인 단순보의 중앙에 집중하중이 작용할 때 최대 처짐에 대한 설명 중 틀린 것은? (단, 지지점 사이의 거리를 L이라 한다)

① 하중에 정비례한다.
② L의 3승에 비례한다.
③ 보의 폭에 반비례한다.
④ 보의 높이의 제곱에 반비례한다.

08 같은 재료에서도 하중의 상태에 따라 안전율을 정해야 하는데, 다음 중 안전율을 가장 크게 정해야 하는 하중은?

① 교하중
② 반복하중
③ 충격하중
④ 정하중

09 길이 500[mm] 봉이 인장하중을 받아 0.5[mm]만큼 늘어났을 때 인장변형률은?

① 0.001
② 0.01
③ 100
④ 1,000

10 스팬 2[m]인 단순보의 중앙에 1,000[kgf]의 집중하중이 작용할 때 최대 휨모멘트는 몇 [kgf·m]인가?

① 250
② 500
③ 25,000
④ 50,000

11 비틀림 모멘트가 작용하는 원형축에 관한 설명으로 옳지 않은 것은?

① 비틀림응력은 반지름에 비례한다.
② 비틀림각은 원형축 길이에 비례한다.
③ 비틀림응력은 극관성 모멘트에 반비례한다.
④ 축의 중심에서 최대 비틀림응력이 발생된다.

12 50,000[kgf·cm]의 굽힘 모멘트를 받는 단순보의 단면계수가 100[cm³]이면 이 보에 발생되는 굽힘 응력[kgf/cm²]은?

① 250
② 500
③ 750
④ 1000

13 길이 30[cm]의 봉이 인장력을 받아 1.5[mm] 신장되었을 때 길이 방향 변형률은?

① 1.33×10^{-3}
② 1.33×10^{-2}
③ 5.0×10^{-3}
④ 5.0×10^{-2}

14 길이 60[cm], 지름 2[cm]의 연강 환봉을 2,000[N]의 힘으로 길이 방향으로 잡아당길 때 0.018[cm]가 늘어난 경우 변형률(strain)은?

① 0.0003
② 0.003
③ 0.009
④ 0.09

15 전단력과 휨 모멘트의 변화 상태에 대한 다음 설명 중 올바른 것은?

① 전단력이 직선적으로 변화할 때는 휨 모멘트는 2차 함수로 변화한다.
② 전단력이 직선적으로 변화할 때는 휨 모멘트도 직선적으로 변화한다.
③ 전단력이 변화하지 않을 때는 휨 모멘트도 기준선에 평행한 직선이다.
④ 전단력이 0일 때는 휨 모멘트는 3차 곡선적으로 변화한다.

16 6,300[rpm]으로 2.5[kW]를 전달시키고 있는 축의 비틀림 모멘트는 몇 [kgf·mm]인가?

① 2420
② 5240
③ 7120
④ 8120

17 300[rpm]으로 2.5[kW]를 전달시키고 있는 축의 비틀림 모멘트는 약 몇 [N·m]인가?

① 46.3
② 59.6
③ 63.2
④ 79.6

18 지름 30[mm], 길이 200[mm] 둥근 봉에 인장하중이 작용하여 길이가 200.12[mm]로 늘어났다. 세로 변형률은 얼마인가?

① 6×10^{-4}
② 15×10^{-3}
③ 6×10^{-3}
④ 15×10^{-2}

19 동일한 크기의 전단응력이 작용하는 원형 단면보의 지름을 2배로 하면 전단응력은 얼마로 감소하는가?

① 1/2
② 1/8
③ 1/4
④ 1/16

20 재료의 다음 성질 중 열응력과 가장 관계 깊은 것은?

① 경도
② 선팽창 계수
③ 피로한도
④ 인장강도

21 단순보의 전 길이(L)에 걸쳐 균일 분포하중이 작용할 때 최대 굽힘 모멘트는 보의 어느 지점에서 일어나는가?

① 양끝 지점
② 중앙 $\frac{1}{2}L$ 지점
③ 양끝에서 $\frac{1}{3}L$ 되는 지점
④ 양끝에서 $\frac{1}{4}L$ 되는 지점

22 인장강도가 4,200[kgf/mm²]인 연강봉이 있다. 안전율이 10이면 허용응력은 몇 [kgf/mm²]인가?

① 42
② 420
③ 280
④ 42000

23 그림과 같이 길이 l인 단순보의 중앙에 집중하중 W를 받는 때 최대 굽힘 모멘트 ($M_{\max}$ 점)는 얼마인가?

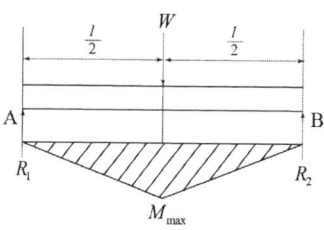

① $\dfrac{Wl^2}{2}$ ② $\dfrac{Wl}{2}$

③ $\dfrac{Wl^2}{4}$ ④ $\dfrac{Wl}{4}$

24 강 구조물 재료에서 인장강도(σ_u), 허용응력(σ_a), 사용응력(σ_w)과의 관계로 다음 중 적합한 것은?

① $\sigma_u > \sigma_w \geqq \sigma_a$ ② $\sigma_u > \sigma_a \geqq \sigma_w$

③ $\sigma_w > \sigma_u \geqq \sigma_a$ ④ $\sigma_w > \sigma_a \geqq \sigma_u$

25 15[℃]에서 양끝을 고정한 봉이 35[℃]가 되었다면 이 봉의 내부에 생기는 열응력은 어떤 응력이고 몇 [kgf/cm²]인가? (단, 봉의 세로 탄성계수는 $E = 2.0 \times 10^6$[kgf/cm²]이고 선팽창계수는 $\alpha = 12 \times 10^{-6}$/[℃]이다.)

① 압축응력 : 240 ② 인장응력 : 240

③ 압축응력 : 480 ④ 인장응력 : 480

26 지름이 4[cm]인 봉에 20[kgf-m]의 비틀림 모멘트가 작용하고 있다. 봉에 발생되는 최대 전단응력은 몇 [kgf/cm²]인가?

① 159 ② 163

③ 185 ④ 127

27 한 변의 길이가 9[cm]인 정사각형 외팔보의 최대 굽힘 응력이 120[kgf/cm²]일 때 최대 몇 [kgf/cm]까지의 굽힘 모멘트에 견디는가?

① 12540 ② 14580

③ 16720 ④ 18420

28 지름 10[mm], 길이 1[m]인 연강 환봉이 하중 1[t]을 받아 0.6[mm] 신장했다고 한다. 이 봉에 발생하는 응력은 약 몇 [MPa]인가?

① 1.25　　　　　　　　② 12.5
③ 125　　　　　　　　　④ 1250

29 폭 8[cm], 높이 15[cm]의 사각형 단면보에 굽힘 모멘트 $M = 15,000$[kgf·cm]가 작용했을 때 생기는 굽힘응력 σ_b는 몇 [kgf/cm²]인가?

① 50　　　　　　　　　② 100
③ 150　　　　　　　　　④ 200

30 단면이 60[mm]×35[mm]인 장방향 보에 발생하는 압축응력이 5[N/mm²]일 경우 몇 [kN]의 압축력이 작용하였는가?

① 5.75　　　　　　　　② 10.5
③ 21.0　　　　　　　　④ 42.0

31 길이 3[m]의 4각 단면봉이 압축하중을 받아 0.0002의 세로변형률을 일으켰다면 수축량은 몇 [cm]인가?

① 0.0006　　　　　　　② 0.0015
③ 0.015　　　　　　　　④ 0.06

32 그림과 같은 단순보에서 R_A[kN]와 R_B[kN]의 값으로 적절한 것은?

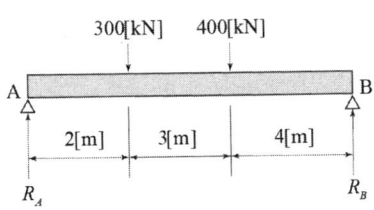

① $R_A = 396.8$, $R_B = 303.2$
② $R_A = 411.1$, $R_B = 288.9$
③ $R_A = 432.3$, $R_B = 267.7$
④ $R_A = 467.4$, $R_B = 232.6$

33 원형 단면축이 비틀림 모멘트를 받을 때 생기는 최대 전단응력에 관한 설명으로 옳지 않은 것은?

① 극단면 계수에 비례한다. ② 비틀림 모멘트에 비례한다.
③ 극관성 모멘트레 반비례한다. ④ 축 지름의 3제곱에 반비례한다.

34 폭이 5[cm], 높이가 10[cm]의 단면을 갖는 보에 굽힘 모멘트 1,000[kgf·cm]가 작용할 때 보에 생기는 굽힘응력 σ_b은 약 몇 [kgf/cm²]인가?

① 120 ② 240
③ 340 ④ 480

35 단면적 20[cm²]의 재료에 6000[kgf]의 전단하중이 작용하고 있을 때 이 재료의 전단변형률은? (단, $G = 0.8 \times 10^6$[kgf/cm²]이다.)

① 2.81×10^{-4} ② 3.75×10^{-3}
③ 2.81×10^{-3} ④ 3.75×10^{-4}

36 포와송비(poisson's ratio)에 대하여 옳게 설명한 것은?

① 종변형률과 횡변형률의 곱이다.
② 전단응력과 횡탄성계수의 곱이다.
③ 횡변형률을 종변형률로 나눈 값이다.
④ 수직응력과 종탄성계수를 곱한 값이다.

37 탄성한도 내에서 인장하중을 받는 봉의 허용응력이 2배가 되면 안전율은 처음에 비해 몇 배가 되는가?

① 1/4배 ② 2배
③ 1/2배 ④ 4배

38 중공단면축의 바깥지름 $d_0 = 5$[cm], 안지름 $d_1 = 3$[cm], 허용전단응력 $\tau_a = 300$[kgf/cm²]일 때 비틀림 모멘트는?

① 4528[kgf·cm²] ② 5510[kgf·cm²]
③ 7405[kgf·cm²] ④ 6406[kgf·cm²]

39 지름이 구간에 따라 일정하지 않은 봉의 최대지름이 50[mm]이고 최소지름이 25[mm]이다. 5000[kgf]의 인장하중이 작용할 때 봉에 작용하는 최대 인장응력은 약 몇 [kgf/mm²]인가?

① 2.55
② 40.8
③ 20.4
④ 10.2

40 다음 중 보의 처짐량을 구하는 방법으로 틀린 것은?

① 중첩법을 이용하는 방법
② 면적 모멘트를 이용하는 방법
③ 소성 에너지를 이용하는 방법
④ 처짐곡선의 미분방정식을 이용하는 방법

41 스팬 l인 양단 지지보의 중앙에 집중하중 P가 작용하는 경우 최대 굽힘 모멘트 $M_{\max}$는?

① $\dfrac{Pl}{4}$
② $\dfrac{Pl}{2}$
③ $\dfrac{Pl^2}{2}$
④ $\dfrac{Pl^2}{4}$

42 보의 전 길이에 걸쳐서 균일분포하중을 받는 단순보가 있다. 처짐에 관한 설명 중 잘못된 것은?

① 처짐량은 종탄성계수에 반비례한다.
② 처짐량은 단면 2차 모멘트에 반비례한다.
③ 처짐량은 보의 길이의 4제곱에 비례한다.
④ 처짐각은 보의 길이의 4제곱에 비례한다.

43 안전계수와 프와송 비를 나타낸 식으로 가장 옳게 짝지어진 것은?

① 안전계수 = 허용응력 / 인장강도
   프와송 비 = 세로 변형률 / 가로 변형률
② 안전계수 = 허용응력 / 인장강도
   프와송 비 = 가로 변형률 / 세로 변형률

③ 안전계수 = 인장강도 / 허용응력
   프와송 비 = 세로 변형률 / 가로 변형률
④ 안전계수 = 인장강도 / 허용응력
   프와송 비 = 가로 변형률 / 세로 변형률

44 보 속의 굽힘 응력에 대한 설명으로 옳은 것은?

① 중립면으로부터의 거리에 비례한다.
② 중립면에서 굽힘응력이 최대로 된다.
③ 세로탄성계수에 반비례한다.
④ 굽힘 곡률반지름에 비례한다.

45 지름이 d인 원형 단면의 허용 비틀림 응력을 τ라 할 때, 이 봉이 받는 허용 비틀림 모멘트는 다음 중 어느 것인가?

① $\dfrac{\pi d^3}{16}\tau$ ② $\dfrac{\pi d^4}{16}\tau$

③ $\dfrac{\pi d^3}{32}\tau$ ④ $\dfrac{\pi d^4}{32}\tau$

46 보 속에 발생하는 굽힘응력의 크기에 대한 설명 중 옳은 것은?

① 굽힘 모멘트의 크기에 반비례한다.
② 굽힘응력은 중립면에서 최댓값을 갖는다.
③ 중립면으로부터 거리에 정비례한다.
④ 단면의 중립축에 대한 단면 2차 모멘트에 정비례한다.

47 물체의 외부로부터 가해지는 하중을 작용방향에 따른 분류와 작용시간에 따른 분류로 구분할 때 다음 중 작용시간에 따른 분류에 속하는 하중은?

① 충격하중   ② 인장하중
③ 압축하중   ④ 굽힘하중

48 지름이 d인 원형 단면봉에 비틀림 토크가 작용할 때 전단응력이 τ 이라고 하면, 지름이 $3d$인 동일 재질의 원형 단면봉에 동일한 비틀림 토크가 작용할 때의 전단응력[τ]은?

① $\dfrac{1}{9}$ ② 9

③ $\dfrac{1}{27}$ ④ 27

49 균일분포하중($w[\mathrm{N/m}]$)을 받는 외팔보의 최대 굽힘 모멘트($M_{\max}$)는? (단, $L[\mathrm{m}]$: 외팔보의 길이)

① $M_{\max} = w \cdot L$ ② $M_{\max} = \dfrac{wL^2}{2}$

③ $M_{\max} = \dfrac{wL^2}{8}$ ④ $M_{\max} = \dfrac{wL}{4}$

50 단면적 400[mm²]인 봉에 6[kN]의 추를 달았더니 허용인장응력에 도달하였다. 이 봉의 인장강도가 30[MPa]이라면 안전율은 얼마인가?

① 2   ② 3
③ 4   ④ 5

51 그림과 같이 물체에 하중(W_s)을 작용시키면 단면에 수평으로 작용하는 응력(τ)을 무엇이라고 하는가?

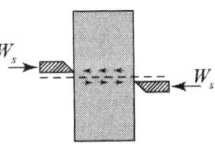

① 인장응력   ② 전단응력
③ 압축응력   ④ 경사응력

52 기계구조물에 여러 하중이 각각 작용할 때 일반적으로 안전율을 가장 크게 설계해야 하는 하중의 형태는?

① 정하중   ② 반복하중
③ 충격하중   ④ 교번하중

53 강판의 두께 12[mm], 리벳의 지름 20[mm], 피치 50[mm]의 1줄 겹치기 리벳 이음에서 1피치당 하중이 12[kN]일 경우 강판의 인장응력[N/mm²]은 얼마인가?

① 33.3
② 64.2
③ 75.3
④ 86.1

54 원형 단면 봉에 축방향으로 하중이 작용할 때 발생하는 인장응력을 구하는 식으로 옳은 것은?

① $\dfrac{2P}{\pi d^3}$
② $\dfrac{4P}{\pi d^3}$
③ $\dfrac{2P}{\pi d^2}$
④ $\dfrac{4P}{\pi d^2}$

55 직경 4[cm]의 원형 단면봉에 200[kN]의 인장하중이 작용할 때 봉에 발생하는 인장응력은 약 몇 [N/mm²]인가?

① 159.15
② 169.42
③ 171.56
④ 181.85

56 동력을 전달하는 축의 강도설계에서 굽힘과 비틀림을 함께 받는 중실축의 최대 전단응력($\tau_{\max}$)은? (단, 굽힘 모멘트 : M, 비틀림 모멘트 : T, 중실축의 지름 : d)

① $\tau_{\max} = \dfrac{16}{\pi d^3}\sqrt{M^2+T^2}$

② $\tau_{\max} = \dfrac{16}{\pi d^3}(M+\sqrt{M^2+T^2})$

③ $\tau_{\max} = \dfrac{32}{\pi d^4}(\sqrt{M^2+T^2})$

④ $\tau_{\max} = \dfrac{32}{\pi d^4}(M+\sqrt{M^2+T^2})$

57 강체 원형봉을 토션바(torsion bar)로 사용하고자 할 때 원형봉에 발생하는 최대 전단응력에 대한 설명으로 틀린 것은? (단, 원형봉에 발생하는 최대 전단응력, 원형봉의 지름, 길이, 재질, 비틀림 각도만을 고려하며, 각 보기항에서 지시하지 않는 다른 항목은 일정하다고 가정한다.)

① 최대 전단응력은 비틀림각에 비례한다.
② 최대 전단응력은 원형 봉의 길이에 비례한다.
③ 최대 전단응력은 전단탄성계수에 반비례한다
④ 최대 전단응력은 원형봉 지름에 비례한다.

58 비틀림을 받는 원형 단면축의 극관성 모멘트는? (단, d : 원형 단면의 지름)

① $\dfrac{\pi d^3}{16}$ ② $\dfrac{\pi d^3}{32}$

③ $\dfrac{\pi d^4}{16}$ ④ $\dfrac{\pi d^4}{32}$

59 너비 6[cm], 높이 8[cm] 직사각형 단면에서 사용할 수 있는 최대 굽힘 모멘트의 크기는 몇 [N · m]인가?

① 64   ② 640
③ 6,400   ④ 64,000

60 그림과 같은 구조물에서 AB 부재에 작용하는 인장력은 약 몇 [N]인가?

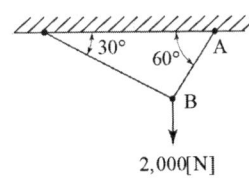

① 1,232   ② 1,309
③ 1,732   ④ 2,309

61 재료의 인장강도가 4,500[N/mm²]인 연강제의 허용응력이 374[N/mm²]이라면 안전율은?

① 10
② 11
③ 12
④ 13

62 축의 비틀림 강도를 고려하여 원형축에 비틀림 모멘트를 가했을 때 비틀림 각을 구할 수 있다. 비틀림각에 관한 설명으로 옳지 않은 것은?

① 비틀림 모멘트와 비틀림 각은 비례한다.
② 비틀림 각은 극관성 모멘트에 비례한다.
③ 횡탄성계수가 작을수록 비틀림 각은 증가한다.
④ 축길이가 증가할수록 비틀림 각은 증가한다.

63 그림과 같이 물체 A와 바닥 B의 표면에 수직하중(P) 150[N]이 작용할 때 물체 A를 이동시켜 150[N]의 마찰력(Q)이 발생한다면 마찰각은?

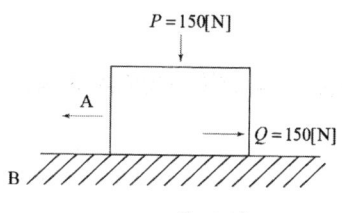

① 15°
② 30°
③ 45°
④ 90°

64 비례한도 이내에서 응력과 변형률이 정비례한다는 것은 다음 중 어느 법칙인가?

① 오일러의 법칙
② 변형률의 법칙
③ 훅의 법칙
④ 모더의 법칙

65 비틀림 모멘트를 받는 원형 단면축에 발생되는 최대 전단응력은?

① 축지름이 증가하면 최대 전단응력은 감소한다.
② 단면계수가 감소하면 최대 전단응력은 감소한다.
③ 축의 단면적이 증가하면 최대 전단응력은 감소한다.
④ 가해지는 토크가 증가하면 최대 전단응력은 감소한다.

66 지름이 4[mm]인 강선이 그림과 같이 반지름이 500[mm]인 원통 위에서 휘어져 있을 때 최대 굽힘 응력은 몇 [kgf/cm²]인가? (단, $E = 2.0 \times 10^6 \text{kgf}/\text{cm}^2$)

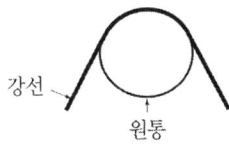

① 796.8　　　　　　　　② 1593.6
③ 7,968　　　　　　　　④ 15,936

67 최대 인장력 2,000[N]을 받을 수 있는 단면적 20[mm²]인 특수강의 안전율이 4일 때 허용인장응력은 몇 [MPa]인가?

① 25　　　　　　　　② 41
③ 250　　　　　　　　④ 400

68 다음 중 원형 단면축에 작용하는 비틀림 모멘트 T와 비틀림각 θ와의 관계식으로 옳은 것은? (단, G는 전단탄성계수, I_p는 극관성 모멘트, l은 축의 길이이다.)

① $\theta = \dfrac{GI_p}{Tl}$　　　　　　　　② $\theta = \dfrac{GI_p}{T^2 l^2}$
③ $\theta = \dfrac{Tl}{GI_p}$　　　　　　　　④ $\theta = \dfrac{T^2 l^2}{GI_p}$

69 둥근축에 작용하는 굽힘 모멘트가 3,000[N·mm]이고, 축의 허용 굽힘응력이 10[N/mm²] 일 때 축의 바깥지름은 약 몇 [mm] 이상이어야 하는가?

① 7.4[mm]　　　　　　　　② 13.2[mm]
③ 14.5[mm]　　　　　　　　④ 55.3[mm]

70 비례한도 내에서 인장시험을 할 때 늘어난 길이 $\triangle L$에 관한 공식으로 옳은 것은? (단, E는 재료의 세로탄성계수, P는 인장하중, L은 시험편의 초기 길이, A는 시험편의 초기 단면적이다.)

① $\triangle L = \dfrac{PA}{LE}$　　　　　　　　② $\triangle L = \dfrac{LE}{PA}$
③ $\triangle L = \dfrac{PL}{AE}$　　　　　　　　④ $\triangle L = \dfrac{AE}{PL}$

71 허용 인장응력이 100[N/mm²]인 아이볼트에 축방향으로 1[t]의 화물을 들어 올리는 경우, 이 볼트의 골지름은 최소 몇 [mm] 이상이어야 하는가?

① 9.8
② 11.2
③ 13.4
④ 16.9

72 길이 300[mm]인 구리봉 양단을 고정하고 20[℃]에서 70[℃]로 가열하였을 때 열응력에 의해 발생되는 압축응력[N/mm²]은? (단, 구리봉의 세로탄성계수 = 9.2×10³[N/mm², 선팽창계수(α) = 1.6×10⁻⁵/℃이다.)

① 6.28
② 7.36
③ 8.39
④ 10.2

유체기계

01 유체기계 기초이론
02 수력기계
03 유압기계
04 공압기계

CHAPTER 01 유체기계 기초이론

유체기계란 액체 및 기체를 작동물질로 하여 위치 에너지를 압력 및 속도 에너지로 만들어 동력을 얻는 기계를 말하며, 그 종류에는 수력기계, 유압기계, 공기기계 등이 있다.

1 수력기계

(1) 펌프의 분류

① 터보형(turbo type)
  ㉠ 원심형 : 볼류트 펌프와 터빈펌프(디퓨저 펌프)가 있다.
  ㉡ 사류형(diagonal flow type)
  ㉢ 축류형(axial flow type)

② 용적형
  ㉠ 왕복형 : 피스톤 펌프와 플런저 펌프가 있다.
  ㉡ 회전형 : 기어펌프와 베인펌프, 나사펌프가 있다.

③ 특수형
  ㉠ 분사펌프(분류펌프, 제트펌프) : 고속분류로서 액체 또는 기체를 수송하는 펌프이다.
  ㉡ 공기 양수펌프
  ㉢ 수격펌프
  ㉣ 점성펌프

(2) 수차(水車)의 분류

① 충격수차 : 송풍기와 풍차가 있다.
② 반동수차 : 프란시스 수차, 프로펠러 수차, 카플란 수차 등이 있다.

> **예제** 다음 중에서 터보형(Turbo type) 펌프에 속하지 않는 것은?
> ① 원심식 펌프   ② 왕복식 펌프
> ③ 축류식 펌프   ④ 사류식 펌프
>
> **예제** 유압 펌프의 종류 중 회전식이 아닌 것은?
> ① 피스톤 펌프   ② 기어 펌프
> ③ 베인 펌프   ④ 나사 펌프

2 유압기기

유압기기는 파스칼의 원리를 이용한 기기이며, 유압펌프, 액추에이터, 제어밸브 등으로 구성되어 있다.

> **예제** 밀폐된 용기에 넣은 정지 유체의 일부에 가해지는 압력은 유체의 모든 부분에 동일한 힘으로 전달된다는 유압장치의 기초가 되는 원리 또는 법칙은?
> ① 뉴튼의 제1법칙   ② 보일·샤를의 법칙
> ③ 파스칼의 원리   ④ 아르키메데스의 원리

3 공기기계

(1) 고압형
고압형 공기기계에는 압축기, 진공펌프, 압축 공기기계 등이 있다.

(2) 저압형
저압형 공기기계에는 송풍기와 풍차가 있다.

CHAPTER 02 수력기계

1 원심펌프(centrifugal pump)

(1) 원심펌프의 특징

① 이 펌프는 1개 또는 여러 개의 임펠러(impeller)에 의하여 유체의 이송작용을 하거나 압력을 발생시키는 형식이며, 양정이 크고 양수량이 많을 때 적합하다.
② 소형 경량이며, 구조가 간단하여 다루기가 쉽다.
③ 고속회전이 가능하고, 펌프의 효율이 높다.
④ 맥동(脈動) 발생이 적다.

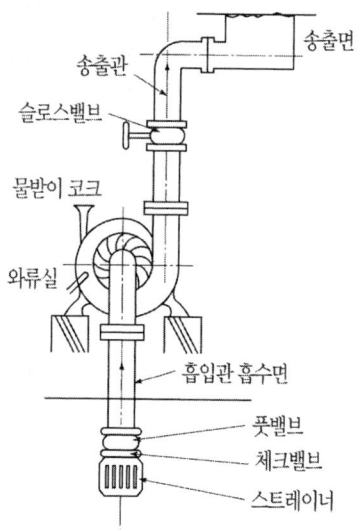

▲ 원심펌프의 구조

(2) 원심펌프의 종류

① 안내깃(guide vane) 유무

㉠ 볼류트 펌프(volute pump) : 회전차의 바깥둘레(外周)에 안내 날개가 없어, 물을 날개차에서 직접 와류실로 유도하는 형식이다. 이 펌프는 날개 1단이 발생하는 양정이 낮은 곳에서 사용되는 것으로서 구조가 간단하고 고장도 적다. 또한, 효율도 좋은 편이며 양수량의 변화에 따른 효율 감소율이 적다.

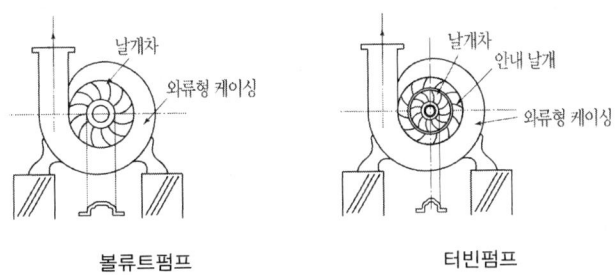

▲ 원심펌프의 종류

㉡ 터빈펌프(디퓨저 펌프, turbine or diffuser pump) : 회전차의 바깥둘레에 안내 날개를 가진 원심펌프로서 안내 날개에 의해서 날개차 출구에서의 물의 흐름을 감속시켜 속도 에너지를 압력 에너지로 변환시키는 역할을 한다. 안내 날개는 고정되어 있어 회전하지는 않는다. 터빈펌프는 볼류트 펌프에 비해 기계 효율이 좋으며 더 높은 양정을 얻을 수 있다. 특히 높은 양정과 높은 압력이 필요할 경우에는 1축에 여러 개의 날개차를 배열하여 설치한 다단 터빈펌프를 사용한다.

> **TIP** 안내깃의 작용 : 안내깃의 작용은 배출 양정을 향상시키기 위해 임펠러에서 얻은 속도 에너지를 배출해 보다 적합한 에너지로 변환시키는 작용을 한다.

② 임펠러의 형상

㉠ 반경류형(radial flow pump) : 유체가 임펠러를 통과할 때 유체의 경로가 축에 수직인 평면 내를 반지름 방향으로 유출되는 형식이다.

㉡ 혼류형(mixed flow pump) : 깃(날개) 입구에서 출구에 이르는 사이의 반지름 방향과 축방향과의 유동이 조합된 형식이다.

> **예제** 원심펌프에서 케이싱(casing)을 스파이럴(spiral)로 만드는 가장 중요한 이유는?
> ① 손실을 적게 하기 위하여
> ② 축추력을 방지하기 위하여
> ③ 축을 모터와 직결하기 위하여
> ④ 공동현상(cavitation)을 적게 하기 위하여

(3) 펌프의 크기와 양정

① 펌프의 크기 표시방법 : 펌프의 크기는 펌프의 흡입구경과 배출구경으로 표시한다.

② 흡입·배출구의 속도

$$V_S = K_S\sqrt{2gH}$$

여기서, K_S : 흡입, 배출구의 유속계수
   g : 중력가속도
   H : 전 양정

③ 흡입·배출구의 지름

$$Q = A_S \cdot V_S \, [\text{m}^3/\text{sec}] \text{에서 } Q = \frac{\pi}{4}D_S^2 \cdot V_S \, [\text{m}^3/\text{sec}]$$

$$D_S = \sqrt{\frac{4Q}{\pi \cdot V_S}}$$

여기서, Q : 양수량 [m³/sec]

> **예제** 관로 내를 흐르는 유체의 평균 유속이 3[m/sec]이고, 유량이 9.9[m³/sec]일 때 관의 단면적은?
> ① 1.65[m²]　　　　　② 29.7[m²]
> ③ 0.3[m²]　　　　　④ 3.3[m²]

(4) 원심펌프의 양정

① 양정(head)이란 펌프의 입구와 출구에 있어서 유체의 단위 중량이 갖는 에너지와의 차이를 말한다.

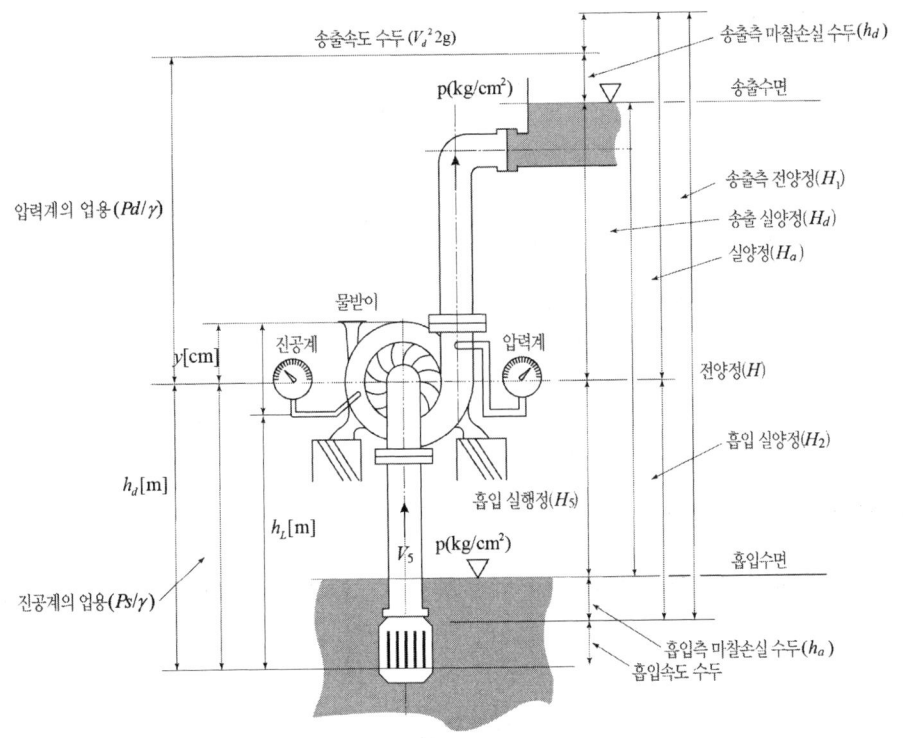

▲ 펌프의 양정

② **실양정(actual head)** : 실양정이란 흡입 수면과 송출 수면과의 수직거리이다.

$$H_a = H_s + H_d$$

여기서, H_a : 실양정(흡입 수면과 송출 수면 사이의 수직 높이)
H_s : 흡입 실양정(펌프의 중심선으로부터 흡입 수면까지의 수직거리)
H_d : 송출 실양정(펌프의 중심선으로부터 송출 수면까지의 수직거리)

③ **전양정(total head)**

$$H = \frac{P_d - P_s}{\gamma} + \frac{v_d^2 - v_s^2}{2g} + y$$

여기서, P_d, P_s : 각각 송출측 압력계와 흡입측 진공계에서의 계기 압력
V_d, V_s : 각각 송출측의 흐름 속도(速度)와 흡입측의 흐름 속도
y : 송출측 압력계기와 흡입측 압력계기(일반적으로 흡입측은 펌프의 중심선과 일치)와의 수직 거리
$\dfrac{v_d^2 - v_s^2}{2g}$: 전 손실 수두

④ 펌프의 회전수

$$N = n\left(1 - \frac{S}{100}\right)$$

$$n = \frac{120f}{P}$$

$$N = n\left(1 - \frac{S}{100}\right) = \frac{120f}{P}\left(\frac{1-S}{100}\right)$$

여기서, n : 전동기의 동기 회전수
P : 전동기의 극수
f : 전원(電源)의 주파수
S : 펌프를 작동할 때 부하때문에 발생한 미끄럼률[%]
N : 펌프의 회전수

(5) 원심펌프의 동력과 효율

① 수동력(water horse power) : 펌프에 의해서 펌프를 지나는 액체에 준 동력을 의미한다.

$$PS[\text{HP}] = \frac{\gamma QH}{75 \times 60}$$

$$\text{kW} = \frac{\gamma QH}{102 \times 60}$$

여기서, γ : 유체의 비중량 $[\text{kgf}/\text{m}^3]$
Q : 송출량 $[\text{m}^3/\text{min}]$
H : 전양정[m]

> **보충정리**
> ① 1[PS]=75[kgf·m/sec], 1[kW]=102[kgf·m/sec]
> ② 단위환산을 위해 분모 60은 유량(Q)의 단위가 [m³/min]인 경우 [min]→[sec]로 바꾸기 위해 존재, 만약 유량(Q)의 단위가 [m³/sec]인 경우 분모 "60"은 생략
> ③ γ(유체의 비중량)=$\gamma_w \times s$, 물의 비중량 : 1,000[kg/cm³], 9,800[N/cm³]
> ④ 물의 비중(s)는 "1" 이다.

> **예제** 총 양정이 90[m], 공급유량 1.56[m³/min]인 펌프의 동력은 약 몇 [PS]가 필요한가?
> (단, 물의 비중은 1이고, 효율은 0.9이다.)
> ① 18.72 ② 31.20
> ③ 34.67 ④ 62.40

② **축동력과 효율** : 축동력은 원동기에 의해서 펌프를 운전하는 데 필요한 동력을 의미한다.

㉠ 전효율(total efficiency, η_t)

$$\eta_t = \frac{L_W}{L}$$

여기서, L_W : 수동력(water horse power)
L : 축동력(shaft horse power) 혹은 제동동력(brake horse power)

㉡ 체적효율(volumetric efficiency, η_v) : 펌프의 회전부분과 고정부분 사이의 간극을 통해서 유량 손실이 발생한다. 즉, 펌프 출구에서 유효한 유량은 회전차를 통과한 유량보다 누설된 양만큼 적다. 이 두 양의 비율을 체적효율이라 한다. 일반적으로 체적효율은 0.90~0.95이다.

$$\eta_v = \frac{Q}{Q + \Delta Q}$$

여기서, Q : 펌프의 송출유량(펌프가 실제로 송출관 쪽으로 압송하는 유량)
$Q + \Delta Q$: 회전차 속을 지나는 유량
ΔQ : 누설된 유량

㉢ 기계효율(mechanical efficiency, η_m) : 회전차에 의하여 실제로 흡수되고 수두로 변환된 동력의 펌프측에 공급된 동력에 대한 비를 기계효율이라 한다. 일반적으로 기계효율의 범위는 0.90~0.97이다.

$$\eta_m = \frac{L - L_m}{L} = \frac{\gamma H_{th}(Q + \Delta Q)}{(75 \times 60)L}$$

여기서, L : 축동력
L_m : 기계손실 동력

㉣ 수력효율(hydraulic efficiency, η_h) : 펌프가 실제로 내는 양정의 깃수가 유한인 경우의 이론 양정에 대한 비로 표시한다. 일반적으로 수력효율의 범위는 0.80~0.96이다.

$$\eta_h = \frac{H}{H_{th}} = \frac{H_{th} - h_I}{H_{th}}$$

여기서, h_I : 펌프 내에서 생기는 수력 손실
H : 펌프의 실제 양정
H_{th} : 이론 양정(깃수 유한)

③ 펌프의 전효율(η)

$$\eta = (기계효율) \times (수력효율) \times (체적효율) = \eta_m \times \eta_h \times \eta_v$$

$$\eta = \frac{L_w}{L} = \frac{Q}{Q+\Delta Q} \times \frac{\gamma H_{th}(Q+\Delta Q)}{(75 \times 60)L} \times \frac{H}{H_{th}}$$

> **예제** 원심펌프에서 전효율이 80[%], 송출유량이 2[m³/min]이다. 이 펌프의 수력효율이 90[%], 기계효율이 90[%]일 때 체적효율은 약 몇 [%]인가?
> ① 92　　　　　② 95
> ③ 97　　　　　④ 99

(6) 원심펌프의 발생 손실

① 수력손실

　㉠ 마찰손실 : 펌프의 흡입 노즐에서 송출 노즐까지 이르는 유로 전체에서 발생하는 손실이다.

　㉡ 부차적 손실(minor loss) : 회전차, 안내깃, 와류실, 송출 노즐에 유체가 흐를 때 와류에 의해서 발생하는 손실이다.

　㉢ 충돌손실 : 회전차의 깃 입구와 출구에 있어서 발생하는 충돌에 의한 손실이다.

② 누설손실

　㉠ 펌프에서는 펌프의 회전부분과 고정되어 있는 케이싱 부분 사이에 반드시 틈(간극)이 존재한다. 이 틈을 통해서 압력이 높은 부분에서 낮은 부분으로 누설되는 유량을 말한다.

　㉡ 누설부위
　　• 회전차 입구 부분의 웨어링 링(wearing ring) 부분
　　• 축 추력 평형장치 부위
　　• 패킹 박스
　　• 봉수용에 쓰이는 압력수

③ 원판 마찰손실

회전차의 회전에 의하여 그 바깥쪽(케이싱에 접하는 면)에 액체에 의한 마찰손실이 생기는데 이것을 원판 마찰손실이라 한다.

(7) 비교 회전도

① 정의

1개의 임펠러를 형상과 운전상태를 상사(相似)하게 유지하면서 그 크기를 바꾸어 단위 유량에서 단위 양정을 발생시킬 때 그 임펠러에 주어져야 할 매분 회전수(rpm)를 처음(기준이 되는) 임펠러의 비교 회전도라고 한다. 비교 회전도가 같은 임펠러는 상사형이며, 비교 회전속도는 임펠러의 형상을 표시하는 척도가 되며 펌프의 성능을 표시하거나 가장 적합한 회전수를 정하는 데 이용된다.

② 비교 회전도와 펌프 형식

회전수를 일정하게 하면 고 양정 소 유량의 펌프인 경우에는 비교 회전속도의 값이 작고 출구지름에 대하여 폭이 좁다. 반대로 저 양정 대 유량의 펌프일수록 비교 회전속도의 값은 커지고 출구지름에 대한 폭이 커진다. 비교 회전도가 커질수록 출구지름에 대한 출구폭과 입구지름이 점차 커진다. 비교 회전도의 값은 각종 펌프의 구조를 대표하는 기준이 된다.

㉠ 고압펌프(다단형) : 고 양정, 저 유량의 보일러 급수 펌프로 사용
㉡ 중압펌프 : 양수 발전용 펌프로 사용
㉢ 저압펌프 : 중간 양정, 중 유량형
㉣ 혼류형펌프 : 작은 양정, 대 유량형
㉤ 사류펌프 : 중간 양정, 매우 큰 유량형
㉥ 축류펌프 : 매우 작은 양정, 큰 유량형

각종 펌프의 비속도와 특징

번호	1	2	3	4	5	6	7
회전차의 형식							
ns의 범위	80~120	120~150	250~450	450~750	700~1000	800~1200	1200~2300
ns가 잘 사용되는 값	100	150	350	550	800	1100	1500
흐름에 의한 분류	반경류형	반경류형	혼류형	혼류형	사류형	사류형	축류형
전양정[m]	30	20	12	10	8	5	3

양수량 [m³/min]	8 이하	10 이하	10 ~ 100	100 ~ 300	8 ~ 200	8 ~ 400	8 이상
펌프의 명칭	고 양정 원심펌프	고 양정 원심펌프	중 양정 원심펌프	저 양정 원심펌프	사류펌프	축류펌프	축류펌프
	터빈	터빈 볼류트	볼류트	양흡입 볼류트			

(8) 펌프에서 발생하는 이상 현상

① 캐비테이션(cavitation : 공동현상) : 물이 관(pipe) 속을 유동하고 있을 때 물속의 어느 부분의 정압(static pressure), 그때의 물의 온도에 해당하는 증기 압력 이하로 되면 부분적으로 증기가 발생하는 현상을 말한다.

㉠ 발생조건
- 펌프와 흡수면 사이의 수직거리가 너무 멀 때
- 펌프의 물이 고속으로 인하여 유량이 증가할 때(펌프 입구에서 발생)
- 관 속을 유동하고 있는 물속의 어느 부분이 고온일수록 포화 증기압에 비례하여 상승할 때

㉡ 발생할 때의 영향
- 소음과 진동이 생긴다.
- 양정곡선과 효율곡선의 저하가 생긴다.
- 날개(깃)에 침식이 발생한다.

㉢ 방지책
- 펌프의 설치 위치를 가능한 한 낮추어 흡입 양정을 짧게 한다.
- 입축(立軸)펌프를 사용하고, 임펠러가 물속에 완전히 잠기도록 한다.
- 펌프의 회전속도를 낮추어 흡입 비교 회전속도를 적게 한다.
- 양흡입(兩吸入) 펌프를 사용한다.
- 2대 이상의 펌프를 사용한다.

> **예제** 수력기계에서 공동현상(cavitation)이 발생하는 근본 원인은?
> ① 특정 공간에서 유체의 저속 흐름이 원인이다.
> ② 낮은 대기압이 원인이다.
> ③ 특정 공간에서 발생하는 고압이 원인이다.
> ④ 특정 공간에서 발생하는 저압이 원인이다.

② 수격현상(water hammering)
　㉠ 관 속을 가득 차서 흐르는 액체의 속도를 급격히 변화시키면 액체에 심한 압력의 변화가 발생하는 현상이다.
　㉡ 방지책
　　• 관 내의 흐름속도를 낮춘다(단, 관의 지름을 크게 한다).
　　• 펌프에 플라이 휠을 설치하여 펌프의 속도가 급격히 변화하는 것을 방지한다.
　　• 서지탱크(surge tank)를 관선에 설치한다.
　　• 밸브를 펌프 송출구 가까이 설치하고, 밸브를 적당히 조정한다.

③ 서징(surging)현상
　㉠ 펌프나 송풍기(blower) 등이 작동 중에 한숨을 쉬는 것과 같은 상태로 되어, 펌프인 경우에는 입구와 출구의 진공계와 압력계 바늘이 흔들리고 동시에 송출유량이 변화하는 현상이다. 즉, 송출압력과 유량 사이에서 주기적인 변화가 발생하는 현상이다.
　㉡ 발생 원인
　　• 펌프의 양정곡선이 산고 곡선(山高 曲線)이고, 산고 상승부분에서 운전하였을 때
　　• 유량 제어밸브가 탱크 뒤쪽에 있을 때

> **예제** 펌프를 운전할 때 출구와 입구의 압력 변동이 생기고 유량이 변하는 현상을 무엇이라고 하는가?
> ① 서징현상　　　　② 공동현상
> ③ 수격현상　　　　④ 유체 고착현상

④ 축 추력방지 방법
　㉠ 편흡입 회전차에 있어서 전면 측벽과 후면 측벽에 작용하는 정압에 차가 있기 때문에 축방향으로 작용하는 힘을 축 추력이라 한다.
　㉡ 방지책
　　• 스러스트 베어링(thrust bearing)을 사용한다.
　　• 양쪽 흡입형의 회전차를 사용한다.
　　• 평형구멍(balance hole)을 설치한다.
　　• 뒷면 시라우드(back shroud)에 방사상(放射狀)의 리브(rib)를 설치한다.

⑤ 누설방지 장치
　㉠ 축봉장치(shaft seal)

- 패킹 박스(packing box, stuffing box)
- 메커니컬 실(mechanical seal) : 화학공업에서 사용될 때와 같이 여러 종류의 액체를 취급하는 펌프에서 누출을 완전히 방지하기 위해 사용한다.
ⓒ 수봉장치(water sealing) : 이 장치는 주로 흡입쪽에 설치하는 랜턴 링(lantern ring)을 설치하여 외기의 흡입을 방지하는 것이다.

(9) 원심펌프의 운전

① 운전순서
㉠ 가동을 하기 전에 송출밸브를 완전히 닫고 펌프 케이싱 속에 물을 가득 채운다.
㉡ 전동기(motor)인 경우에는 회전방향을 확인하고 가동 조작을 한다.
㉢ 펌프가 소정의 압력을 내는 것을 확인한 다음 서서히 송출밸브를 적당히 열면 일반적인 운전상태로 된다.
㉣ 펌프를 정지할 경우에는 송출밸브를 완전히 닫은 후 전동기를 정지한다.

② 연합 운전방법
㉠ 직렬운전 : 직렬운전은 양정(揚程)의 변화가 커 1대의 펌프로서는 양정이 부족할 때 2대 이상의 펌프를 직렬로 연결하여 사용한다. 즉 직렬운전을 하면 양정은 늘어나고 유량은 일정하게 된다.
㉡ 병렬운전 : 병렬운전은 유량(流量)의 변화가 크고, 1대의 펌프로서는 유량이 부족할 때 2대 이상의 펌프를 병렬로 운전하여 사용한다.

(10) 원심펌프의 특성곡선

원심펌프와 축류펌프에서 회전수와 흡입양정을 일정하게 할 때, 동력(L), 양정(H), 효율(η) 등의 관계를 표시한 것을 특성곡선이라고 한다.

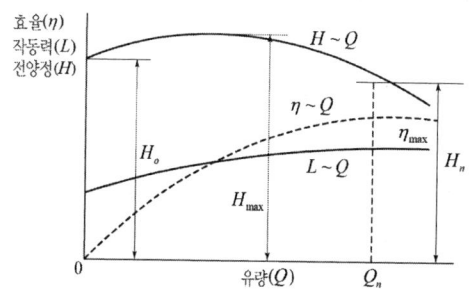

N : 일정
H_n : 일정
$H \sim Q$곡선 : 양정곡선
$L \sim Q$곡선 : 축동력곡선
$\eta \sim Q$: 효율곡선
Q_n : 규정유량
H_n : 규정양정
H_{max} : 최고체절 양정
H_0 : 체절양정(단, 유량 $Q=0$일 때)

▲ 원심펌프의 특성곡선

2 축류펌프(axial flow pump)

(1) 축류펌프의 개요

대 유량, 저 양정(10[m] 이하)에서 사용하며 임펠러가 회전하므로 발생하는 양정에 의해 유체의 압력 및 속도 에너지를 공급하고, 유체를 로터(회전차) 속을 축방향으로 유입하여 로터를 통하여 축방향으로 유출시킨다.

▲ 횡축고정의 축류 펌프

(2) 축류펌프의 특징

① 고속운전에 적합하다.
② 구조가 간단해 취급이 쉽다.
③ foot valve나 배출밸브를 생략할 수 있다.
④ 형체가 작아 가격이 싸고, 설치 면적을 적게 차지하며, 그 기초공사가 쉽다.
⑤ 양정의 변화에 대해 유량의 변화가 적으며, 효율 저하도 적다.

> **TIP** foot valve : 흡입관의 아래 끝에 설치되어 물속에 담겨 있고, 이 속에 체크밸브(check valve)가 설치되어 있어서 펌프의 운전이 정지되었을 때 흡입관 내의 역류를 방지하는 일을 한다. 또한 밸브의 아래 부분에는 스트레이너(strainer)를 부착하여 불순물이 관 속으로 유입되는 것을 방지한다.

3 사류펌프(diagonal flow pump)

원심펌프와 축류펌프의 중간적인 형상을 하고 있고, 소형 경량으로 할 수 있으며 양정의 변화가 심한 경우에도 유량의 변화가 적다.

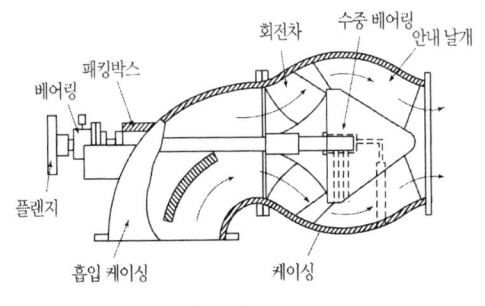

▲ 사류펌프

4 왕복펌프

(1) 왕복펌프의 개요

피스톤이나 플런저의 왕복에 의하여 액체를 흡입하며, 소요의 압력으로 압축하여 보내며 송출 유량은 적으나 고압에서 사용된다.

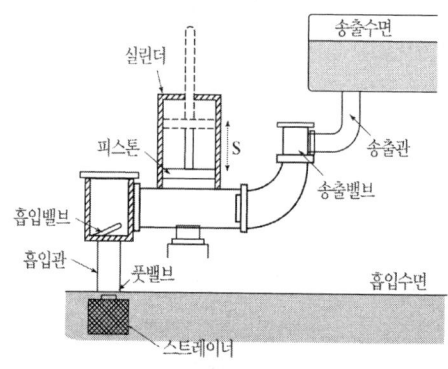

▲ 왕복펌프

(2) 왕복펌프의 특징

① 고압에 적합하며, 송출 압력이 $350[\text{kgf/cm}^2]$ 정도에서는 플런저 펌프를 사용한다.
② 저속이며, 대형이다.
③ 송출압력은 회전속도에 제한을 받지 않는다.

(3) 왕복펌프의 밸브 구비조건

송출관 내의 흐름 변화가 크므로 이것을 방지하기 위해서는 복동단식, 단복동단식으로 실린더 수를 늘려나가면 된다.

① 밸브 개폐가 정확할 것
② 물이 밸브를 통과할 때 저항을 최소한으로 할 것
③ 누출을 완벽하게 방지할 것
④ 개폐작용이 신속하고, 고장이 적을 것
⑤ 내구성이 클 것

> **참고** 왕복펌프의 송출곡선 : 아래 그림에서 표시한 것과 같이 단일 실린더의 경우에는 $\theta = 0 \sim \pi$ 사이에는 액체를 배출하지만 $\theta = 0 \sim 2\pi$ 사이에서는 액체를 흡입하고 배수는 정지된다.

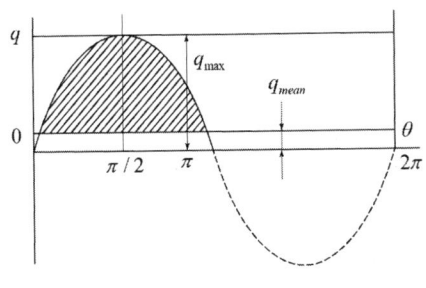

▲ 배수량 곡선

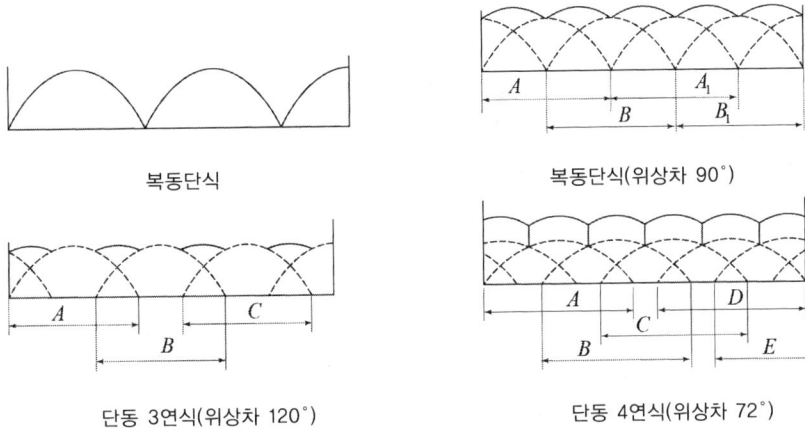

▲ 왕복펌프의 형식과 배수량 곡선

> **예제** 다음 중 왕복펌프의 밸브 구비요건이 아닌 것은?
> ① 물이 밸브를 지날 때의 저항이 최대한 커야 한다.
> ② 밸브의 개폐가 정확해야 한다.
> ③ 누설이 정확하게 방지되어야 한다.
> ④ 내구성이 양호해야 한다.

5 회전펌프(rotary pump)

(1) 베인(날개), 기어, 나사 등을 이용하여 흡입 및 배출밸브 없이 액체를 밀어내는 방식의 펌프를 총칭하는 것이다.

(2) 특징

① 저유량, 고압의 양정에 적합하다.
② 고 점도의 액체에 적합하다.
③ 액체를 연속적으로 배출하므로 맥동이 없다.
④ 역회전이 가능하다.
⑤ 구조가 간단하여 취급이 쉽다.

(3) 회전펌프의 종류

① 기어펌프

건설차량, 산업 건설기계, 산업차량, 렉터, 콤바인 등에 사용되는 펌프로 구조가 소형이며 간단하고 가격이 싸다. 다만, 가변 용량이 곤란하며 누설이 많아 최고압력이 7[MPa] 이하이다.

② 나사펌프

케이싱(casing) 안에 1~3개의 나사봉이 회전하여 케이싱과 나사뿌리와의 사이에 이루어진 부피가 흡입구 쪽으로부터 송출구 쪽으로 이동하는 원리를 이용한 펌프이며 주로 오수처리, 하수처리장 슬러지, 제지공업의 펄프, 각종 플랜트의 고형물을 운반하는 데 사용한다.

③ 베인펌프

펌프실 내에 편심해서 장착된 로터에 2장 이상의 날개가 부착되어, 이것이 펌프실 벽에 압착되면서 회전한다. 송유량은 많지만 날개가 마모되기 쉽다. 이 펌프는 파워 스티어링의 유압펌프에 많이 쓰며 전진 또는 후퇴로 속도를 바꾸거나 진행 중에 변화를 주어야 하는 공작기·프레스 등에도 널리 사용한다.

> **예제** 베인 펌프(vene pump)의 형식은?
> ① 원심식   ② 왕복식
> ③ 회전식   ④ 축류식
>
> **예제** 다음 중 기어펌프에 속하지 않는 것은?
> ① 로브 펌프   ② 트로코이드 펌프
> ③ 스크루 펌프   ④ 베인 펌프

6 수차(water turbine)

(1) 수차란 물이 지니고 있는 위치 에너지를 기계적 에너지로 전환시키는 장치를 말한다.

(2) **수차의 분류**

① 중력 수차

물이 낙하할 때의 중력으로 작동하는 형식이며, 물레방아가 여기에 속한다.

② 충격 수차

물이 가지는 속도 에너지에 의하여 물의 충격으로 수차를 회전시키는 것이며, 펠톤 수차가 여기에 속한다.

③ 반동 수차

물이 가지는 압력과 속도 에너지를 회전차(로터)를 통과하는 사이에 수차에 주어서 회전시키는 형식이며, 프란시스 수차, 프로펠러 수차, 카플란 수차가 여기에 속한다.

> **예제** 다음 중 반동수차가 아닌 것은?
> ① 프란시스 수차   ② 카플란 수차
> ③ 프로펠러 수차   ④ 펠톤 수차

(3) **유효낙차와 출력**

① 유효낙차(effective head)

$$H = H_g - (h_1 + h_2 + h_3)$$

여기서, H_g : 총 낙차(취수 댐 수면과 방수면의 수직 높이) [m]

h_1 : 도수로의 손실수두[m]

h_2 : 수압관 내의 손실수두[m]

h_3 : 방수로의 손실수두[m]

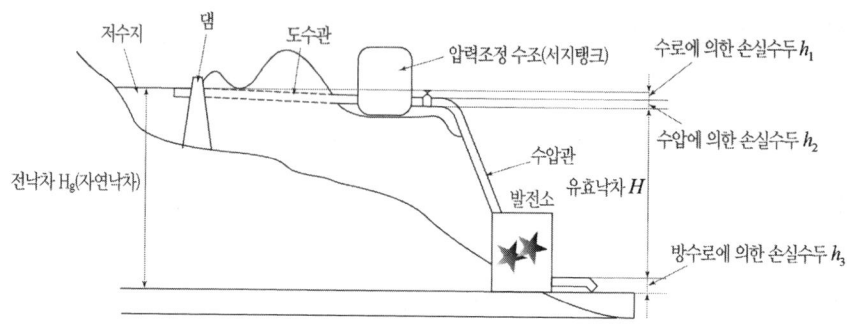

H_a : 실양정(흡입수면과 송출수면 사이의 수직 높이)
H_s : 흡입 실양정(펌프의 중심선으로부터 흡입수면까지의 수직 거리)
H_d : 송출 실양정(펌프의 중심선으로부터 송출수면까지의 수직 거리)

▲ 수차

② 동력(출력)

$$PS = \frac{\gamma HQ}{75}$$

$$kW = \frac{\gamma HQ}{102}$$

※ γ (유체의 비중량)$= \gamma_w \times s$, 물의 비중량 : 1,000[kg/cm³], 9,800[N/cm³]

예제 유효낙차 100[m], 유량 200[m³/sec]인 수력 발전소의 수차에서 이론 출력을 계산하면 몇 [kW]인가?

① 100×103 ② 196×103
③ 300×103 ④ 400×103

---

(4) 각종 수차의 특징

① 펠톤(pelton) 수차

㉠ 1개의 회전차에 여러 개의 분사 노즐을 둘 수 있으며, 에너지는 대부분을 회전차로 전달하는 형식이다.

㉡ 특징

• 비교 회전속도가 적고, 높은 낙차에 적합하다.
• 부하가 급 감소하였을 때 수압관 내의 수격현상을 방지하는 디플렉터를 두고 있다.
• 유량을 조정하는 니들밸브(needle valve)를 사용한다.

▲ 펠톤 수차의 구조

② 프란시스(francis) 수차
　㉠ 낙차 및 수량에 대하여 적용범위가 넓어 25 ~ 550[m]의 중 낙차에서 사용하고 있다.
　㉡ 특징
　　• 배출손실이 적고, 적용 낙차범위가 넓다.
　　• 동일 용량일 때 펠톤 수차보다 소형이다.

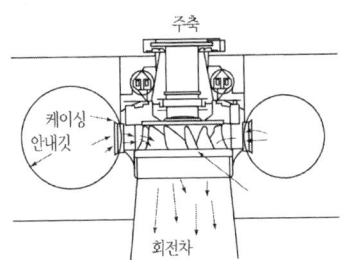 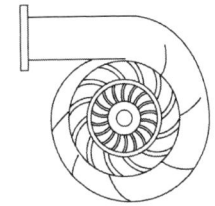

▲ 프란시스 수차

③ 프로펠러(propeller) 수차

이 수차는 90[m] 이하의 저 낙차이며 대 유량인 곳에서 사용한다. 축류형에서는 깃을 회전차의 보스에 고정한 프로펠러 수차와 부하, 낙차의 변화 등에 따라 경사각을 조정하는 카플란 수차 등이 있다.

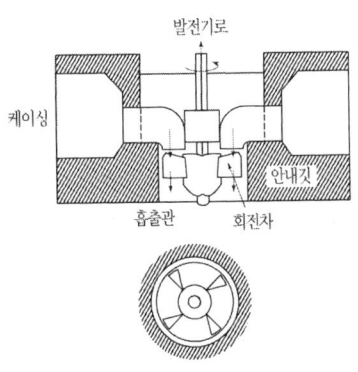

▲ 프로펠러 수차

CHAPTER 03 유압기계

 유압기계는 윤활성이 있는 적당한 점도의 작동유체를 사용하여, 유압펌프에 의하여 작동유체에 압력에너지를 부여하며 관로, 각종 제어밸브 등을 거쳐서 유압모터, 유압실린더에 유도되어 제어된 유압동력에 의하여 소요작동을 하도록 하는 일련의 기계요소 및 그 결합체를 말한다.

1 유압기계의 장·단점

장점	단점
㉠ 입력(input)에 대한 출력(output)의 응답이 빠르다. ㉡ 힘과 속도를 자유로이 변속시킬 수 있다(무단변속이 가능). ㉢ 원격조작(remote control)이 가능하다. ㉣ 과부하에 대한 안전 장치가 간단하고 확실히 할 수 있다. ㉤ 전기적인 조작·조합이 간단하게 된다. ㉥ 적은 장치로 큰 출력을 얻을 수 있으며 그 조절도 용이하다. ㉦ 에너지의 축적이 가능하다. ㉧ 전기적 신호로 제어할 수 있으므로 프로그램 제어가 가능하다.	㉠ 장치의 이음매에서 작동유가 누설되기 쉽다. ㉡ 기름 속에 먼지가 혼입되면 고장을 일으키기 쉽다. ㉢ 기름 속에 공기가 포함되면 압축성이 커져서 유압장치의 동작이 불량해진다. ㉣ 기름의 속도에 제한이 있고 따라서 작동체의 속도에 제한이 있다. ㉤ 유온의 영향을 받으면 점도가 변하여 출력 효율이 변화하기도 한다. ㉥ 유압을 사용하기 위해서는 상당한 설비장치가 필요하다.

예제 유압의 장점에 대한 설명이 잘못된 것은?
① 열의 냉각장치를 취할 필요가 없다.
② 힘과 속도를 자유롭게 변속시킬 수 있다.
③ 과부하에 대한 안전장치가 필요하다.
④ 적은 장치로 큰 출력을 얻을 수 있다.

2 구성요소

유압기계의 구성요소는 유압펌프(hydraulic pump), 액추에이터(actuator), 제어밸브(control valve), 어큐뮬레이터(accumulator ; 축압기) 등으로 구성되어 있다.

(1) 유압펌프(hydraulic pump)

유압펌프는 기관으로부터 공급되는 기계적 에너지를 유압 에너지로 변환시키는 기구이다.

(2) 액추에이터(actulator)

유압펌프에서 공급된 유압 에너지로 직선운동이나 회전운동과 같은 기계적인 일을 하는 기기이며 직선운동하는 것을 실린더(cylinder), 회전운동을 하는 것을 모터(motor)라고 한다.

(3) 제어밸브(control valve)

① 압력제어 밸브 : 일의 크기를 결정한다.
  ㉠ 릴리프 밸브(relief valve) : 회로 내의 최고 압력을 낮추어 압력을 일정하게 유지하는 밸브이며, 유압펌프와 제어밸브 사이에 병렬로 설치되어 있다.
  ㉡ 시퀀스 밸브(sequence valve) : 2개 이상의 분기회로를 가진 회로 내에서 액추에이터의 작동순서를 제어한다.
  ㉢ 언로더 밸브(unloader valve : 무부하 밸브) : 회로 내의 유압이 규정값에 도달하면 이것을 유압펌프로 복귀시켜 펌프를 무부하로 작동하도록 해준다.
  ㉣ 리듀싱 밸브(reducing valve : 감압 밸브) : 유량이나 입구 측의 유압과는 관계없이 미리 설정한 2차측 압력을 일정하게 유지하는 밸브이다.
  ㉤ 카운터 밸런스 밸브(counter balance valve) : 한 방향의 흐름은 규제된 방향에 의한 흐름이며, 반대쪽 방향의 흐름은 자유인 밸브이며, 유압 실린더 등에서 하중이 하강할 때 그 자체 중량으로 인한 자유 낙하를 방지하는 밸브이다.

② 유량제어 밸브 : 일의 속도를 결정한다.
  ㉠ 교축 밸브(throttle valve) : 작동유의 통로 단면적을 변화시켜 유량을 조절한다.
  ㉡ 압력 보상부 유량제어 밸브 : 액추에이터의 부하 압력원에 압력 변동이 있어도 밸브로 흐르는 유량을 설정된 값으로 유지한다.
  ㉢ 분류 밸브 : 유압원으로부터 2개 이상의 유압 관로로 분류할 때 각각의 유로의 압력에 관계없이 일정 비율로 유량을 분할하여 흐르게 하는 밸브이다.

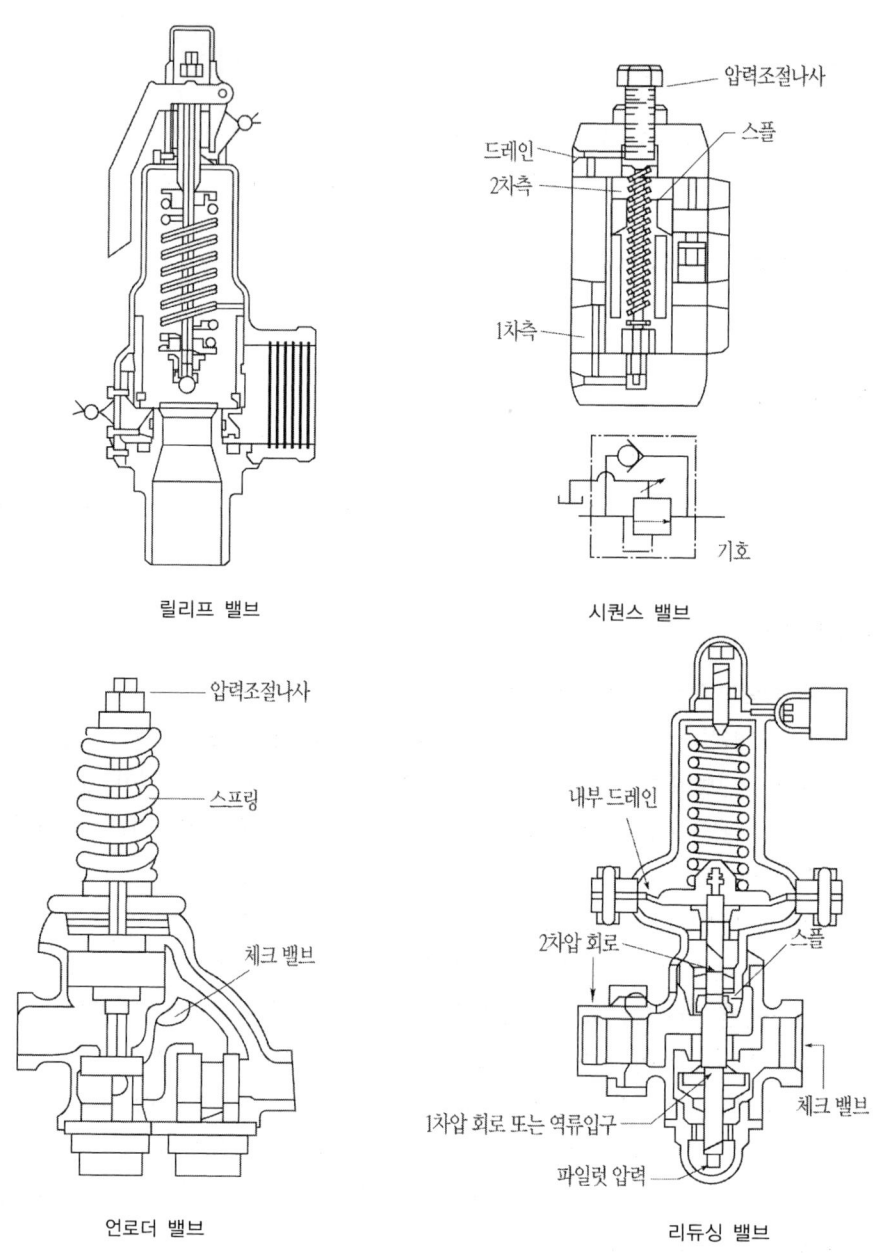

▲ 압력제어 밸브의 종류

③ 방향제어 밸브
  ㉠ 체크 밸브(check valve) : 역류를 방지하는데 사용한다.
  ㉡ 디셀러레이션 밸브 : 유압 실린더를 행정 최종단에서 실린더의 속도를 감속하여 서서히 정지시키고자 할 때 사용한다.
  ㉢ 스풀 밸브와 셔틀 밸브 : 1개의 회로에 여러 개의 밸브면을 두고 직선운동이나 회전운동으로 유압회로를 구성하여 오일의 흐름방향을 변환시킬 때 사용한다.

> **예제** 공기압축기에서 생산된 압축공기를 탱크에 저장하는 경우 공기 탱크의 압력이 설정압력에 도달하면 압축공기를 토출하지 않는 무부하운전이 되게 하는 것은?
> ① 언로드 밸브(unload valves)
> ② 릴리프 밸브(relief valves)
> ③ 시퀀스 밸브(sequence valves)
> ④ 카운터 밸런스 밸브(counter balance valves)
>
> **예제** 방향제어 밸브를 분류하는 방법이 아닌 것은?
> ① 밸브의 기능에 의한 분류
> ② 포트의 크기에 의한 분류
> ③ 밸브의 구조에 의한 분류
> ④ 밸브의 설계방식에 의한 분류

(4) 어큐뮬레이터(accumulator : 축압기)

① 유압회로 내에서 발생하는 맥동적인 압력이나 충격파를 저장하거나 회로 내의 압력이 부족되는 순간 압력을 보상해 준다.
② 온도변화에 따른 오일의 체적변화에 대한 보상을 한다.
③ 어큐뮬레이터는 질소가스가 봉입된 형식을 주로 사용한다.

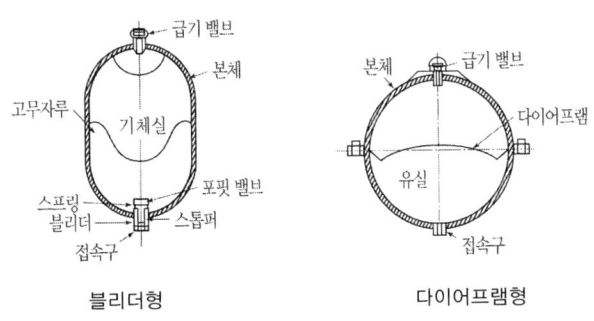

▲ 어큐뮬레이터

> **예제** 유압회로에서 어큐뮬레이터(축압기)의 역할로 거리가 먼 것은?
> ① 회로 내 충격압력의 흡수
> ② 펌프 등에서 발생하는 맥동 제거
> ③ 유압을 일정하게 유지
> ④ 유압유의 여과 및 냉각

3 작동유의 구비조건

① 비압축성일 것
② 인화점과 발화점이 높을 것
③ 소포성이 좋을 것(기포방지성)
④ 윤활성이 좋고 점도가 적당할 것
⑤ 물리적·화학적으로 안정할 것(내유화성)
⑥ 산화나 열 열화에 대해 안정할 것(산화안정성)
⑦ 점도지수가 높을 것
⑧ 비중이 작고 방청, 방식성이 우수할 것
⑨ 온도에 의한 점도변화가 작을 것

> **예제** 작동유가 갖추어야 할 성질 중 틀린 것은?
> ① 윤활성 ② 유동성
> ③ 내산성 ④ 기화성

CHAPTER 04 공압기계

공압기계는 크게 저압식 공기기계와 고압식 공기기계로 구분할 수 있다. 저압식 공기기계에는 송풍기, 풍차 등이 있고, 고압식 공기기계에는 압축기, 진공펌프, 압축 공기기계 등이 있다.

1 저압 공기기계

저압 공기기계에는 송풍기와 풍차가 있다.

(1) 송풍기

① 송풍기는 기계적 에너지를 기체에 공급하여 기체의 압력과 속도에너지로 변환시키며, 압력의 높음과 낮음에 따라 팬{0~0.1[kgf/cm^2] (1,000[mmAq])}과 블로워 {0.1~1.0[kgf/cm^2](1~ 10[mAq])}로 분류한다. 일반적으로는 압축기는 압력이 1[kgf/cm^2] 이상인 것을 말한다.

② 원심식 송풍기

㉠ 다익팬(multi blade fan) : 다익팬은 깃(날개)의 회전방향 쪽으로 기울어져 있으며, 같은 풍량에 대하여 회전차의 바깥지름과 회전속도가 다른 팬에 비해 가장 크며 시로코 팬(sirocco fan)이라고 부르며 풍량이 많고, 익현의 길이가 짧고, 날개폭이 넓다.

㉡ 레이디얼팬(radial fan) : 레이디얼팬은 반지름 방향의 깃을 지니며 다익팬에 비하여 익현 길이가 길고 깃 폭이 짧다. 다익팬보다 효율이 높다.

㉢ 터보팬(turbo fan) : 터보팬은 회전차의 깃이 회전방향에 대해 뒤쪽으로 기울어져 있으며, 고속 회전이 가능하고 효율이 높으며 소요동력이 적으나 공기의 배출온도가 높다.

　　　　다익팬　　　　　레이디얼팬　　　　터보팬
▲ 원심식 송풍기의 종류

　② 한계 부하팬(limit loaded fan) : 한계 부하팬은 흡입구에 프로펠러 형상의 안내 깃이 있으며, 풍량이 설계점 이상으로 증가하여도 축동력이 증가하지 않으며, 효율이 높고 소음이 적다.
　⑩ 익형팬(airfoil fan) : 익형팬은 풍량이 설계점 이상으로 증가하여도 축동력이 증가하지 않으며, 효율이 높고 소음이 적다.

③ 축류형 송풍기
　㉠ 축류 송풍기는 저압, 대 풍량, 고속형이며, 날개가 두꺼워지더라도 풍압, 풍량 및 효율에 미치는 영향이 거의 없으며 원심식보다 소음이 크고 설계점 이외의 풍량에서는 효율이 급격히 저하한다.
　㉡ 특징
　　• 날개수를 증가시키면 풍압, 풍량 및 효율은 상승하나 어느 값에서도 일정해진다.
　　• 날개의 설치각을 증가시키면 풍량이 증가한다.
　　• 비교 회전속도가 가장 크다.
　　• 축방향에서 흡입 및 배출이 가능하므로 관로 도중에 간단히 설치할 수 있다.

 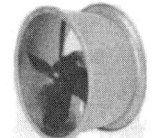 

　　프로펠러팬　　　도풍관이 있는 축류팬　　정익이 있는 축류팬
▲ 축류형 송풍기

(3) 송풍기의 출력

① 송풍기 전압(P_t)

$$P_t = \left(P_{S2} + \frac{\gamma}{2g}v_2^{\ 2}\right) - \left(P_{S1} + \frac{\gamma}{2g}v_1^{\ 2}\right) = P_{t2} - P_{t1}$$

여기서, P_{S2} : 송풍기 출구에서 정압
P_{S1} : 송풍기 입구에서의 정압
P_{t2} : 송풍기 출구에서의 전압
P_{t1} : 송풍기 입구에서의 전압

② 송풍기 정압(P_S)

$$P_S = P_t - P_{d2} \, [\text{kg/m}^2, \, \text{mmAg}]$$

③ 전압 공기 동력(L_{at})

$$L_{at} = \frac{P_t \cdot Q}{102 \times 60} [\text{kW}] = \frac{P_t \cdot Q}{75 \times 60} [\text{PS}]$$

여기서, Q : 풍량 $[\text{m}^3/\text{min}]$

④ 정압 공기 동력(L_{as})

$$L_{at} = \frac{P_S \cdot Q}{102 \times 60} [\text{kW}] = \frac{P_S \cdot Q}{75 \times 60} [\text{PS}]$$

⑤ 축동력(L)
회전차가 회전할 때 회전차 축 끝에 걸리는 동력

⑥ 전압효율(η_t)

$$\eta_t = \frac{\text{전압공기 동력}}{\text{축동력}} = \frac{L_{at}}{L}$$

⊗ 정압효율(η_s)

$$\eta_s = \frac{\text{정압공기 동력}}{\text{축동력}} = \frac{L_{as}}{L}$$

2 고압 공기기계

고압 공기기계에는 압축기, 진공펌프, 압축 공기기계 등이 있다.

(1) 압축기

압축기는 송풍기와 원리가 비슷하며, 기체에 압력을 주어 저압쪽에서 고압쪽으로 고압의 공기를 배출하는 기구이다.

(2) 진공펌프

① 진공펌프는 용기 내의 압력을 대기 압력 이하의 저압으로 유지하기 위해 대기 압력쪽으로 기체를 배출하는 펌프이다.

② 진공펌프의 진공도를 표시하는 방법에는 절대 진공을 100[%]로 한 %로서 표시하는 방법과 절대 진공을 760[mmHg]로 한 수은주로 표시하는 방법이 있다. 진공도 $V_C[\%]$와 절대압력 $P[\text{kg/cm}^2]$와의 관계는 다음과 같다.

$$P = P_a\left(1 - \frac{H_g}{760}\right) = P_a\left(1 - \frac{V_c}{100}\right)$$

여기서, P_s : 대기압[kg/cm₂]
H_g : 진공도[mmHg]

(3) 압축 공기기계

압축기에서 얻은 압축공기를 동력원으로 하여 일을 하는 기기이다.

07 단원연습문제

01 다음 중에서 터보형(Turbo type) 펌프에 속하지 않는 것은?

① 원심식 펌프　　② 왕복식 펌프
③ 축류식 펌프　　④ 사류식 펌프

02 왕복펌프에서 공기실의 가장 주된 역할은?

① 밸브의 개폐를 쉽게 한다.
② 송출되는 유량의 변동을 적게 한다.
③ 밸브가 닫혀있을 때 누설이 없게 한다.
④ 피스톤(또는 플런저)의 운동을 원활하게 한다.

03 압력제어 밸브 중에서 릴리프 밸브(relief valve)의 설명으로 맞는 것은?

① 회로 내의 최고 압력을 낮추어 압력을 일정하게 하는 밸브
② 두 개 이상의 분기회로를 가진 회로 내에서 작동순서를 제어하는 밸브
③ 회로의 일부에 배압을 발생시키고자 할 때 사용하는 밸브
④ 유량이나 입구 측의 압력크기와는 관계없이 미리 설정한 2차측 압력을 일정하게 해주는 밸브

04 펌프의 토출압이 60[kgf/cm^2], 토출량이 30[l/min]인 유압펌프의 펌프동력은 몇마력[PS]인가?

① 3　　② 4
③ 5　　④ 6

05 회로 내의 압력상승으로 제한되어 설정된 압력의 오일 공급을 하는 것은?

① 릴리프 밸브　　② 방향제어 밸브
③ 유량제어 밸브　　④ 유압구동기

06 유압장치에 사용되는 유압유 저장용의 용기로 어큐뮬레이터라고도 하는 유압 부속기기는?
① 증압기
② 유압 필터
③ 축압기
④ 유압 유닛

07 베인펌프의 특징에 관한 설명으로 틀린 것은?
① 베인의 마모에 의한 압력 저하가 발생되지 않는다.
② 작동유의 점도에 제한이 있다.
③ 비교적 고장이 적고 수리 및 관리가 용이하다.
④ 기어펌프나 피스톤펌프에 비해 토출 압력의 맥동 현상이 적다.

08 다음 중 펌프의 캐비테이션의 방지책이 아닌 것은?
① 흡입 비속도를 적게 한다.
② 펌프의 회전수를 높게 한다.
③ 편 흡입을 양 흡입 펌프로 고쳐서 사용한다.
④ 펌프의 설치 높이를 가능하면 낮춘다.

09 수력기계에서 공동현상(cavitation)이 발생하는 근본 원인은?
① 특정 공간에서 유체의 저속 흐름이 원인이다.
② 낮은 대기압이 원인이다.
③ 특정 공간에서 발생하는 고압이 원인이다.
④ 특정 공간에서 발생하는 저압이 원인이다.

10 펌프에서 캐비테이션이 발생하였을 때 나타나는 현상이 아닌 것은?
① 소음이 발생한다.
② 양정과 유량이 감소한다.
③ 침식 및 부식 현상이 발생한다.
④ 기포가 발생하여 마모를 방지한다.

11 공기압축기에서 생산된 압축공기를 탱크에 저장하는 경우 공기 탱크의 압력이 설정압력에 도달하면 압축공기를 토출하지 않는 무부하운전이 되게 하는 것은?

① 언로드 밸브(unload valves)
② 릴리프 밸브(relief valves)
③ 시퀀스 밸브(sequence valves)
④ 카운터 밸런스 밸브(counter balance valves)

12 안지름이 16[cm], 추력 $F=5[t]$, 피스톤의 속도 $V=40[m/min]$인 유압 실린더에서 필요로 하는 유압은 몇 [kgf/cm²]인가?

① 14.3 ② 46.7
③ 31.2 ④ 24.9

13 유압유의 구비조건이 아닌 것은?

① 비압축성일 것
② 적당한 점도가 있을 것
③ 열을 흡수·기화할 수 있을 것
④ 녹이나 부식을 방지할 수 있을 것

14 다음 중 반동수차가 아닌 것은?

① 프란시스 수차
② 카플란 수차
③ 프로펠러 수차
④ 펠톤 수차

15 베인 펌프(vene pump)의 형식은?

① 원심식 ② 왕복식
③ 회전식 ④ 축류식

16 유압유의 구비조건이 아닌 것은?

① 압축성 유체일 것
② 유체 마찰저항이 적을 것
③ 화학적·물리적 변화가 적을 것
④ 녹이나 부식의 발생을 방지할 수 있을 것

17 총 양정이 3[m], 공급유량 2.5[m³/min]인 펌프의 동력은 약 몇 [kW]가 필요한가? (단, 유체의 비중은 0.82이고, 펌프효율은 0.90이다.)

① 0.56 ② 4.48
③ 2.24 ④ 1.12

18 작동유가 갖추어야 할 성질 중 틀린 것은?

① 윤활성 ② 유동성
③ 내산성 ④ 기화성

19 4포트 3위치 방향 전환 밸브의 중간 위치 형식 중 센터 바이패스형이라고도 하며, 중립 위치에서 펌프를 무부하시킬 수 있고 실린더를 임의의 위치에 고정시킬 수 있는 것은?

① 오픈 센터형 ② 탠덤 센터형
③ 클로즈 센터형 ④ ABR 접속형

20 원심 펌프 송출유량이 0.3[m³/min]이고, 관로의 손실수두가 8[m]이다. 펌프 중심에서 1.5[m] 아래있는 저수지에서 물을 흡입하여 펌프 중심에서 15[m] 높이의 탱크로 양수할 때 펌프의 동력은 몇 [kW]인가?

① 1 ② 1.2
③ 2 ④ 2.2

21 수면에서 5[m] 높이에 설치된 펌프가 펌프로부터 높이 30[m]인 곳에 매초 1[m³]의 물을 보내려면 이론상 동력은 약 몇 [kW]가 필요한가?

① 245 ② 294
③ 343 ④ 400

22 작동유가 관로를 흐르고 있을 때 작동유가 갖는 에너지에 관해 설명하는 것은?

① 스토크(stokes)의 법칙 ② 모세관 현상
③ 파스칼(pascal)의 법칙 ④ 베르누이(bernoulli)의 정리

23 지름 3[m]인 원형 수직수문의 상단이 수면 아래 6[m]에 있을 때 물의 전압력[t]은?

① 28
② 36
③ 41
④ 53

24 방향제어 밸브를 분류하는 방법이 아닌 것은?

① 밸브의 기능에 의한 분류
② 포트의 크기에 의한 분류
③ 밸브의 구조에 의한 분류
④ 밸브의 설계방식에 의한 분류

25 구동회전수에 의해 결정되는 토출량이 부하압력에 관계없이 거의 일정한 용적형 펌프는?

① 기어 펌프
② 터빈 펌프
③ 축류 펌프
④ 볼류트 펌프

26 유압기는 작은 힘으로 큰 힘을 얻을 장치인데, 이것은 무슨 이론을 이용한 것인가?

① 보일의 법칙
② 베르누이 정리
③ 파스칼의 원리
④ 아르키메데스의 원리

27 건설차량, 산업 건설기계, 산업차량, 트랙터, 콤바인 등에 사용되는 펌프로서 구조가 소형이며 간단하고 가격도 싸다. 다만 가변용량이 곤란하며 누설이 많아 최고압력이 7[MPa] 이하인 펌프는 어느 것인가?

① 베인펌프
② 다단펌프
③ 피스톤펌프
④ 기어펌프

28 원심 송풍기의 전압이 250[mmAq], 회전수 960[rpm], 풍량이 16[m^3/min]일 때 이 송풍기의 회전수를 1,400[rpm]으로 증가시키면 풍량은 몇 [m^3/min]인가?

① 19.32
② 23.33
③ 34.03
④ 49.62

29 저장탱크에서 유입되는 유입구의 형상 중 관로에 생기는 부차적인 손실계수가 가장 작은 것은?

① 탱크 벽면에서 크게 라운딩한 형상으로 만날 때
② 탱크 벽면에서 유입 관이 앞으로 돌출하였을 때
③ 탱크 벽면에서 90°각을 이루고 만날 때
④ 탱크 벽면에서 45° 각도로 모따기 하여 만날 때

30 흡입관 하부에 스트레이너(strainer)를 설치하는 이유로 다음 중 가장 적합한 것은?

① 역류 방지
② 유량 조절
③ 양정을 높이기 위해
④ 불순물 침투방지

31 단동 피스톤 펌프에서 실린더 직경 20[cm], 행정 20[cm], 회전수 80[rpm], 체적효율 90[%]이면 토출 유량[m³/min]은?

① 0.261
② 0.271
③ 0.452
④ 0.502

32 다음 그림에서 피스톤 로드가 미는 힘 F는? (단, P_1, P_2는 내부 압력, D_1은 실린더 안지름, D_2는 로드 지름이다)

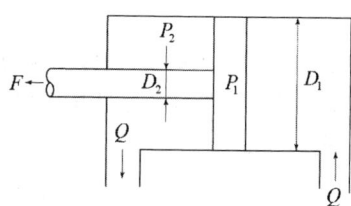

① $F = \dfrac{\pi}{4}[D_1^2 P_2 + (D_1^2 - D_2^2)P_1]$

② $F = \dfrac{\pi}{4}[D_1^2 P_2 - (D_1^2 - D_2^2)P_1]$

③ $F = \dfrac{\pi}{4}[D_1^2 P_1 - (D_1^2 - D_2^2)P_2]$

④ $F = \dfrac{\pi}{4}[D_1^2 P_1 + (D_1^2 - D_2^2)P_2]$

33 펌프를 운전할 때 출구와 입구의 압력 변동이 생기고 유량이 변하는 현상을 무엇이라고 하는가?

① 서징현상　　　　　　② 공동현상
③ 수격현상　　　　　　④ 유체 고착현상

34 유압의 장점에 대한 설명이 잘못된 것은?

① 열의 냉각장치를 취할 필요가 없다.
② 힘과 속도를 자유롭게 변속시킬 수 있다.
③ 과부하에 대한 안전장치가 필요하다.
④ 적은 장치로 큰 출력을 얻을 수 있다.

35 안지름 50[cm]의 파이프로 1.7[m/sec]의 물을 흘러가게 할 때 파이프의 길이가 50[m]일 때의 마찰 손실수두는? (단, 관 마찰계수 $\lambda = 0.03$이다.)

① 0.442[m]　　　　　　② 0.523[m]
③ 0.785[m]　　　　　　④ 0.973[m]

36 원심펌프에서 전효율이 80[%], 송출유량이 2[m³/min]이다. 이 펌프의 수력효율이 90[%], 기계효율이 90[%]일 때 체적효율은 약 몇 [%]인가?

① 92　　　　　　② 95
③ 97　　　　　　④ 99

37 유효낙차 100[m], 유량 200[m³/sec]인 수력 발전소의 수차에서 이론 출력을 계산하면 몇 [kW]인가?

① 100×10^3　　　　　　② 196×10^3
③ 300×10^3　　　　　　④ 400×10^3

38 그림의 실린더 A부 단면적이 4,000[mm²], 축 d부를 뺀 B부 단면적 3,000[mm²]일 때 압력 $P_1 = 30$[kgf/cm²], $P_2 = 5$[kgf/cm²]이면 추력 F는 몇 [kgf]인가?

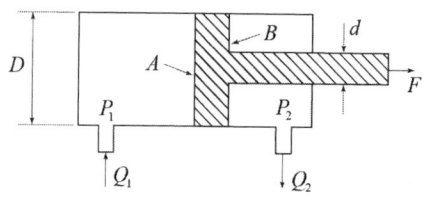

① 1,050
② 1,200
③ 850
④ 1,350

39 관로 내를 흐르는 유체의 평균 유속이 3[m/sec]이고, 유량이 9.9[m³/sec]일 때 관의 단면적은?

① 1.65[m²]
② 29.7[m²]
③ 0.3[m²]
④ 3.3[m²]

40 공압 실린더와 연결되어 스로틀 밸브를 조정하여 정밀한 속도제어를 위해 사용되는 것은?

① 속도제어 밸브
② 루브리케이터
③ 어큐뮬레이터
④ 하이드로 체크유닛

41 다음 중 왕복펌프의 밸브 구비요건이 아닌 것은?

① 물이 밸브를 지날 때의 저항이 최대한 커야 한다.
② 밸브의 개폐가 정확해야 한다.
③ 누설이 정확하게 방지되어야 한다.
④ 내구성이 양호해야 한다.

42 다음 중 유압의 기초적인 원리라 할 수 있는 파스칼의 원리에 대한 설명이 아닌 것은?

① 가한 압력은 유체 각부에 같은 세기로 전달된다.
② 유체의 압력은 압력을 직접받는 면이 가장 크다.
③ 유체의 압력은 면에 직각으로 작용한다.
④ 각 점에서의 압력은 모든 방향으로 같다.

43 유체를 한쪽 방향으로만 흐르게 하여 역류를 방지하는 밸브는?

① 스로틀 밸브 ② 체크 밸브
③ 셔틀 밸브 ④ 스톱 밸브

44 유압기기의 유압 작동유가 구비해야 할 성질로 올바른 것은?

① 열전달율이 낮을 것
② 증기압이 낮고, 비점이 높을 것
③ 압축률(압축성)이 높을 것
④ 열팽창계수가 클 것

45 유압 펌프의 입구와 출구에서 진공계 또는 압력계의 지침이 크게 흔들리고 송출량이 급변하는 현상은?

① 수격현상 ② 언로더 현상
③ 서징현상 ④ 캐비테이션

46 총 양정이 90[m], 공급유량 1.56[m³/min]인 펌프의 동력은 약 몇 [PS]가 필요한가? (단, 물의 비중은 1이고, 효율은 0.90이다.)

① 18.72 ② 31.20
③ 34.67 ④ 62.40

47 유압제어 밸브의 기능에 따른 분류 중 유량제어 밸브는?

① 스로틀 밸브 ② 릴리프 밸브
③ 시퀀스 밸브 ④ 카운터 밸런스 밸브

48 절삭과 급속 귀환 공정을 하는 공작기계에서 절삭시 사용할 고압펌프와 귀환시 사용할 저압 대용량 펌프를 병행해서 사용할 때 동력을 최대로 절감하려면 어떤 밸브를 사용하는 것이 좋은가?

① 무부하 밸브(unloading valve) ② 감압 밸브(reducing valve)
③ 시퀀스 밸브(sequence valve) ④ 릴리프 밸브(relief valve)

49 유압 펌프를 처음 시동할 경우 작동방법에 관한 설명으로 옳지 않은 것은?
① 시동 시 펌프가 차가울 경우 뜨거운 작동유를 사용하여 펌프 온도를 상승시킨다.
② 신품인 베인 펌프는 압력을 걸어 시동하고 최초 5분 정도는 간헐적으로 작동시켜 길들이는 것이 좋다.
③ 시동 전에는 회전상태를 검사하여 플렉시블 캠링의 회전방향과 설치 위치를 정확히 해둔다.
④ 작동유는 적절한 정도로 맑고 깨끗하게 사용해야 한다.

50 유량이 20[m³/s]인 사류 펌프의 양정이 5[m]이면 이 펌프의 동력[kW]은 얼마인가? (단, 유체의 비중량 = 9,800[N/m³])
① 98
② 980
③ 9,800
④ 98,000

51 원심펌프에서 케이싱(casing)을 스파이럴(spiral)로 만드는 가장 중요한 이유는?
① 손실을 적게 하기 위하여
② 축추력을 방지하기 위하여
③ 축을 모터와 직결하기 위하여
④ 공동현상(cavitation)을 적게 하기 위하여

52 유압 펌프에서 송출량이 10[L/min], 0.5[MPa]로 압력이 작용할 경우 유압 펌프의 동력은 약 몇 [W]인가?
① 45.06
② 66.67
③ 83.33
④ 102.42

53 다음 유압기기의 구성요소 중 유압 액추에이터인 것은?
① 유압 실린더
② 유압펌프
③ 제어밸브
④ 유압 조절밸브

54 표준 대기압을 나타낸 것 중 틀린 것은?

① 1[atm] ② 14.7[PSI]
③ 760[mmHg] ④ 10.0332[kgf/cm2]

55 유압회로 중 속도제어 회로인 것은?

① 무부하 회로 ② 로킹 회로
③ 미터-인 회로 ④ 일정 모터 구동회로

56 유압회로 중 속도제어를 위한 것으로 유량제어 밸브를 실린더 입구측에 설치한 회로는?

① 무부하회로 ② 미터 인 회로
③ 로킹 화로 ④ 일정 토크 구동회로

57 유압모터로 어떤 물체를 300[N·m]의 토크로 분당 1,000회전시키려고 한다. 이때 모터에 필요한 동력은 몇 [kW]인가? (단, 효율은 100%이다.)

① 31.4 ② 41.9
③ 314 ④ 419

58 다음 중 유압작동유의 구비조건으로 거리가 먼 것은?

① 비압축성이어야 한다.
② 점도지수가 작아야 한다.
③ 화학적으로 안정적이어야 한다.
④ 열을 잘 방출할 수 있어야 한다.

59 유압 펌프의 용적효율이 70[%], 압력효율이 80[%], 기계효율이 90[%]일 때 전체 효율은 약 몇 [%]인가?

① 50 ② 60
③ 70 ④ 80

60 유압유에 요구되는 성질로 거리가 먼 것은?

① 마찰면에 윤활성이 좋을 것
② 이물질을 신속히 흡수할 수 있을 것
③ 적정한 점도가 있을 것
④ 산화에 대하여 안정성이 있을 것

61 유압기기의 부속장치 중 유압 에너지 압력에 대해 맥동제거, 압력보상, 충격완화 등의 역할을 하는 것은?

① 스트레이너　　　　② 패킹
③ 어큐뮬레이터　　　④ 필터 엘리먼트

62 유압 펌프의 종류 중 회전식이 아닌 것은?

① 피스톤 펌프　　　② 기어 펌프
③ 베인 펌프　　　　④ 나사 펌프

63 유압작동유가 구비하여야 할 조건으로 옳지 않은 것은?

① 접동부의 마모가 작을 것
② 운전조건 범위에서 휘발성이 적을 것
③ 넓은 온도 범위에서 점도 변화가 작을 것
④ 유압장치에 사용되는 재료에 대하여 활성일 것

64 다음 중 압축기 뒤에 설치되어 압축공기를 저장하는 공기 탱크에 관한 설명으로 옳지 않은 것은?

① 맥동을 방지하거나 평준화한다.
② 압력용기이므로 법적 규제를 받는다.
③ 비상 시에도 일정 시간 운전을 가능하게 한다.
④ 다량의 공기 소비 시 급격한 압력 상승을 방지한다.

65 다음 유압 펌프 중 일반적으로 부품수가 적고 구조가 단순하여 가격적인 면에서 저렴한 펌프는?

① 베인 펌프　　② 기어 펌프
③ 피스톤 펌프　④ 왕복동 펌프

66 다음 중 기어펌프에 속하지 않는 것은?

① 로브 펌프　　② 트로코이드 펌프
③ 스크루 펌프　④ 베인 펌프

67 밀폐된 용기에 넣은 정지 유체의 일부에 가해지는 압력은 유체의 모든 부분에 동일한 힘으로 전달된다는 유압장치의 기초가 되는 원리 또는 법칙은?

① 뉴튼의 제1법칙　　② 보일·샤를의 법칙
③ 파스칼의 원리　　　④ 아르키네네스의 원리

68 유압회로에서 어큐뮬레이터(축압기)의 역할로 거리가 먼 것은?

① 회로 내 충격압력의 흡수
② 펌프 등에서 발생하는 맥동 제거
③ 유압을 일정하게 유지
④ 유압유의 여과 및 냉각

일 반 기 계 공 학

해설 및 정답

제1편 해설 및 정답
제2편 해설 및 정답
제3편 해설 및 정답
제4편 해설 및 정답
제5편 해설 및 정답
제6편 해설 및 정답
제7편 해설 및 정답

제 01 편 해설 및 정답

01 → ④

구상흑연 주철의 인장강도가 가장 높다.

02 → ④

금속의 기계적 성질
㉠ 인성이란 금속재료의 질긴 성질, 즉 충격에 대한 재료의 저항을 나타내는 성질을 말한다.
㉡ 전성이란 위에서 압축을 하였을 때 퍼지는 성질이다.
㉢ 연성이란 가늘고 길게 늘어나는 성질이다.
㉣ 탄성이란 외력(外力)에 의해 변형된 물체가 외력을 제거하면 원래의 상태로 돌아가려는 성질이다. 이 때 원래의 모양으로 되돌아가는 변형을 탄성변형이라 한다.

03 → ②

반연강은 절삭, 단조, 주조 및 용접 등이 용이하며 열처리로 재질을 개선시킬 수 있어 볼트, 너트, 축 계통 및 기어(치차)의 용도로 다양하게 사용할 수 있다.

04 → ④

담금질은 강의 경도 또는 강도를 증가시키기 위하여 A1 또는 A3 변태점보다 30~50[℃] 높게 가열한 후 급랭하여 재료를 경화시키는 열처리이다.

종류	가열온도	냉각방법	영향
불림 (normalizing)	A3 변태점 이상	대기중 서냉	조직 미세화, 내부응력 제거
풀림 (annealing)	A1, A3 변태점 이상	노중 서냉	열처리로 경화된 조직을 연화, 가공 중의 내부응력 제거, 가공경화된 재료의 연화
담금질 (quenching)	A1 변태점 이상	물 또는 유중에서 급랭	경도 및 강도 증가
뜨임 (tempering)	A1 변태점 이하	장시간 가열 후 서냉	내부응력을 제거하거나 인성을 증가

05 → ①

열전도성은 은(Ag) > 구리(Cu) > 금(Au) > 알루미늄(Al) > 니켈(Ni) > 철(Fe) 순서이다.

06 → ①

황(S)은 적열(고온)취성을 일으키는 원소이다.

07 → ④

도가니로의 규격은 한 번에 용해 가능한 구리의 중량(kgf)으로 표시한다.
- ㉠ 평로(open heat furnace) : 용량은 1회당 용해할 수 있는 쇳물의 무게를 톤(ton)으로 표시한다.
- ㉡ 전로(converter) : 용량은 1회에 제강할 수 있는 무게를 톤(ton)으로 나타낸다.
- ㉢ 전기로(electronic furnace) : 용량은 1회에 용해할 수 있는 무게를 톤(ton)으로 표시한다.

08 → ①

풀림의 목적은 가공에서 생긴 내부 응력을 저하시키고, 조직을 균일화, 미세화하며, 열처리로 인하여 경화된 재료를 연화시킨다.

09 → ④

금속의 성질
- ㉠ 물리적 성질 : 비중, 용융점, 비열, 선팽창계수, 열전도율 및 전기전도율, 금속의 탈색, 자성, 성분, 조직, 전기저항
- ㉡ 기계적 성질 : 연성, 전성, 인성, 취성(메짐), 강도 및 경도, 피로한계, creep, 연신율, 단면수축률, 충격값
- ㉢ 화학적 성질 : 내열성(내화성), 내식성
- ㉣ 제작상 성질 : 주조성(가주성), 소성 가공성(가단성 : 단조, 압연, 인발), 용접성(접합성), 절삭성

10 → ①

회주철은 유리된 탄소와 Fe3C가 혼재하고 있으며 규소의 함유량이 많다.
- ㉠ 백주철(white cast iron) : 탄소가 시멘타이트로 존재하며 백색의 탄화철이 혼합되어 있다.
- ㉡ 반주철(mottled cast iron) : 회주철과 백주철의 중간상태를 말한다.
- ㉢ 합금주철 : 주철 니켈, 크롬, 구리 등의 원소를 첨가한 주철을 말한다.
- ㉣ 미하나이트 주철 : 칼슘-규소분말이나 페로실리콘을 접종시켜 만든 주철로서 강도는 35~45[kg/mm^2]이다.
- ㉤ 구상흑연 주철 : 흑연을 구상화시켜 만든 주철을 말한다.
- ㉥ 칠드주철 : 규소와 망간을 적당량 주입하여 금형에 접촉된 부분이 급냉되어 백주철화 되는데 이것을 칠드 주철이라 한다.
- ㉦ 가단주철 : 백주철의 주물을 장시간 열처리하여 탈탄과 시멘타이트의 흑연화한 주철을 말한다.

11 → ①

회주철은 주철을 주형에 주입할 때 유리된 탄소와 탄화철(Fe3C)이 혼재하며 규소의 함유량이 많고 냉각속도를 느리게 하여 다량의 탄소가 흑연화되어 있는 주철을 말하며, 주조 및 절삭이 쉬워 일반가공기계의 베드용으로 사용된다.

12 → ②

13 ➜ ①

풀림 : 가공에서 생긴 내부응력을 낮추고 조직을 균일·미세화시키며, 열처리로 인해 경화된 재료를 연화시킨다.

14 ➜ ③

주철의 종류
- ㉠ 백주철 : 탄소와 규소의 양이 적을 때 생기고, 파단면이 백색이고 급랭시 발생한다.
- ㉡ 회주철 : 다량의 탄소가 흑연화되어 있는 주철을 말하며, 주조 및 절삭이 쉬워 일반가공기계의 베드용으로 사용한다.
- ㉢ 칠드 주철 : 표면을 급랭시켜 표면은 시멘타이트가 되게 하고, 내부는 서서히 냉각시켜 펄라이트가 되게 한 주철이다.
- ㉣ 가단주철 : 시멘타이트를 흑연화시켜 인장강도를 증대시킬 수 있도록 한 주철이다.

15 ➜ ①

칠드 주철은 주철보다 규소(si)의 함량을 적게 하여야 한다.

16 ➜ ②

티탄 합금은 고온에서 강도와 내식성, 내마모성, 내열성이 우수하다.

17 ➜ ②

조직의 경도는 시멘타이트, 마텐자이트, 트루스타이트, 소르바이트, 펄라이트, 오스테나이트, 페라이트의 순서이다.

18 ➜ ④

담금질은 강을 가열 후 물이나 기름에서 급랭시키는 방법으로, 강도와 경도를 증가시키기 위해 하는 것으로 냉각속도가 가장 빠른 것은 소금물이다.

19 ➜ ②

담금질은 730~800[℃] 정도의 높은 열로 가열한 후 급랭하여 재료를 경화시켜 강의 경도 또는 강도를 증가시킨다.

20 ➜ ①

담금질성(hardenability)을 개선시키고 페라이트 조직을 강화할 목적으로 첨가하는 합금원소는 크롬(Cr)으로, 캠축·기어 등에 사용된다.

21 ➜ ①

탄소강은 탄소량이 증가하면 시멘타이트가 증가하게 되어 비중은 감소한다.

22 ➜ ④

풀림 : 가공에서 생긴 내부응력을 낮추고 조직을 균일·미세화시키며, 열처리로 인해 경화된 재료를 연화시킨다.

23 → ①

제강법
- ㉠ 평로(open heat furnace) : 노속에 선철, 파쇠 등을 첨가하여 용강을 만드는 방법이다.
- ㉡ 전기로(electronic furnace) : 전기의 열로서 파쇠, 선철을 용해하여 강철 또는 합금강을 만드는 방법이다.
- ㉢ 도가니로(crucible furnace) : 불꽃이 직접 접촉되지 않도록 제강하여 양질의 강을 만드는 방법이다.
- ㉣ 전로(converter) : 노속에 용선을 넣고 공기를 불어넣은 후 불순물을 산화시켜 강을 만드는 방법이다.

24 → ②

알루미늄의 특징
- ㉠ 가볍고, 강도가 낮아 합금원소를 첨가하여 사용한다.
- ㉡ 내열성 및 내식성이 강하여 여러 용도로 사용된다.
- ㉢ 비중은 2.7로 철의 약 1/3 정도이다.
- ㉣ 전기 및 열의 전도성이 매우 크다.
- ㉤ 자동차의 트랜스미션 케이스, 피스톤, 엔진블록 등에 사용된다.
- * 참고로 마그네슘의 비중은 1.74이다.

25 → ①

철(Fe)은 상온에서 체심입방격자로 나타난다.
- ㉠ 체심입방격자 : Fe, Cr, W, Mo, V
- ㉡ 면심입방격자 : Al, Ni , Cu, Ag , Au, Pt, Pb
- ㉢ 조밀육방격자 : Mg, Zn, Cd, Ti

26 → ③

- ㉠ 오스테나이트 : 강을 가열했을 때 나타나는 조직으로 910 ~ 1,400[℃] 사이 γ 철에 탄소를 고용한 γ 고용체이다.
- ㉡ 페라이트(ferrite) : α철에 탄소를 조금 고용한 α 고용체이다.
- ㉢ 펄라이트(pearlite) : 탄소 0.8[%]의 오스테나이트가 A_1 변태점에서 반응해서 된 공석정이다.
- ㉣ 시멘타이트(cementite) : Fe_3C는 탄소 6.68[%]와 철의 화합물이다.

27 → ②

스테인리스강(STS : stainless steel) : 강에 Cr, Ni 등을 첨가하여 내식성을 갖게 한 강으로 대기중, 수중, 산 등에 잘 견딘다.
- ㉠ 13Cr : 페라이트계를 열처리하면 마르텐사이트계 스테인리스강이 된다.
- ㉡ 18Cr-8Ni : 오스테나이트계(18-8형 : 표준형), 담금질이 안 된다. 용접성이 우수하고, 비자성체, 내식성 및 내충격성이 크다. 600 ~ 800[℃]에서 입계부식이 발생(방지제 : Ti)한다.

ⓒ 석출경화형 스테인리스강(STS 630) : 복잡한 모양의 성형가공으로 항공기, 미사일 등의 기계부품에 사용(Mo : 내황산성 향상)한다.

28 → ④

순철의 탄소 함유량은 0 ~ 0.03[%] 이하이며, 전성과 연성이 풍부하여 기계재료로서는 적당하지 못하나 전기재료로는 적합하다.

※ **철강**

　　㉠ 순철 : 탄소 0.03[%] 이하를 함유한 철
　　㉡ 강
　　• 탄소강 : 탄소 0.03 ~ 2.0[%]를 함유한 강
　　• 합금강 : 탄소강에 한 종류 이상의 금속을 합금한 것
　　㉢ 주철 : 탄소 2.0 ~ 6.68[%]를 함유한 철로서 보통 4.5[%] 이하를 많이 쓰며 보통주철과 특수주철이 있다.

29 → ①

표면 경화 : 강의 내부는 원래 금속 성질 그대로 두고 표면만 열처리하여 1[mm] 정도 경도를 증가시키는 방법이다.

㉠ 침탄법(carburizing) : 탄소 또는 탄소를 많이 함유한 재료(목탄, 골탄, 혁탄)로 표면을 감싼 뒤 노속에 넣고 900 ~ 950[℃]로 오랫동안 가열하여 표면을 경화시키는 방법이다.
㉡ 질화법(nitriding) : 암모니아(NH_3)로 표면을 통과시킨 후 520[℃]에서 100시간 정도 가열시키며 행하는 표면 경화법이다.
㉢ 청화법(시안화법 : cyaniding) : 청산나트륨(NaCN), 시안화칼륨(KCN) 등을 노속에 넣고 재료를 가열한 다음 급랭하여 표면을 경화시키는 방법이다.
㉣ 고주파 경화법(induction hardening) : 경화할 재료의 표면에 코일을 감아 고주파, 고전압의 전류를 흐르게 하여 급속 가열시킨 뒤 급랭시키는 표면 경화법이다.
㉤ 화염 경화법(flame hardening) : 산소 아세틸렌 불꽃을 사용하여 표면을 적열상태가 되게 가열한 후 급랭시키는 표면 경화법이다.

30 → ②

순철의 변태점 : A0 변태점은 210[℃], A1 변태점은 723[℃], A2 변태점(자기변태점)은 768[℃], A3 변태점(동소변태점)은 910[℃], A4 변태점은 1,400[℃]이다.

31 → ②

동소변태란 온도 변화에 의해 금속의 결정격자가 다른 결정격자로 변화하는 현상을 말하며 자기변태는 자석의 자장 내에 놓고 온도의 변화를 줄 때 금속의 자기가 변화하는 점을 말한다.
※ 인장시험시 더 이상 하중을 가하지 않고 놓았을때 재료가 원위치가 되면 탄성변형이며, 재료가 원위치가 되지 않는 지점이 소성변형이다.

32 → ③

가단주철은 백주철을 풀링 처리하여 탈탄 또는 흑연화에 의해 가단성을 준 것이며 인장강도가 높아 차량의 프레임이나 캠 및 기어용 부품 등에 적합하다.

33 → ③

탄소강에 함유되어 있는 원소 중 연신율을 감소시키지 않고도 강도를 증가시키며, 고온에서 소성을 증가시켜 주조성을 좋게 하는 원소는 망간(Mn)으로 내마멸성이 커지게 하고 담금질성을 높게 하는 효과가 있으며, 탈산제로 이용되기도 한다.

34 → ④

규소(Si)는 선철 및 탈탄제에 첨가되며 강의 경도, 탄성 한계, 인장력을 높여주지만 신도(伸度)와 충격값을 감소시키는 원소이다.

㉠ 황(S)
- 적열취성의 원인
- 고온 가공성, 용접성 저하
- 인장강도 저하, 연신율 저하, 충격 저하
- 강의 유동성이 저하되고 기공이 발생

㉡ 인(P)
- 상온취성의 원인
- 경도 및 강도는 증가되나 가공시에 균열 발생
- 결정립을 거칠게 만듦

㉢ 망간(Mn)
- 황과 화합하여 황화망간을 형성
- 고온 가공이 용이
- 강도 및 경도, 인성이 증가
- 소성 증가
- 주조성, 담금질 효과 향상

㉣ 가스
- 산소 : 적열취성의 원인
- 수소 : 백점, 헤어클랙의 원인
- 질소 : 강도 및 경도 증가의 원인

35 → ②

마르텐사이트(martensite)는 오스테나이트(austenite)를 상온 가공하였을 때 얻어지며 강의 담금질 조직 중 가장 경도가 높으며 자성이 강하고 상온에서 불안정한 조직이다.

36 → ②

반사로(reservatory furnace)는 많은 금속을 값싸게 용해할 수 있으며, 대형 주물 및 고급 주물을 용해할 때나 특수 배합의 주물을 사용할 때 이용된다. 주로 주철, 구리, 청동, 황동을 용해할 때 주로 사용된다.

㉠ 평로(open heat furnace) : 노속에 선철, 파쇠 등을 첨가하여 용강을 만드는 방법이다.
㉡ 전기로(electronic furnace) : 전기의 열로서 파쇠, 선철을 용해하여 강철 또는 합금강을 만드는 방법이다.

ⓒ 도가니로(crucible furnace) : 불꽃이 직접 접촉되지 않도록 제강하여 양질의 강을 만드는 방법이다.
ⓔ 전로(converter) : 노속에 용선을 넣고 공기를 불어넣은 후 불순물을 산화시켜 강을 만드는 방법이다.
ⓜ 큐폴라(cupola) : 주철용 용해로이다.

37 → ④

용해로의 종류
ⓐ 전기로 : 아크열을 이용하여 선철, 고철 등을 용해하여 강·합금강을 제조하는 방법이다.
ⓑ 전로 : 노를 경사지게 하여 선철을 주입한 뒤 노를 세우며 공기를 불어 넣어 정련하는 방법이다.
ⓒ 반사로 : 용해실 수열면적을 크게 하고, 천장은 아치형으로 제작하여 반사열로 용해하는 방법으로, 동·황동·청동 등 비철금속을 용해하는 데 주로 사용된다.
ⓓ 큐폴라 : 강판 원통 내부에 내화벽돌을 쌓아 제작이 용이하고 구조가 간단하며, 일반적으로 주철을 용해시키는 데 사용된다.

38 → ④

탄소강에 망간(Mn)을 결합하면 연신율을 그다지 감소시키지 않고 강도 및 소성을 증가시키고, 황에 의한 취성을 방지한다.

39 → ③

공석강이란 0.85[%]인 펄라이트 조직을 말한다.
ⓐ 시멘타이트(cementite) : Fe_3C는 탄소 6.68[%]와 철의 화합물이다.
ⓑ 아공석강 : 탄소량 0.8[%] 이하의 강, 페라이트와 펄라이트의 조직이다.
ⓒ 과공석강 : 탄소량 0.8[%] 이상의 강, 펄라이트와 시멘타이트의 조직이다.

40 → ①

뜨임은 경도가 큰 재료에 인성만 부여할 목적으로 A1 변태점 이하로 가열하여 서서히 냉각하는 열처리 방법이다.

41 → ①

평로는 바닥이 넓은 축열실 반사로를 사용하여 직접 화염으로 가열하며, 노의 천장으로부터 반사되는 열에 의해 정련하는 방법으로, 선철을 강으로 만들 수 있다.

42 → ①

43 → ①

공구강은 내마모성이 좋아야 하므로 경도가 커야하기 때문에 고탄소강을 사용하여야 한다.

44 → ④

ⓐ 오스테나이트 : 강을 가열했을 때 나타나는 조직으로 910~1,400[℃] 사이 γ 철에 탄소를 고용한 γ 고용체이다.

ⓒ 페라이트(ferrite) : α 철에 탄소를 조금 고용한 α 고용체이다.
ⓒ 펄라이트(pearlite) : 탄소 0.8[%]의 오스테나이트가 A_1 변태점에서 반응해서 된 공석정이다.
ⓔ 시멘타이트(cementite) : Fe_3C는 탄소 6.68[%]와 철의 화합물이다.

45 → ②

알루미늄 합금에는 실루민, Y합금, Lo-Ex 합금, 두랄루민 등이 있다.

46 → ①

스테인리스강이 수중(水中)에서 내식성이 가장 좋다.

47 → ④

각 조직의 경도 순서는 시멘타이트 > 마르텐사이트 > 트루스타이트 > 솔바이트 > 펄라이트 > 오스테나이트 > 페라이트 순이다. 즉, 강의 표준 조직에서 경도가 가장 높은 것은 시멘타이트이고, 담금질 조직에서 경도가 가장 높은 것은 마르텐사이트이다.

48 → ④

탄소강에 하나 또는 여러 종류의 합금원소를 첨가하여 여러 가지의 목적에 적합하도록 성질을 개선한 강을 합금강 또는 특수강이라 부른다.

49 → ②

질화법의 특징 : 침탄법보다 경도가 높으며, 질화 한 후의 열처리가 필요 없고, 경화에 의한 변형이 적으며, 경화층이 여리다. 또 질화 후 수정이 불가능하며, 고온으로 가열을 하여도 경도가 낮아지지 않는다.

50 → ①

베어링 합금의 구비조건은 마찰계수가 작을 것, 내마모성이 클 것, 내부식성이 클 것, 열전도성이 클 것 등이다.

51 → ②

황동합금의 종류
ⓐ 6·4황동 : 문쯔메탈이라고 하며 강도가 목적
ⓑ 톰백 : Cu-Zn 8~20[%] 첨가한 것으로, 황금빛이며 금대용품, 악세사리에 사용
ⓒ 델타메탈(철황동) : 6·4 황동-Fe 1~2[%]
ⓓ 쾌삭황동(연황동) : 6·4 황동-Pb 1~2[%]
ⓔ 양은 : 양백, 백동, 니켈 실버라 하며 7·3 황동에 Ni 15~20[%] 첨가
　※ 포금(Cu-Sn-Zn)은 청동의 구명칭이다.

52 → ④

합성수지는 가볍고 튼튼하며, 전기 절연성이 좋고, 가공성이 크며, 성형이 간단하다.

53 → ②

합성수지의 특징
㉠ 전기의 절연성이 우수하고 열에 약하다.
㉡ 가볍고 내구성이 좋다.
㉢ 가공성이 용이하고, 성형이 간단하여 대량생산에 적합하다.
㉣ 투명하고 채색, 착색이 자유롭다.
㉤ 산, 알칼리, 화학 약품 등에 강하다.

54 → ④

화이트메탈(white metal)은 납(Pb), 주석(Sn)을 주성분으로 하고 여기에 적당한 양의 Sb, Cu 등을 첨가한 합금이며, 배빗메탈(Babbit metal)이라고도 한다.

55 → ②

황동은 구리(Cu) + 아연(Zn)의 합금이며, 청동은 구리(Cu) + 주석(Sn)의 합금이다.

56 → ②

두랄루민(duralumin)은 대표적인 단조용 알루미늄 합금이다.
※ 내열용 알루미늄 합금 : Y합금(Y alloy), 로엑스(Lo-Ex), 코비탈륨(cobitalium)

57 → ④

화이트 메탈
㉠ 배빗 메탈(babbit metal)이라고도 한다.
㉡ Sn-Sb-Cu계 주석계 합금이다.
㉢ 고속·고하중용 베어링으로 사용한다.

58 → ②

두랄루민 : Al, Cu, Mg의 합금으로, 인장강도가 크고 시효에 의해 합금이 단단해지는 시효경화가 일어난다.

59 → ②

합성수지의 성질
㉠ 열에 약하고, 표면경도가 낮기 때문에 내마모성이 떨어진다.
㉡ 내식성 및 절연성이 좋다.
㉢ 가공성이 좋고, 성형이 간단하다.
㉣ 투명한 것이 많고 착색이 용이하며 가볍고 튼튼하다.

60 → ①

Y합금 : 알루미늄(Al) + 구리(Cu) + 니켈(Ni)의 합금으로, 내열성이 좋아 실린더 헤드 및 피스톤의 재료로 사용된다.

61 → ①

kelmet 메탈은 동(구리)에 납을 30~40[%] 첨가한 것이다.

62 → ③
Y합금은 알루미늄(Al) + 구리(Cu) + 마그네슘(Mg) + 니켈(Ni)의 합금이며, 내열성이 커서 실린더 헤드나 피스톤의 재료로 사용된다.

63 → ③
절삭공구용 특수강 : 다이스강, 합금공구강, 고속도강, 스텔라이트, 세라믹 등

64 → ④
두랄루민은 알루미늄(Al) − 구리(Cu) − 마그네슘(Mg) − 아연(Mn)으로 구성된 합금으로 인장강도가 크고 시효경화를 일으키는 고력(고강도) 알루미늄 합금이다.
※ 시효경화 : 시간이 지남에 따라 단단해지는 성질

65 → ②
베어링 합금재료에는 화이트메탈, 배빗메탈, 켈밋합금, 인청동 등이 있다.

66 → ④
시멘타이트 조직의 특징은 고용한계 이상으로 탄소가 고용되면 탄소와 철이 화합하여 탄화철(Fe_3C)이 되고, 백색이고 매우 단단하며 여린 결정이다. 또 210[℃]에서 자기변태를 일으키며, Fe−C 상태도에서 탄소가 약 6.67[%] 함유되었을 때 나타나는 조직으로 강(鋼) 조직 중에서 경도가 가장 크다.

67 → ①
열경화성 수지의 종류에는 페놀수지, 멜라민수지, 에폭시수지, 요소수지 등이 있다.

68 → ②
황동(놋쇠)은 구리(Cu) + 아연(Zn)의 합금이고 청동은 구리와 주석의 합금이다.

69 → ④
강화유리는 보통 판유리를 600[℃] 정도의 가열온도로 열처리하고 냉각공기에 의해 급랭시켜 강화한 유리로 일반유리에 비해 굽힘강도, 내충격성, 내열성, 강도, 안정성이 좋으며, 곡선유리의 자유화가 쉽고, 유리파편의 결정질이 작다.

70 → ④
알루미늄의 특징
㉠ 가볍고, 강도가 낮아 합금원소를 첨가하여 사용한다.
㉡ 내열성 및 내식성이 강하여 여러 용도로 사용된다.
㉢ 비중은 2.7로 철의 약 1/3 정도이다.
㉣ 전기 및 열의 전도성이 매우 크다.
㉤ 자동차의 트랜스미션 케이스, 피스톤, 엔진블록 등에 사용된다.

71 → ②
냉각방식(조건)에 따른 변화 조직
㉠ 노중냉각 : 펄라이트

ⓒ 기름냉각 : 트루스타이트
ⓒ 공기냉각 : 솔라이트
ⓔ 수중냉각 : 마르텐사이트

72 → ③

동과 동합금의 특징
㉠ 황동은 구리(Cu)와 아연(Zn)의 합금이다.
㉡ 전기 전도율이 은(Ag) 다음으로 크다.
㉢ 청동은 구리(Cu)와 주석(Sn)의 합금이다.
㉣ 인청동은 구리나 청동에 인(P)을 첨가한 것으로, 내마멸성과 내부식성이 커서 베어링 재료로 사용된다.

73 → ④

황(S)은 고온취성을 일으키며, 인장강도, 연신율, 충격값을 저하시켜 탄소강에 가장 유해한 원소이지만, 절삭성능을 향상시키는 역할을 한다.

74 → ①

네오프렌은 천연고무와 비슷한 성질을 가진 합성고무로 천연고무보다 내유성, 내산성, 내열성이 더 우수하여 가스켓 재료로 많이 사용된다.

75 → ③

황(S)성분이 약 30 ~ 50[%] 함유된 고무를 경질고무라 한다.

76 → ④

표면 경화법 : 강의 내부는 원래 금속 성질을 그대로 두고 표면만 열처리하여 1[mm] 정도 경도를 증가시키는 방법이다.

77 → ①

18-4-1형 고속도강의 표준조성은 텅스텐(W, 18[%]), 크롬(Cr, 4[%]), 바나듐(V, 1[%])이다.

78 → ①

섬유강화 플라스틱은 비중은 강의 약 1/3 ~ 1/4 정도로 경량이며, 비탄성 에너지가 크고, 내식성이 우수하며, 설계 자유도가 큰 장점이 있다. 섬유로 강화되기 때문에 섬유방향만 강화되는 예방성이고, 피로강도가 낮다. 층간 전단강도, 가로탄성계수, 내열강도가 낮으며, 내마모성이 적고, 판 스프링의 경우 구멍부분의 강도가 떨어지는 단점이 있다.

79 → ④

탄성 에너지는 응력의 제곱에 비례하며,
$\left(u = \dfrac{\sigma^2}{2E} \right)$, $2^2 = 4$, 즉 4배가 된다.

80 → ②

두랄루민은 Al + Cu + Mg + Mn의 합금으로, 무게가 가볍고 강도가 강한 특성을 가지고 있으며, 인장강도가 크고 담금질을 하면 시효경화를 일으킨다.

81 → ③

망간(Mn)
㉠ 강도, 경도, 인성을 증가시키며 단금질성을 향상시킨다.
㉡ 고온가공이 용이하며 고온에서 결정이 거칠어지는 것을 방지한다.
㉢ 적열취성과 탄소의 흑연화를 방지한다.

82 → ①

베이클라이트는 페놀계 합성수지로서 베이클라이트판은 절연체로서 유명한데, 이 수지의 열경화성을 이용해서, 근년에 와서는 셸형 주물의 점결제로서 쓰이고 있다.

83 → ②

베어링 합금재료는 화이트 메탈, 배빗 메탈, 켈밋 합금, 인청동 등이 있으며 베어링 합금재료는 다음과 같다.
㉠ 화이트 메탈 : 납(Pb) + 아연(Zn)
㉡ 켈밋 메탈 : 구리(Cu) + 납(Pb)
㉢ 배빗 메탈 : 안티몬(Sb) + 주석(Sn) + 구리(Cu)

84 → ②

금속표면처리법
㉠ 크로마이징(chromizing) : 표면에 크롬(Cr)을 침투처리하므로 크롬 확산 피복법이라고도 하며, 내식성, 산화성, 내고온성 증가에 좋다.
㉡ 칼로라이징(calorizing) : 표면에 알루미늄(Al)을 침투처리하므로 내열성, 내식성 증가에 좋다.
㉢ 실리콘나이징(siliconizing) : 표면에 규소(Si)를 침투처리하므로 내마모성 증가에 좋다.
㉣ 세라다이징(sheradizing) : 표면에 아연(Zn)을 침투처리 하므로, 부식방지용으로 사용된다.

85 → ③

다이캐스팅용 Al 합금에 요구되는 성질
㉠ 유동성이 좋을 것
㉡ 응고 및 수축에 대한 용탕보급성이 좋을 것
㉢ 금형에 부착되지 않을 것
㉣ 열간취성이 작을 것

제 02 편 해설 및 정답

01 → ①

02 → ③

03 → ④

정적시험이란 재료에 일정한 하중을 가해 시험하는 것이며, 충격시험이란 재료에 충격을 가하는 동적시험이다.

04 → ①

05 → ③

인장시험 편에서 변형량은 탄성계수에 반비례한다.

06 → ③

$$\frac{L_1 - L}{L} \times 100 = \frac{60 - 50}{50} \times 100 = 20[\%]$$

07 → ④

08 → ①

금속 재료시험에는 기계적 시험(파괴시험)과 비파괴시험이 있으며, 기계적 시험에는 인장시험, 경도시험, 피로시험, 충격시험, 비틀림시험 등이 있다.

09 → ④

10 → ③

③ 충격에 의해 생기는 응력은 정하중으로 작용하는 경우의 2배가 된다.

11 → ③

응력-변형 곡선
㉠ A : 비례한계
㉡ B : 탄성한계
㉢ C : 항복점
㉣ D : 인장강도

12 → ①

경도시험 방식
• 브리넬 경도시험 : 압입자 자국
• 비커즈 경도시험 : 압입자 자국

- 로크웰 경도시험 : 압입자 자국
- 쇼어 경도시험 : 반발높이

13 → ②

침투시험은 비자성 재료의 표면에 작은 구멍이나 틈을 검출하는 시험방법으로 가장 적합하다.

14 → ①

경도 시험기의 종류와 그 특성
- ㉠ 브리넬 경도 : 고 탄소강의 ball에 일정한 하중을 주어 시험면에 발생한 오목 부분의 표면적으로 하중을 나눈 값으로 경도를 시험하는 방법이다.
- ㉡ 로크웰 경도 : 경질 재료에는 다이아몬드 원뿔(C스케일)을, 연질 재료에는 ball(B스케일)을 일정한 하중으로 눌러 그 압입된 깊이로 경도를 구한다.
- ㉢ 쇼 경도 : 다이아몬드를 끝에 고정시킨 낙하물을 일정한 높이에서 시험편에 낙하시켰을 때 반발하여 올라온 높이를 측정하는 경도 시험기이다.
- ㉣ 비커스 경도 : 다이아몬드 사각뿔을 가진 피라미드형 압입자로 일정한 하중을 주어 시험면에 생긴 오목부의 표면적으로 경도를 측정하며, 피라미드의 꼭지각은 136°이며, 하중은 120[kgf]이다.

15 → ①

16 → ④

17 → ②

18 → ②

19 → ③

S-N(응력-진폭)곡선은 피로 사이클수 곡선으로 응력(응력-진폭) 준위와 피로 수명 한계의 판단기준이 된다.

20 → ②

$$\sigma_a = \frac{P}{A} = \frac{1570}{0.785 \times 10 \times 10} = 20[\text{kg/mm}^2]$$

21 → ②

화학성분검사는 원소를 연소시킨 후 X-ray 파장검사로 분석하는 방법이다.

22 → ②

23 → ③

방사선 투과 검사법은 용접부의 비파괴 검사 방법 중 가장 적합하다.

24 → ②

금속재료의 시험에서 인장시험에 의해서 산출하는 것은 항복강도, 연신율, 단면 수축률 등이다.

25 → ②

제 03 편 해설 및 정답

01 → ②

톱니 와셔는 자동차나 소형 전자부품을 조립할 때 많이 사용하며 스프링 작용을 할 수 있는 톱니에 의하여 체결볼트와 너트의 풀림을 방지할 수 있고, 여러 번 사용할 수 있는 이점이 있다.

02 → ③

㉠ 인장응력(σ_a) = $\dfrac{\text{인장강도}}{\text{안전율}} = \dfrac{5,400}{3} = 1,800$

㉡ 호칭지름(d_0) = $\sqrt{\dfrac{W}{\dfrac{\pi}{4} \times \left(\dfrac{d_1}{d}\right) \times \sigma_a}}$

$= \sqrt{\dfrac{15,000}{0.785 \times 0.62 \times 1,800}} = 4.14\,[\text{cm}]$

$= 41.4\,[\text{mm}]$

∴ M42를 선택한다.

03 → ①

$\eta_t = \dfrac{p-d}{p} \times 100$

∴ $\eta_t = \dfrac{65-17}{65} \times 100 = 73.8\,[\%]$

여기서, η_t : 판의 효율
  p : 피치[mm]
  d : 리벳의 지름[mm]

04 → ①

회전력, 전달력, 토크의 크기 : 세레이션 > 스플라인 > 접선키 > 성크키 > 반달키 > 평키 > 안장키 > 핀키

05 → ④

리벳이음에서 리벳효율을 나타내는 공식은 $\eta = \dfrac{n\pi d^2 \tau}{4Pt\sigma}$ 이다.

06 → ②

리드 : 나사가 1회전 할 때, 나사가 진행한 거리로써, 리드 = 피치×줄수 ($L = p \times n$)로 구할 수 있다.

$$P = \frac{l}{n} = \frac{36}{3} = 12[\text{mm}]$$

07 → ②

$$d = \sqrt{\frac{2W}{\sigma_a}} = \sqrt{\frac{2 \times 1,000}{10}} = 14.14[\text{cm}]$$

∴ M16을 사용하여야 한다.

08 → ①

㉠ 플렉시블 축 : 휨(굽힘)을 이용하여 충격을 완화하는 축이며 비틀림에 대해서는 비교적 강하나 굽힘에 대해 약하다.
㉡ 직선축 : 흔히 사용하는 곧은 축이다.
㉢ 크랭크축 : 직선왕복운동을 회전운동으로 변화시킬 때 사용하는 축이다.
㉣ 중간축 : 전동축의 한 종류이며 선축에서 동력을 받아 각각의 기계에 필요한 속도와 방향을 조정해서 동력을 전달시키는 축이다. 전동축의 동력 전달 순서는 주축→선축→중간축이다.

09 → ②

마찰각(ρ)이 리드각(λ)보다 커야 하는데 이것을 나사의 자립조건이라 한다.

10 → ③

회전력의 전달과 동시에 보스를 축방향으로 이동할 수 있는 키는 페더 키이다.

11 → ②

리벳 이음의 특징
㉠ 대형 구조물일 경우 현장조립을 할 때 용접이음보다 쉽다.
㉡ 용접이음과 달리 고열에 의한 잔류응력이 발생하지 않아 취약 파괴가 일어나지 않는다.
㉢ 용접이음과 같이 강판 등을 영구적으로 접합할 때 사용한다.
㉣ 경합금과 같이 용접이 곤란한 재료에는 용접이음보다 신뢰성이 있다.
㉤ 이음효율이 낮고, 이음부분 판제의 두께에 제한을 받는다.
㉥ 이음부를 겹쳐야 하므로 무게가 무거워진다.

12 → ③

13 → ③

$l = n \times p$
$L = n \times p \times R$
$12 = p \times 2 \times 2$
∴ $p = 3[\text{mm}]$
$l = 2 \times 3$
$ = 6[\text{mm}]$

여기서, l : 리드 n : 줄의 수 p : 피치 L : 나사 이동거리 R : 회전 수

14 → ②

동력용 나사의 전체효율을 구할 때는 리드, 나사산에 작용하는 하중, 나사를 돌리는 데 필요한 토크가 필요하다.

15 → ④

16 → ①

헬리서트(Heli sert)는 마모된 암나사를 재생하거나 강도가 불충분한 재료의 나사 체결력을 강화시키는데 사용되는 기계요소이다.

17 → ④

핀의 종류

㉠ 평행핀(Dowel Pin) : 기계부품을 조립, 안내위치를 결정할 때 사용한다.
㉡ 분할핀(Split Pin)
  • 너트의 풀림을 방지한다.
  • 핀이 빠지는 것을 방지한다.
㉢ 테이퍼핀
  • 작은 핸들이나 축이음 등을 축에 장치하는데 사용한다.
  • 정밀한 위치를 결정하는데 사용한다.
  • 호칭지름 : 작은 쪽(가는 쪽)의 지름으로 표시한다.
㉣ 스프링핀 : 세로방향으로 쪼개져 있어 구멍의 크기가 정확치 않아도 되며 해머로 때려서 박을 수 있다.
㉤ 너클핀 : 2개의 막대를 그 축을 포함하는 평면 내에서 회전할 수 있게 연결한다.

18 → ②

세로방향으로 쪼개져 있어 구멍의 크기가 핀보다 작아도 망치로 때려 박을 수 있는 핀으로, 충격이나 진동을 받는 곳에 사용하며 지지력이 매우 큰 장점이 있는 핀은 스프링 핀이다.

19 → ②

접선키

㉠ 역전을 가능하게 하기 위해 120° 각도로 두 군데 키를 설치한다.
㉡ 큰 동력 전달에 적당하다.
㉢ 정사각형의 키를 90°로 배치한 것을 케네디키라 한다.

20 → ②

① 너클나사(둥근나사, 전구나사) : 이물질의 침입을 방지할 목적으로 사용한다(전구소켓, 호스연결용).
② 톱니나사 : 추력이 한 방향으로만 작용할 때 사용되는 것으로 주로 바이스, 압착기 등에 사용된다.
③ 볼나사 : 암나사, 수나사 양쪽에 홈을 파서 홈 사이에 수많은 볼을 배치한 것으로 구름접촉

(rolling contact)을 한다. 따라서 마찰이 아주 적다.
④ 삼각나사 : 나사선이 삼각형으로 된 것을 말하며, 체결용으로 많이 사용한다.

21 → ③

③ 둥근나사(너클나사) : 아주 큰 힘을 받는 곳이나 매몰용으로 전구나 호스 등에 사용한다.
① 사각나사 : 잭, 프레스 등의 동력전달용으로 사용한다.
② 톱니나사 : 산의 각도(30°, 45°), 한쪽 방향으로 힘이 작용하는 바이스, 착암기 등에 사용한다.
㉣ 사다리꼴(애크미) 나사 : 산의 각도(미터계 30°, 인치계 29°) 공작기계의 이송용으로 사용한다.

22 → ①

① 스플라인 축은 큰 토크를 축에서 보스로 전달시키려면 1개의 키(key)만으로 전달시키는 것은 불가능하므로 4개 ~ 수십 개의 키를 같은 간격으로 축과 일체로 만든 것이다.
② 코터란 기울기를 가진 평판모양의 쐐기이며 기본적으로 회전력을 전달하고, 축방향 인장이나 압축을 받는 2개의 봉을 연결하는 기계요소로 분해할 필요가 있을 때 사용하는 이음이다.
③ 리벳이란 강판이나 형강을 영구적으로 결합하는 부품이다.
④ 스냅 링이란 축이나 구멍에 부착하여 베어링 등의 부품이 빠지지 않도록 사용하는 스프링 부품이다.

23 → ④

나사의 설명
- M : 미터나사(나사의 종류)
- 5 : 호칭 지름
- 0.8 : 피치
- 피치가 0.8[mm]인 나사를 180° 회전시키면 리드는 0.4[mm]이다.

24 → ①

키의 종류
㉠ 묻힘키(Sunk Key)
  - 축과 보스 양쪽에 모두 키 홈이 있으며 가장 널리 사용한다.
  - 키 윗면의 구배(기울기)가 1/100 정도 된다.
㉡ 안장키(Saddle Key)
  - 축은 가공하지 않고 보스만 가공하여 마찰력만으로 회전력을 전달한다.
  - 큰 힘의 전달에는 적합하지 않다.
㉢ 미끄럼키(=페더키, 안내키) : 키에 구배가 없는 키로 회전력의 전달과 동시에 보스를 축방향으로 이동이 가능하다.
㉣ 핀키(둥근키) : 회전력이 극히 작은 곳에 사용한다.

25 → ①
리벳이음에서 1피치 내의 리벳 전단면의 수가 증가함에 따라 리벳의 효율은 증가한다.

26 → ④
미끄럼키(=페더키, 안내키)는 키에 구배가 없는 키로 회전력의 전달과 동시에 보스를 축방향으로 이동 가능하다.

27 → ②
나사의 유효지름은 3침법으로 측정하는 것이 가장 적합하다.

28 → ②
나사의 종류
㉠ 삼각나사 : 나사선이 3각형으로 된 것을 말하며, 체결용으로 많이 사용한다.
- 미터나사 : 산의 각도 60°, 미터 단위로 표시, 기호 M
- 유니파이 나사(ABC나사) : 산의 각도 60°, 1인치 속의 산의 수로 표시, 기호 U
- 휘트워드 나사 : 산의 각도 55°, 1인치 속의 산의 수로 표시, 기호 W
- 관용나사 : 파이프에 수밀, 기밀유지용 나사, 산의 각도 55°, 1/16의 테이프를 둔다.

㉡ 사각나사 : 잭, 프레스 등의 동력전달용으로 사용한다.
㉢ 사다리꼴(애크미) 나사 : 산의 각도(미터계 30°, 인치계 29°), 공작기계의 이송용으로 사용한다.
㉣ 톱니나사 : 산의 각도(30°, 45°), 한쪽 방향으로 힘이 작용하는 바이스, 착암기 등에 사용한다.
㉤ 둥근나사(너클나사) : 아주 큰 힘을 받는 곳이나 매몰용으로 전구나 호스 등에 사용한다.

29 → ①
유효지름이란 수나사와, 암나사가 접촉하고 있는 부분의 평균지름, 즉 나사산의 두께와 골의 틈새가 같은 가상원통의 지름을 말한다.

30 → ②
나사의 풀림 방지방법
㉠ 분할 핀 사용
㉡ 로크 너트 사용
㉢ 스프링 와셔 사용
㉣ 멈춤 나사(세트 스크루) 사용
② 캡 너트는 너트의 한쪽 면을 막아 너트의 외관을 좋게 하고, 기밀과 수밀 등의 유지를 위해 사용되는 너트이다.
※ 분할 핀 : 핀이 두 갈래로 분리된 형태의 핀으로, 핀 홀에 끼워 양쪽이 엇갈리게 꺾음으로 결합된 볼트, 너트의 풀림을 방지한다.

31 → ④
인장응력 $= \dfrac{W}{(p-d)t} = \dfrac{1,200}{(50-20) \times 12} = 3.3 [\text{kgf/mm}^2]$

32 → ②

스플라인 축은 큰 토크를 축에서 보스로 전달시키려면 1개의 키(key)만으로 전달시키는 것은 불가능하므로 4개~수십 개의 키를 같은 간격으로 축과 일체로 만든 것이다.

33 → ④

코터란 기울기를 가진 평판모양의 쐐기이며 기본적으로 회전력을 전달하고, 축방향 인장이나 압축을 받는 2개의 봉을 연결하는 기계요소로 분해할 필요가 있을 때 사용하는 이음이다.

34 → ④

나사산의 각도는 60°이고, 보통나사와 가는 나사가 있으며 미국, 영국, 캐나다 등 세 나라의 협정나사로서, ABC 나사라고도 하는 것은 유니파이 나사이다.
※ 유니파이 나사는 유니파이 보통나사(UNC)와 유니파이 가는 나사(UNF)로 분류된다.

36 → ③

① 볼 나사 : 수나사와 암나사의 홈에 볼이 들어 있어 베어링과 유사한 형태를 가지며, 마찰계수가 작고 효율이 높으며 운동전달이 가벼워 운동용 나사로 주로 사용된다.
② 세트 스크루 : 키의 대용으로 사용되기도 하며 나사 끝의 마찰압착 등에 의해 고정시키거나 풀림을 방지할 때 사용된다.
③ 태핑 나사 : 나사의 끝을 침탄처리한 작은 나사로서, 주로 얇은 판의 연결에 사용하며, 암나사를 만들지 않고 드릴 구멍에 끼워 암나사를 내면서 조여지는 나사이다.

37 → ④

호칭지름은 수나사와 암나사의 치수를 대표하는 지름을 뜻하고, 수나사는 바깥지름, 암나사는 안지름 치수를 말한다.

38 → ③

코킹(caulking)이란 리벳팅이 끝난 뒤에 리벳 머리 주위 또는 강판의 가장자리를 정이나 끌 같은 공구로 때려 그 부분을 밀착시켜 틈을 없애는 작업을 말한다.

39 → ④

㉠ 뚜껑에 작용하는 전체 하중
$$W = 0.785 d^2 P = 0.785 \times 100^2 \times 5$$
$$= 39,250 [\text{kgf}] \quad (d : \text{지름}, \ P : \text{내압})$$

㉡ 볼트 1개에 작용하는 하중
$$W = \frac{39,250}{18} = 2,181 [\text{kgf}]$$

㉢ 볼트 지름(d)
$$d = \sqrt{\frac{4W}{\pi \cdot \sigma_a}} = \sqrt{\frac{4 \times 2,181}{3.14 \times 1,000}} = 1.67 [\text{cm}]$$

40 → ②

압력용기에 작용하는 힘

$$W = P \times A = 5[\text{N/cm}^2] \times \frac{\pi}{4}(100[\text{cm}])^2 = 39{,}270[\text{N}]$$

$$\therefore \frac{39{,}270}{18} = 2{,}182[\text{N}]\,(18개\ 볼트\ 중\ 볼트\ 1개가\ 받는\ 힘)$$

볼트 골지름 $d_1 = \sqrt{\dfrac{1.27\,W}{\delta}}$

$$d_1 = \sqrt{\frac{1.27 \times 2{,}182}{1{,}000}}$$
$$= 1.66[\text{cm}] = 16.6[\text{mm}]$$

∴ 골지름이 16.6[mm]보다 큰 것으로 적당한 것은 M22(골지름 19.24[mm])이다.

41 → ④

강도가 불충분한 재료의 나사 체결력을 강화시키고, 마모된 암나사를 재생하는 기계요소는 헬리 인서트로, 암나사와 수나사 사이에 삽입하여 사용한다.

42 → ③

유효지름은 수나사와 암나사가 접촉하는 부분의 평균지름을 뜻한다.

43 → ②

코터는 축의 회전력 전달보다는 인장력이나 압축력을 받는 2개의 축을 연결하는 기계요소로, 자주분해, 조립하는 곳에서 주로 사용한다.

44 → ③

중심거리 공식

- 외접 기어 $A = \dfrac{D_1 + D_2}{2} = \dfrac{(Z_1 + Z_2)}{2}m$
- 내접 기어 $B = \dfrac{D_1 - D_2}{2} = \dfrac{(Z_1 - Z_2)}{2}m$

45 → ④

플렉시블 커플링은 두 축의 중심선을 완전일치하기 어려운 경우 충격 및 진동을 방지하는 경우 사용하며, 고무 등의 탄성이 있는 물체를 축 사이에 넣고 축을 3~5° 각도를 주어 두 축 교차할 때 사용하며, 각도가 크게 되면 진동을 일으키기 쉽다. 흔히 자재이음(universal joint)이라고 부른다.

46 → ①

$$F = \mu \times W = 0.15 \times 280 = 42[\text{N}]$$

여기서, F : 제동력 μ : 마찰계수 W : 브레이크 블록을 누르는 힘

47 → ②

전달동력[kW] $= \dfrac{F \times v}{1000}$

$$v = \frac{\pi DN}{60} = \frac{3.14 \times 0.3 \times 200}{60} = 3.14$$

$$F = \mu \times W = 0.3 \times 400 = 120$$
$$\therefore \text{kW} = \frac{120 \times 3.14}{1000} = 0.377[\text{kW}]$$

여기서, F : 마찰력
    μ : 마찰계수
    V : 마찰차속도
    W : 전달동력

48 → ③

와셔의 사용목적
㉠ 볼트 머리 부분이 지름보다 클 때
㉡ 접촉면이 고르지 못하고 경사가 졌을 때
㉢ 자리가 다듬어지지 않았을 때
㉣ 너트가 재료를 파고 들어갈 염려가 있을 때
㉤ 가스켓을 조일 때
㉥ 고무나 나무같이 내 압력이 작을 때
㉦ 너트의 풀림 방지를 위할 때

49 → ②

두 개의 축이 평행한 경우에 사용하는 원통형의 마찰차로 일정한 속도로 동력전달은 가능하지만 속도를 가변할 수 없어 무단 변속으로 사용이 불가능하다.

50 → ③

③ 유니버설 커플링(자재이음) : 두 축이 일직선상에 있지 않고 서로 교차하는 경우에 사용하고 두 축이 만나는 각이 45°가 넘으면 사용 불가능하다. 그래서 일반적으로 30° 이하로 하여 사용한다.
① 고정 커플링(fixed coupling) : 일직선상에 있는 두 축을 연결한 것으로 상호 이동이 전혀 허용되지 않는 커플링이다.
② 플렉시블 커플링(flexible coupling) : 두 축의 중심을 완벽하게 일치시키기 어려울 경우나 진동이 발생하기 쉬운 경우, 고무, 가죽, 금속판 등과 같이 유연성이 있는 것을 매개로 사용하는 커플링이다.
④ 올덤 커플링(oldham's coupling) : 두 축이 평행이고 그 축의 중심선이 약간 어긋나며 그 거리가 비교적 짧은 경우 사용한다. 그리고 진동이나 마찰이 커 고속회전에는 부적당하다.

51 → ③

원동차 지름이 180[mm]이고, 속도비가 1/3이므로 피동차 지름은 540[mm]
$$\therefore \text{중심거리} = \frac{180 + 540}{2} = 360[\text{mm}]$$

52 → ④

지름피치는 피치원의 지름(지름피치의 경우는 피치원의 지름은 inch 단위로 나타냄)으로 잇수를 나눈 값이다.

※ 기어의 이의 크기 표시방법

㉠ 원주피치$(CP) = \dfrac{\text{피치원의 둘레}}{\text{잇수}} = \dfrac{\pi D}{Z}[\text{mm}]$

㉡ 모듈$(m) = \dfrac{\text{피치원의 지름}}{\text{잇수}} = \dfrac{D}{Z}$

즉, $D = mZ[\text{mm}]$

여기서 $D_1 = mZ_1$, $D_2 = mZ_2$

㉢ 지름피치(DP)
$= \dfrac{\text{잇수}}{\text{피치원의 지름}(inch)} = \dfrac{25.4 \cdot Z}{D}$

㉣ 기초원피치(ground diameter pitch : p_g)=법선피치(normal pitch : p_n)

$\pi D_g = p_g Z$에서 * D_g : 기초원지름

$p_g = \dfrac{\pi D_g}{Z}$

㉤ 외경(D_0)

$D_0 = m(Z+2) = \dfrac{(2+Z)}{DP}$

53 ➜ ③

축간거리 $L = \dfrac{D_1 + D_2}{2} = 600[\text{mm}]$

∴ $D_1 + D_2 = 1{,}200[\text{mm}]$, $N_1 : N_2 = 2 : 1$이므로,

∴ $D_1 = 400[\text{mm}]$, $D_2 = 800[\text{mm}]$

54 ➜ ②

$L = \dfrac{D_1 + D_2}{2}$

$= \dfrac{D_1 + D_2}{2} = 300[\text{mm}]$

두 기어의 속도비가 2 : 3이므로 지름의 비는
360[mm] : 240[mm]이다.

∴ $D_0 = D + 2M = 240 + 2 \times 6 = 252[\text{mm}]$

여기서, L : 중심거리[mm]

D_1 : 큰 기어의 지름[mm]

D_2 : 작은 기어의 지름[mm]

M : 모듈

55 ➜ ③

$N_3 = N_1 \times \dfrac{Z_1}{Z_2} \times \dfrac{Z_3}{Z_4}$

$$= 300 \times \frac{30}{40} \times \frac{20}{30} = 150$$

따라서 I축의 방향과 같기 때문에 우회전 150[rpm]이다.

56 → ②

차축은 주로 굽힘 작용을 받으면서 회전력은 거의 전달하지 않는 축이다.

57 → ②

미끄럼 베어링 재료의 구비조건은 열에 녹아 붙음이 일어나기 어려울 것, 마멸이 적고 면압강도가 클 것, 피로한도가 클 것, 내식성이 높을 것 등이다.

58 → ④

$$D_o = m(Z+2) = 4 \times (40+2) = 168 [\mathrm{mm}]$$

여기서, D_0 : 기어의 바깥지름
  m : 모듈
  Z : 잇수

59 → ③

$$Kw = \frac{2 \times \pi \times T(\text{회전력}:\mathrm{kgf-m}) \times R(\text{회전수}:\mathrm{rpm})}{102 \times 60[\mathrm{rpm \to rps}] \times 1000[\mathrm{m \to mm}]}$$

$$T = \frac{102 \times 60 \times 2.5 \times 1000}{2 \times \pi \times 300} = 8121.02 [\mathrm{kgf \cdot mm}]$$

60 → ④

구름 베어링(Rolling Bearing)
  ㉠ 볼 베어링(Ball Bearing)
   • 레이디얼 볼 베어링 : 하중이 축에 수직으로 작용
   • 트러스트 볼 베어링 : 하중이 축방향(축에 평행)으로 작용
  ㉡ 롤러 베어링(Roller Bearing)
   • 레이디얼 롤러 베어링 : 하중이 축에 수직으로 작용
   • 트러스트 롤러 베어링 : 하중이 축방향(축에 평행)으로 작용
  ※ 미끄럼 베어링(Sliding Bearing) : 전동체(볼, 롤러)가 없다.

61 → ③

굽힘 모멘트만을 받는 실체축의 경우 : 공학단위

$$d = \sqrt[3]{\frac{10.2M}{\sigma_a}} = \sqrt[3]{\frac{10 \times 3000}{10}} = 14.5 [\mathrm{mm}]$$

M : 굽힘 모멘트[kgf · mm]
σ_a : 허용 굽힘응력[kgf/mm$_2$]

62 → ④

랙과 피니언은 회전운동을 직선운동으로 변환시키는 기어이다.

63 → ②

모듈 $M = \dfrac{D}{Z}$

$D = M \times Z = 3 \times 30 = 90$

∴ $OD = D + 2M = 90 + 2 \times 3 = 96$

여기서, M : 모듈
 Z : 잇수
 D : 지름[mm]
 OD : 외경[mm]

64 → ④

유니버설 이음(universal joint)은 자재이음이라고도 하며, 두 축이 같은 평면 내에서 30° 이하의 각도로 교차한 상태로 토크를 전달할 때 사용되는 커플링의 일종이다.

65 → ④

$Ps = \dfrac{2 \times \pi \times T(\text{회전력} : \text{kgf} - \text{m}) \times R(\text{회전수} : \text{rpm})}{75 \times 60[\text{rpm} \to \text{rps}] \times 100[\text{m} \to \text{cm}]}$

$T = \dfrac{75 \times 60 \times 80 \times 100}{2 \times \pi \times 700} = 8185.14[\text{kgf} \cdot \text{mm}]$

66 → ②

축설계에 있어 고려해야 할 사항은 축의 길이, 회전체의 무게, 축의 단면 2차 모멘트(관성 모멘트), 피로 및 충격, 축의 강도, 축의 고유진동 등이며, 양단이 베어링으로 지지되어 있으므로 전단력은 작용하지 않기 때문에 전단탄성계수는 필요하지 않다.

67 → ②

$R = \dfrac{MZ}{2} = \dfrac{2 \times 24}{2} = 24[\text{mm}]$

여기서, R : 피치원 반지름[mm]
 M : 모듈
 Z : 기어의 잇수

68 → ③

굽힘 모멘트만을 받는 실체축의 경우 : S.I단위

$d = \sqrt[3]{\dfrac{10.2}{\sigma_a} M} \fallingdotseq 2.17 \sqrt[3]{\dfrac{M}{\sigma_a}}$

여기서, M : 축의 굽힘모멘트[N · mm]
 σ_a : 축의 허용 굽힘응력[N/mm^2]
 d : 축의 지름[mm]

∴ $d = \sqrt[3]{\dfrac{10.2 \times 3000}{10}} \fallingdotseq 14.5[\text{mm}]$

69 → ①

셀러 커플링은 내면이 원추형인 원통에 2개의 원추 키 모양의 슬릿을 가진 원추를 넣고 3개의 볼트로 죄어 두 축을 연결하는 것이다.

70 → ④

축의 위험속도(임계속도 : N_c) : 축의 회전속도가 축의 공진 진동수와 일치할 때의 속도를 말한다.

속도라고 해서 단위를 m/s로 생각하면 안 된다. 임계속도의 단위는 [rpm]이다.

㉠ 축의 회전속도가 어느 속도에 달하면 갑자기 진동을 일으킬 때의 회전수를 말한다.

㉡ 사용응력이 탄성한계를 넘어 축이 파괴되는 경우가 있다. 이를 방지하려면 기계의 상용 회전수는 위험속도로부터 항상 ±25[%] 이상 떨어지도록 설계를 하여야 한다. 예로 위험속도가 1000[rpm]이면 750 ~ 1250[rpm]의 사이를 벗어나게 사용회전수를 설계한다.

㉢ $N_c = \dfrac{30}{\pi}\sqrt{\dfrac{g}{\delta}}$ [rpm]

여기서, δ : 하중점의 처짐량

$g = 9.8[\text{m/s}^2] = 980[\text{cm/s}^2] = 9800[\text{mm/s}^2]$

(처짐량의 단위에 따라서 적용)

71 → ④

볼 베어링의 호칭 치수(6008)는 6 : 형식 번호(단열), 0 : 지름 번호(특별경 하중용), 08 : 안지름 번호, 안지름 20[mm] 이상 5000[mm] 미만은 안지름을 5로 나눈 수가 안지름 번호이다. 따라서 08×40[mm] 그리고 00인 경우는 안지름이 10[mm], 01은 안지름 12[mm], 02는 안지름 15[mm], 03은 안지름 17[mm]이다.

72 → ②

회전비 = $\dfrac{\text{구동 기어 잇수}}{\text{피동 기어 잇수}}$

$N_4 = \dfrac{Z_1}{Z'_2} \times \dfrac{Z_2}{Z'_3} \times \dfrac{Z_3}{Z'_4} \times N_1$

$\dfrac{45}{64} \times \dfrac{32}{75} \times \dfrac{15}{72} \times 1{,}600 = 100$

∴ N_4의 회전수 100

73 → ①

볼 베어링 수명 = $500 \times \left(\dfrac{C}{P}\right)^3 \times \dfrac{33.3}{N} = 500 \times \left(\dfrac{2400}{200}\right)^3 \times \dfrac{33.3}{500} = 57542.4$ 시간

여기서, C : 기본 부하용량
P : 베어링 하중
N : 회전속도

74 → ④

오일라이트(오일리스 베어링, oilless bearing)은 구리 90, 주석 10, 흑연분말 1~4[%]를 혼합하여 성형한 후 가열하고, 윤활제를 첨가하여 베어링 사용처중 주유가 곤란한 부분에 사용하는 베어링 합금이며, 인장강도가 적은 단점이 있다.

75 → ②

베어링 재료에 요구되는 성질
㉠ 마찰계수가 작고 녹아 붙지 않아야 한다.
㉡ 열전도율, 내마모성, 내부식성이 커야 한다.
㉢ 내식성이 크고 유막 형성이 가능해야 한다.
㉣ 하중 및 피로에 대한 충분한 강도를 가져야 한다.

76 → ①

① 리테이너 : 일정한 간격을 유지할 수 있게 하고, 서로 접촉을 피하고 마모와 소음을 방지한다.
② 스트레이너 : 크기가 큰 이물질을 걸러주는 1차 여과기의 일종
③ 패킹 : 내부와 외부를 차단하여 유입 및 유출을 막고 틈을 채워 주는 것
④ 실 : 패킹보다 넓은 의미로 밀봉의 뜻을 가지며 오일의 누설과 이물질의 침입을 방지한다.

77 → ④

저널(journal) : 미끄럼 베어링에서 베어링과 접촉하는 축 부분을 뜻하며, 하중의 방향에 따라, 레이디얼 저널과 스러스트 저널로 나뉜다.

78 → ④

㉠ $N_1 = \dfrac{630}{12} = 52.5[\text{rpm}]$

㉡ $N_2 = N_1 \times \dfrac{D_1}{D_2} = 52.5 \times \dfrac{200}{350} = 30[\text{rpm}]$

㉢ 20분 동안 회전수는 20분 × 30[rpm] = 600[rpm]

79 → ③

$l_1 \times F = l_2 \times W$의 식에서 브레이크에 가해지는 힘 $F = \dfrac{Wl_2}{l_1}$로 나타낼 수 있다.

80 → ④

$L_h = 500 \times \left(\dfrac{C}{P}\right)^3 \times \dfrac{33.3}{N} = 500 \times \left(\dfrac{18,000}{2,000}\right)^3 \times \dfrac{33.3}{150} = 80,919$

여기서, L_h : 베어링 수명
C : 기본 부하용량[kgf]
P : 베어링 하중[kgf]
N : 회전속도[rpm]

81 → ④

호칭번호의 마지막 2개의 숫자가 베어링 안지름을 나타낸다.

00	10[mm]
01	12[mm]
02	15[mm]
03	17[mm]
04 이후	해당 숫자 × 5 예) 04 × 5 = 20[mm]

82 → ②

원추피치란 피치원의 둘레를 잇수로 나눈 값을 말한다.

83 → ②

㉠ $T_e = \dfrac{102 \times \text{kW}}{v} = \dfrac{102 \times 20}{5} = 407[\text{kgf}]$

㉡ $T_s = T_e \times \dfrac{e^{\mu\theta}}{e^{\mu\theta} - 1}$

㉢ $v \leq 10[\text{m/s}]$일 때 : $e^{\mu\theta} = \dfrac{T_t}{T_s}$

㉣ $v > 10[\text{m/s}]$일 때 : $e^{\mu\theta} = \dfrac{T_t - \dfrac{wv^2}{g}}{T_s - \dfrac{wv^2}{g}}$

여기서, T_t : 긴장(인장)측 장력 T_s : 이완측 장력

부가장력(=원심장력) : $T_c = \dfrac{wv^2}{g}$

단, w : 단위 길이당 벨트의 무게
  ⇒ 문제에서 w가 없으면 $w = \gamma$(비중) × A(면적)

$= 408 \times \dfrac{2}{2-1} = 816[\text{kgf}]$

84 → ①

㉠ $C = \dfrac{D_1 + D_2}{2}$, $i = \dfrac{D_1}{D_2} = \dfrac{N_2}{N_1} = \dfrac{1}{3}$

㉡ $D_1 + D_2 = 2C = 2 \times 900 = 1800[\text{mm}]$

㉢ $\dfrac{1}{3}D_2 + D_2 = 1800 = \dfrac{1}{3}D_2 + \dfrac{3}{3}D_2 = 1800 = \dfrac{4}{3}D_2 = 1800$

∴ $D_2 = \dfrac{5400}{4} = 1350[\text{mm}]$

㉣ $D_1 = \dfrac{1}{3}D_2 = \dfrac{1}{3} \times 1350 = 450[\text{mm}]$

85 → ④

평 벨트 풀리의 벨트 접촉면의 중앙부가 약간 높은 것은 벨트의 이탈(벗겨짐)을 방지하기 위함이다.

86 → ③

$$P_\pi = \frac{\pi \times D_g}{Z} \times \cos\alpha$$

여기서, P_π : 법선피치[mm]

D_g : 기초원 지름[mm]

Z : 잇수, $\cos\alpha$: 압력각

∴ 물림률 $= \dfrac{7 \times \pi \times 30}{\pi \times 150 \times 0.93969} = 1.48$

87 → ④

㉠ 평행 걸기의 벨트 길이

$$L ≒ 2C + \frac{\pi}{2}(D_2 + D_1) + \frac{(D_2 - D_1)^2}{4C}$$

㉡ 십자 걸기의 벨트 길이

$$L ≒ 2C + \frac{\pi}{2}(D_2 + D_1) + \frac{(D_2 + D_1)^2}{4C}$$

88 → ②

체인전동의 특성

㉠ 미끄럼이 없어 일정한 속도비를 얻을 수 있다.
㉡ 유지 및 보수가 쉽다.
㉢ 큰 동력을 전달할 수 있고 효율(95[%] 이상)이 높다.
㉣ 내열, 내유, 내습성이 크다.
㉤ 수명이 길다.
㉥ 어느 정도의 충격을 흡수한다.
㉦ 진동과 소음이 발생하기 쉬워 고속회전에는 적합하지 않다(중요).
㉧ 초기 장력이 필요치 않으며 베어링의 마멸이 적다.

89 → ③

$\epsilon(=i) = \dfrac{N_2}{N_1} = \dfrac{D_1}{D_2} = \dfrac{mZ_1}{mZ_2} = \dfrac{Z_1}{Z_2}$ 에서

중동축 기어의 잇수 $= \dfrac{300 \times 20}{100} = 60$개

90 → ③

전위기어는 언더 컷을 피하려고 할 때, 이의 강도를 개선하려고 할 때, 중심거리를 변화시키려고 할 때 사용한다.

91 → ①

기어의 분류

㉠ 두 축이 평행한 경우
- 스퍼 기어
- 내접기어
- 헬리컬 기어
- 더블 헬리컬 기어
- 랙

㉡ 두 축이 만나는 경우
- 직선 베벨기어
- 스파이럴 베벨기어

㉢ 두 축이 만나지도 평행하지도 않는 경우
- 하이포이드 기어
- 스크류 기어
- 웜 기어

92 → ④

$$L = 2C + \frac{\pi}{2}(D_1 + D_2) + \frac{(D_2 - D_1)^2}{4C}$$
$$= 2 \times 500 + \frac{3.14(300 + 750)}{2} + \frac{(750 - 300)^2}{4 \times 500}$$
$$= 2750 [\text{mm}]$$

93 → ①

전동용 평벨트는 탄성이 커야 한다.

94 → ④

체인 전동장치의 특징

㉠ 미끄러지지 않고 속도비가 일정하다.
㉡ 전동 효율이 우수하다.
㉢ 체인 길이의 조정이 가능하고, 다축 전동이 용이하다.
㉣ 큰 동력을 전달할 수 있다.
㉤ 축간거리가 짧은 경우에 사용한다.
㉥ 회전속도가 그다지 빠르지 않은 곳에 사용한다.
㉦ 유지 및 수리가 쉽다.
㉧ 두 축이 평행하지 않으면 전동이 어렵다.

95 → ①

기어의 종류

㉠ 두 축이 만나는 기어 : 베벨 기어
㉡ 두 축이 서로 평행한 기어 : 스퍼 기어, 내접 기어, 헬리컬 기어, 더블 헬리컬 기어

ⓒ 두 축이 만나지도 평행하지도 않은 기어 : 스크류 기어, 하이포이드 기어, 웜과 웜 기어

96 → ③

기어의 맞물림에서 발생하는 언더컷을 방지하기 위해 표준절삭량보다 낮게 절삭하여 기준 피치선의 피치원보다 다소 바깥쪽으로 절삭한 기어는 전위 기어이다.

97 → ④

언더 컷(under cut)
ⓐ 용접전류가 과다하거나 용접속도가 빠를 때 용융이 지나치게 되어 비드 가장자리에 홈 또는 오목한 형상이 생기는 것을 말한다.
ⓑ 언더 컷 방지법
 • 용접각도를 정확히 유지하고, 아크 길이가 적당하게 한다.
 • 용접전류와 용접속도를 낮춘다.
 • 적합한 두께의 용접봉을 선택한다.

98 → ④

V벨트의 특징
ⓐ 운전 중 소음, 진동이 적고 충격을 완화시킨다.
ⓑ 축간거리가 짧아도 되며 설치면적을 절약할 수 있다.
ⓒ 미끄럼이 적어 큰 속도비를 얻을 수 있다(1 : 7 ~ 1 : 10).
ⓓ 장력이 적으므로 베어링의 부담하중이 적다.
ⓔ 작은 장력으로 큰 회전력을 얻을 수 있다.
ⓕ 고속운전이 가능하다(25[m/s]까지) ⇒ 수명을 길게 하기 위해서는 10 ~ 15[m/s]가 적당하다.

99 → ②

전달마력 = $\dfrac{(긴장측\ 장력 - 이완측\ 장력) \times 회전속도}{75} = \dfrac{(114 - 45) \times 4}{75} = 3.7[\text{PS}]$

100 → ③

클러치 전달토크(T) = $\left(\dfrac{D_1 + D_2}{2}\right) F\mu = \left(\dfrac{300 + 250}{2}\right) \times 500 \times 0.2 = 27500$

D_1 : 바깥지름[mm], D_2 : 안지름[mm], F : 클러치를 미는 힘[kgf], μ : 마찰계수

101 → ①

$CP = \pi m = 3.14 \times 3 = 9.42$
여기서, CP : 원주피치
    m : 모듈

102 → ④

병렬연결이므로 전체 스프링 상수

$k = k_1 + k_2$
$= 0.4[\text{kgf/mm}] + 0.2[\text{kgf/mm}]$
$= 0.6[\text{kgf/mm}]$

103 → ②

마찰 클러치의 장점은 주동축의 운전 중에도 단속이 가능하며, 무단변속에도 적은 충격으로 단속시킬 수 있으며, 토크가 걸리면 미끄럼이 일어나 안전장치는 작용을 한다. 또 클러치의 재료는 온도상승에 의한 마찰계수 변화가 작아야 한다.

104 → ④

평벨트 풀리는 벨트의 벗겨짐을 방지하기 위하여 벨트와의 접촉면 중앙을 약간 높게 한다.

105 → ②

$T = \dfrac{\mu F D_2}{2}$

여기서, μ : 마찰계수
　　　　F : 힘
　　　　D_2 : 종동차의 지름

∴ $T = \dfrac{0.2 \times 200 \times 350}{2} = 7000[\text{kgf} \cdot \text{m}]$

106 → ①

서징(surging)현상 : 스프링에 작용하는 진동수가 스프링의 고유진동수와 같거나 또는 공진을 하여 국부적으로 큰 응력이 생기는 현상을 말한다.

107 → ②

T_e = 긴장측 장력 − 이완측 장력 = $120[\text{kgf}]$

108 → ①

스프링 상수

㉠ 직렬 합성 스프링 상수 : $\dfrac{1}{K} = \dfrac{1}{K_1 + K_2}$

㉡ 병렬 합성 스프링 상수 : $K = K_1 + K_2$

109 → ②

스프링의 병렬연결 $k = 2k_1 + k_2 = 2 \times 20 + 10 = 50[\text{N/cm}]$

$l = \dfrac{W}{K} = \dfrac{100}{50} = 2[\text{cm}]$

여기서, l : 처짐량
　　　　W : 인장하중
　　　　K : 스프링 상수

110 → ②

마찰차의 특징
㉠ 정확한 속도비로 동력을 전달할 수 있다.
㉡ 미끄럼 때문에 큰 동력 전달은 부적합하다.
㉢ 무단변속기구로 사용이 된다.
㉣ 과부하의 경우 안전장치의 역할을 할 수 있다.

111 → ③

미끄럼 베어링 재료의 구비조건은 열에 녹아 붙음이 일어나기 어려울 것, 마멸이 적고 면압강도가 클 것, 피로한도가 클 것, 내식성이 높을 것 등이다.

112 → ③

$$F = \frac{T}{r\mu} = \frac{494}{40 \times 0.2} = 61.8[\text{kgf}]$$

F : 힘[kgf], T : 토크[kgf·mm], r : 반지름[mm]
μ : 마찰 계수

113 → ④

$$\text{종동 풀리의 지름} = \frac{\text{전동기 회전수} \times \text{원동풀리의 지름}}{\text{펌프 회전수}}$$

$$= \frac{1800 \times 120}{300} = 720[\text{mm}]$$

114 → ③

㉠ 종동차의 회전수(N_2) = $\dfrac{\text{원동차의 잇수} \times \text{원동차의 회전속도}}{\text{종동차의 잇수}}$

$$= \frac{30 \times 300}{20} = 450[\text{rpm}]$$

㉡ 종동차의 속도(V_2) = $\dfrac{\text{종동차 회전속도} \times \text{피치} \times \text{종동차의 잇수}}{60 \times 1000}$

$$= \frac{450 \times 15 \times 20}{60 \times 1000} = 2.25[\text{m/s}]$$

115 → ④

직렬 합성 스프링 상수를 먼저 구한다.

직렬연결 합성 스프링 상수 : $\dfrac{1}{k} = \dfrac{1}{k_1 + k_2}$

$\dfrac{1}{3} + \dfrac{1}{4.5} = \dfrac{4.5}{13.5} + \dfrac{3}{13.5} = \dfrac{7.5}{13.5}$

$k = \dfrac{13.5}{7.5} = 1.8[\text{N/m}]$

$50[\text{mm}](5[\text{cm}]) \times 1.8[\text{N/m}] = 90[\text{N}]$

116 → ③

플렉시블 커플링은 두 축의 중심선을 완전 일치하기 어려운 경우나, 충격 및 진동을 방지하는 경우 사용하며, 고무 등의 탄성이 있는 물체를 축 사이에 넣고 축을 3~5° 각도를 주어 두 축 교차할 때 사용하며, 각도가 크게 되면 진동을 일으키기 쉽다. 흔히 자재이음 (Universal joint)라고 부른다.

117 → ①

감아걸기 전동장치
① 로프 : 섬유 또는 강선을 여러 가닥 꼬아 만든 것으로 강도가 좋아 V 또는 U자형 홈이 있는 풀리에 로프를 걸어 축간거리가 많이 떨어진 경우, 큰 동력을 전달하는 경우에 사용한다.
② 타이밍 벨트 : 기어와 같이 동일한 간격의 홈을 가진 벨트 풀리에 걸어 전동하는 장치로, 벨트 풀리 홈에 정확히 맞물리도록 내측에 같은 간격의 홈을 가진 타이밍 벨트를 통해 회전을 정확하게 전달할 수 있으며, 자동차 엔진에 크랭크축과 캠축에 걸어 사용된다.
③ V-벨트 : 평 벨트에 비해 마찰력이 크고 미끄럼이 적어 소형으로 큰 동력을 전달하는데 사용된다.
④ 체인 : 체인 스프로켓에 체인을 걸어 사용하는 것으로 미끄러지지 않고 속도비가 정확하고 큰 동력을 전달할 수 있는 장점이 있고 회전속도가 그다지 빠르지 않고 축간 거리는 비교적 짧은 경우에 사용한다.

118 → ④

원추 클러치는 마찰 클러치의 한 종류로, 클러치의 재료는 온도상승에 의한 마찰계수의 변화가 작은 것이 좋다.

119 → ①

$\theta = \dfrac{584Tl}{Gd^4} = \dfrac{1}{4}°$ 인 바하(bach)의 축공식을 이용할 수 있다.

축지름만 설계를 변경하므로, $d^4 = 4$
∴ $d = \sqrt{2}$, 즉 지름을 $\sqrt{2}\,d$로 하면 된다.

120 → ②

구동 기어 잇수×구동 기어 회전수=피동 기어 잇수×피동 기어 회전수

∴ 피동 기어 회전수 $= \dfrac{구동\ 기어\ 잇수}{피동\ 기어\ 잇수} \times$ 구동 기어 회전수

$= \dfrac{3}{30} \times 1{,}500 = 150[\text{rpm}]$

121 → ①

비틀림 모멘트 $T = \dfrac{\pi d^3 \tau}{16}$

축전달동력 $H_{ps} = \dfrac{2\pi T n}{75 \times 60} = \dfrac{2\pi T n}{75 \times 60 \times 100}$

$$T = \frac{71620 ps}{n} = \frac{\pi d^3 \tau}{16}$$

$$\therefore d = \sqrt{\frac{365,260 ps}{\tau n}} = 71.5 \sqrt[3]{\frac{ps}{\tau n}}$$

여기서, d : 축지름[cm]

τ : 허용전단응력[kgf/cm₂]

T : 축 회전력[kgf/m]

n : 회전수[rpm]

122 → ④

전달동력 $H_{kW} = \frac{2\pi Tn}{60 \times 1000}$

$$\therefore T = \frac{60 \times 1000 \times H_{kW}}{2\pi n} = \frac{60 \times 1000 \times 25}{2 \times 3.14 \times 2500} = 95.5 [\text{N} \cdot \text{m}]$$

여기서, T : 회전력[N·m], n : 회전수[rpm]

123 → ①

전달동력 $H_{kW} = \frac{2\pi Tn}{60 \times 1000} = \frac{2 \times 3.14 \times 35 \times 2000}{60 \times 1000} = 7.3 [\text{kW}]$

여기서, T : 회전력[N·m], n : 회전수[rpm]

124 → ④

㉠ 올덤 커플링(oldham's coupling) : 두 축이 평행이고 그 축의 중심선이 약간 어긋나며 그 거리가 비교적 짧은 경우 사용한다. 그리고 진동이나 마찰이 커 고속회전에는 부적당하다.

㉡ 유니버설 커플링(자재이음) : 두 축이 일직선상에 있지 않고 서로 교차하는 경우에 사용하고 두 축이 만나는 각이 45°가 넘으면 사용 불가능하다. 그래서 일반적으로 30° 이하로 하여 사용한다.

125 → ②

② 나사 브레이크 : 나사의 체결력을 브레이크에 이용한 자동 하중 브레이크로 수동 윈치(winch) 등으로 하중이 가해진 때, 감아내리기의 속도조절이나 일시정지가 쉽다.

① 원판 브레이크 : 회전축에 설치된 원판을 제동 패드(pad)로 물려 제동하는 마찰 브레이크이다.

③ 밴드 브레이크 : 강철 또는 가죽 밴드를 회전체에 부착시킨 주철 또는 주강제의 브레이크 고리 주변에 감고, 레버로 밴드에 인장력을 주어서 밴드와 브레이크 고리와의 접촉면에 생기는 마찰력을 이용하여 회전체의 제동에 사용하는 것이다. 브레이크 고리 대신 가요 결합의 플랜지, 권동(捲胴) 또는 차바퀴를 사용하기도 한다.

④ 내부확장식 브레이크 : 브레이크 슈가 확장하여 브레이크 드럼의 내측에 압착되어 그 마찰력에 의해 제동하는 형식

제 04 편 해설 및 정답

01 → ②

치공구의 특징
㉠ 불량 생산이 적게 된다.
㉡ 제품 검사시간을 줄일 수 있다.
㉢ 제품의 호환성이 적게 된다.

02 → ②

어미자와 아들자의 1눈금 크기의 차이 $= 1 - \frac{19}{20} = \frac{20}{20} - \frac{19}{20} = \frac{1}{20}$

03 → ③

딤블의 눈금을 읽고, 슬리브의 눈금을 읽는다.
㉠ 딤블의 위치 : 9[mm]
㉡ 슬리브의 위치 : 0.41[mm]
㉢ 측정값 : 9.41[mm]

04 → ④

05 → ②

$1 - \frac{24.5}{25} = 0.02[\text{mm}]$

06 → ①

07 → ④

버니어캘리퍼스 최소 눈금
$1 - \frac{19}{20} = \frac{20}{20} - \frac{19}{20} = \frac{1}{20} = 0.05[\text{mm}]$

08 → ②

② 옵티컬 플랫 : 마이크로미터의 측정 면이나 블록 게이지의 측정 면과 같이 비교적 작고, 정밀도가 높은 측정물의 평면도 검사에 사용하는 측정기
① 윤곽 투영기 : 게이지, 나사 등을 정확한 배율로 확대하여 스크린에서 치수, 각도 등을 측정하는 장치
③ 컴비네이션 세트 : 강철자, 직각자, 분도기, 각도기 등을 조합하여 각도 측정에 사용하는 측정기
④ 오토 콜리메이터 : 정반, 안내면 등 평면의 진직도, 평행도 등을 측정하는 측정기

09 → ④

블록 게이지의 등급

구분	등급
공작용	C
검사용	B
표준용	A
참조용(연구소용)	AA

10 → ①

버니어 캘리퍼스의 눈금

$0.5[mm] - \dfrac{12}{25} = 0.02[mm]$

※ 버니어 캘리퍼스 : 길이, 원형의 지름, 원통의 안지름 등을 측정하는데 주로 사용되며, 읽을 수 있는 최소치수는 1/20[mm], 1/50[mm]가 있다.

11 → ③

0.01[mm]까지 측정할 수 있는 마이크로미터에서 나사의 피치와 딤블의 눈금은 피치는 0.5[mm], 원주는 50등분되어 있다.

12 → ①

사인 바에 의한 각도 측정은 $\sin\theta = \dfrac{H}{L}$ 이므로, $H = \sin\theta \times L = \sin 30° \times 100 = 50[mm]$ 이다. 그러므로 블록 게이지를 50[mm]가 되도록 조합하면 된다.

13 → ②

다이얼 게이지는 회전축의 흔들림, 축방향 흔들림, 평면도 검사, 기어의 백래시 등을 검사할 때 적합하다.

14 → ④

블록 게이지는 공업용으로 사용되는 측정기구의 표준 게이지이다.

15 → ①

하이트 게이지 : 정반 위에 버니어 캘리퍼스를 수직으로 설치하여 금긋기, 높이를 측정하는데 사용되며 읽을 수 있는 최소 눈금은 0.02[mm]로 HT형, HB형, HM형이 있다.

16 → ④

사인 바로 각도를 측정할 때 각도가 45°를 넘으면 오차가 많아진다.

17 → ④

블록 게이지는 실 치수와 표준치수와의 차이를 측정하는 것으로 오차가 $+5[\mu m]$이므로 실제 치수는 측정값 50.275[mm]에서 $-5[\mu m]$한 50.270[mm]이다.

18 → ②

사인 바는 45° 이내에서 사용하여야 오차가 작다

19 → ②

오버 핀 법이란 나사의 평균지름 측정에 관련된다.

20 → ③

버니어 하이트 게이지의 최소 측정값

$1 - \frac{49}{50} = 0.02\,[\mathrm{mm}]$

21 → ②

게이지 블록의 높이 차이(h)
= 사인 바의 길이 × $\sin\theta$
= $50\,[\mathrm{mm}] \times \sin 20° = 17.10\,[\mathrm{mm}]$

22 → ②

사용하는 측정기의 최소 측정단위가 $1\,[\mu\mathrm{m}]$이면 $\frac{1}{1000}\,[\mathrm{mm}]$까지 측정이 가능하다.

23 → ②

측정방법
- ㉠ 직접측정 : 강철자, 버니어 캘리퍼스, 마이크로미터 등의 일정한 길이나 각도가 표시된 측정기를 사용하여 측정기눈금을 직접 읽어 측정하는 방법
- ㉡ 비교측정 : 블록 게이지와 같은 미리 치수를 알고 있는 표준 게이지와 피측정물을 다이얼 게이지 등과 같은 측정기로 비교하여 지시된 눈금을 읽는 방법
- ㉢ 간접측정 : 사인 바, 삼침법 등을 이용하여 직접 측정이 어려운 나사, 기어, 테이퍼량 등을 계산에 의해 측정값을 구하는 방법
- ㉣ 한계 게이지 : 측정물의 최소·최대 허용차를 정하고 판정하여 공작물의 실제치수를 측정하는 방법

24 → ①

25 → ①

① 한계 게이지 : 대량의 제품 치수가 공차 내에 있는지 여부를 검사하는 게이지로 가장 적합하다.
② 다이얼 게이지 : 랙과 피니언을 이용하여 미소 길이를 확대 표시하는 기구로 되어 있는 측정기이며 평면도, 원통도, 진원도, 축의 흔들림을 측정하는 기구이다.
③ 옵티미터 : 미니미터의 레버에 의한 측정을 광학적으로 확대한 것으로 확대율은 800배, 측정 범위는 $\pm 0.1\,[\mathrm{mm}]$, 최소눈금 $1\,[\mu]$, 정밀도 $\pm 0.25\,[\mu]$ 정도이다.
④ 블록 게이지 : 길이 측정의 표준이 되는 게이지이다.

26 ➜ ③

하이트 게이지 : 정반 위에 버니어 캘리퍼스를 수직으로 설치하여 금긋기, 높이를 측정하는데 사용되며 읽을 수 있는 최소 눈금은 0.02[mm]로 HT형, HB형, HM형이 있다. 그리고 하이트 게이지는 아베의 원리에 맞지 않는 구조이므로 스크라이버를 필요 이상으로 길게 하여 사용하지 않는다.

27 ➜ ④

28 ➜ ③

공작물에 금을 긋거나 공작물의 중심을 잡는 용도로 사용되는 것은 서피스 게이지이다.

29 ➜ ④

드릴로 뚫은 구멍을 정밀하고 정확한 치수로 다듬는 공구는 리머이다.

30 ➜ ④

$$\sin\alpha = \frac{H}{L} = \frac{45}{200} = 0.225$$

$$\therefore \sin^{-1}0.225 = 13°$$

제 05 편 해설 및 정답

01 → ③

공구 재료로서 필요한 성질은 강성·인성 및 내마멸성이 커야 하고, 피삭재에 비해 충분히 경도가 높아야 한다.

02 → ③

③ 압연 : 2개의 회전하고 있는 롤러 사이에 소재를 통과시켜 단면적을 감소시켜 길이를 늘리는 방법
① 압출 : 용기 모양의 공구 속에 빌릿(billet)이라고 불리는 소재 조각을 삽입하여 램에 의해서 가압하고 다이에 뚫은 구멍에서 재료를 압출하여 다이 구멍의 단면 형상을 가진 긴 제품을 만드는 가공
② 인발 : 선재나 파이프 등을 만들 경우 다이를 통하여 인발함으로써 필요한 치수, 형상으로 만들어 내는 가공
④ 단조 : 금속을 일정한 온도의 열과 압력을 가해 성형하는 작업

03 → ④

주철의 장·단점
㉠ 장점 : 용융점이 낮다, 유동성이 좋다, 주조성이 우수하여 주조 성형이 편리하다.
㉡ 단점 : 취성(깨지기 쉬운 성질)이 크다, 인장강도가 작아 고온에서 소성가공이 어려워 주조용으로 사용된다.

04 → ④

인발(drawing)은 드로잉이라고도 하며 다이(die) 구멍에 재료를 통과시켜 잡아당기면 단면적이 감소되어 다이 구멍의 형상과 같은 단면의 봉(棒), 선(線), 파이프 등을 만드는 가공 방법이다. 인발의 가공도는 단면 감소율로 나타낸다.

단면 감소율 $= \dfrac{A_0 - A_1}{A_0}$

여기서, A_0 : 인발 전의 단면적[cm₂]
　　　　A_1 : 인발 후의 단면적[cm₂]

05 → ③

금속 파이프 또는 소재를 컨테이너 속에 넣고 강한 압력으로 다이(die)를 통과시켜 축방향으로 일정한 단면을 가진 소재로 가공하는 방법은 압출가공이며 봉·선·파이프 제작에서 사용되는 가공방법이다.

06 → ④

주물의 중량 = $\frac{주물의 비중}{목형의 비중}$ × 목형의 중량 = $\frac{7.2}{0.5}$ × 15 = 216[kgf]

07 → ③

압출가공은 주로 봉·파이프 등을 제작하기 위해 사용하며, 재료를 컨테이너에 넣고 압력으로 다이를 통과시켜 일정한 단면을 가진 소재로 가공하는 방법으로 단면의 형태가 곡선제품의 생산에는 부적합하다.

08 → ②

주형의 종류 및 제작방법
㉠ 혼성주형법 : 대형인 주물을 제작할 때 바닥에 주형을 만들고 지상에 주형의 상자를 덮어 만드는 방법이다.
㉡ 회전주형법 : 중심에 대하여 대칭인 벨트 풀리와 같은 부품을 조형할 때 사용하는 방법이다.
㉢ 조립주형법 : 2개 또는 여러 개의 상자를 겹쳐서 조형하는 방법이다.

09 → ②

다이캐스팅의 장점
㉠ 표면이 매끈하고 치수정밀도가 높다.
㉡ 단면이 얇은 주물의 주조가 가능하다.
㉢ 아연, 알루미늄 합금의 대량생산용으로 사용한다.
㉣ 주물의 형상이 정확하고 끝손질 필요가 거의 없다.
㉤ 금형구조의 특성상 제품 크기에 한계가 있다.
㉥ 고가의 금형비용으로 인해 생산량이 적은 경우에는 부적합하다.

10 → ②

판금가공의 종류
㉠ 접합가공
㉡ 성형가공
㉢ 타출가공
㉣ 펀칭
㉤ 전단가공
㉥ 트리밍

11 → ④

스프링 백 현상은 프레스 작업에서 많이 발생되며, 재료를 굽힌 다음 압력을 제거하면 원래 상태로 회복되려는 탄력작용을 말한다.

12 → ③

테이퍼 구멍을 가진 다이에 재료를 잡아 당겨 통과시켜 가공제품이 다이 구멍의 최소 단면형상 채수를 갖게 하는 가공법은 인발가공이다.

13 ➔ ④
주조형 목형(원형)을 실물치수보다 크게 만드는 이유는 금속이 응고할 때 수축이 발생되기 때문에 가공여유를 고려하여 실물치수보다 크게 만든다.

14 ➔ ③
전조가공(form rolling) : 다이나 롤러를 이용하여 소재를 회전시키면서 압력을 가하여 변형시켜 제품을 만드는 가공법으로, 볼·나사·기어 등을 만들 때 적합하다.

15 ➔ ②
인발(drawing)은 드로잉이라고도 하며 다이(die) 구멍에 재료를 통과시켜 잡아당기면 단면적이 감소되어 다이 구멍의 형상과 같은 단면의 봉(棒), 선(線), 파이프 등을 만드는 가공 방법이다. 인발의 가공도는 단면 감소율로 나타낸다.

단면 감소율 $= \dfrac{A_0 - A_1}{A_0}$

여기서, A_0 : 인발 전의 단면적[cm²]
A_1 : 인발 후의 단면적[cm²]

16 ➔ ④
① 가공경화는 가공 도중 외력을 받아 재료의 강도가 증가하는 성질이다.
③ 시효경화란 시간이 지남에 따라 단단해지는 성질
④ 스프링 백 현상은 프레스 작업에서 많이 발생되며, 재료를 굽힌 다음 압력을 제거하면 원래상태로 회복되려는 탄력작용을 말한다.

17 ➔ ④
연강은 가스용접을 할 때 용제(Flux)를 사용하지 않아도 된다.

18 ➔ ③
점 용접의 특징은 표면이 평평하고 외관이 아름다우며, 재료가 절약되고, 변형발생이 작으며, 구멍을 가공할 필요가 없다.

19 ➔ ②
$\varepsilon_a = \dfrac{A_0 - A_1}{A_0} \times 100 = \dfrac{0.785 \times 4^2 - 0.785 \times 3^2}{0.785 \times 4^2} \times 100 = 43.75 [\%]$

여기서, ε_a : 단면 수축률[%]
A_0 : 시험 전 단면적[cm²]
A_1 : 시험 후 단면적[cm²]

20 ➔ ④
부분 목형은 목형이 대단히 크고, 대칭형상을 갖는 주조부품의 목형으로 적합하다.

21 ➔ ④

압인가공(coining)은 동전이나 메달을 제작할 때 사용되는 방법으로 다이에 요철을 만들어 압축하는 가공을 말한다.

22 ➜ ③

열간 가공(고온 가공, hot working) : 재결정 온도 이상에서 금속의 기계적 성질을 변화시키는 가공이다.
㉠ 한번 가공으로 많은 변형을 줄 수 있다.
㉡ 가공 시간이 냉간 가공에 비하여 짧다.
㉢ 성형시키는 데 냉간 가공에 비하여 동력이 적게 든다.
㉣ 조직을 미세화하는 데 효과가 있다.
㉤ 표면이 산화되어 변질이 잘 된다.
㉥ 냉간 가공에 비하여 균일성이 적다.

23 ➜ ③

$$\sigma = \frac{p \times D \times S}{2 \times t}$$

$$\therefore D = \frac{\sigma \times 2 \times t}{p \times S} = \frac{3500 \times 2 \times 1.0}{5 \times 4} = 350 [\text{cm}]$$

여기서, σ : 인장강도[kgf/cm$_2$]
p : 내압[kgf/cm$_2$]
D : 안지름[cm]
S : 안전계수
t : 판두께[cm]

24 ➜ ①

언더컷은 전류가 너무 높을 때, 아크 길이가 너무 길 때, 용접봉 선택이 부적당할 때, 용접속도가 너무 빠를 때 발생한다.

25 ➜ ④

용접부 외부에서 주어지는 열량을 용접입열이라 한다.

26 ➜ ③

스폿 용접은 전기저항 용접이므로 가압력이 필요하며, 로봇을 이용한 자동화가 용이하다.

27 ➜ ④

목형의 종류
㉠ 코어 목형 : 파이프 등의 속이 비어 있는 주물의 제작에 사용한다.
㉡ 부분목형 : 주조품 전체가 아닌 일부분의 주물 제작에 사용한다.
㉢ 매치 플레이트 목형 : 소형 제품의 대량 생산에 사용
㉣ 골조목형 : 구조가 간단하고 소량인 대형 주물에 사용되고, 골격제작 후 공간을 점토 등으로 메꾸어 제작한다.

28 → ①

언더컷(용접경계부에 생기는 홈) 발생원인
㉠ 용접전류가 높을 때
㉡ 용접봉 선택의 부적당
㉢ 용접속도가 빠를 때
㉣ 아크 길이가 길 때

29 → ②

아세틸렌(C_2H_2)이 남게 된다.

30 → ④

주축 끝단 공구대에 바이트를 고정시키고 직선운동을 하며 소재(공작물)를 회전시켜 깎거나 파내는 작업을 하는 공작기계는 선반이다.

31 → ④

④ 일렉트로 슬래그 용접 : 아크열이 아닌 와이어와 용융 슬래그 속에서 흐르는 전류의 저항열로 와이어와 모재의 맞댄 부분을 용접하는 특수용접이다.
① 이산화탄소 아크 용접 : 불활성 가스 대신 이산화탄소를 이용한 용극식 용접 방법이며, 화합물이 없는 우수한 용착 금속을 얻을 수 있으며 직류 역극성을 사용한다. 저렴한 가스와 와이어로 용접을 하므로 능률이 높고 경제적이다.
② 테르밋 용접 : 알루미늄과 산화철 분말을 점화제의 혼합 반응으로 열을 발생시켜 용접하는 방법으로 약 3,000[℃] 정도의 고열을 발생한다.
③ 불활성 가스 아크 용접 : 금속 또는 텅스텐을 전극으로 하며, 아르곤(Ar), 헬륨(He) 등의 불활성가스를 분출시켜 용접부를 보호하면서 용접을 하므로 양질의 용접이 행해진다.

32 → ③

주물에 생기는 결함
㉠ 수축공 : 수축으로 인해 쇳물이 부족하여 공간이 생기는 결함
㉡ 기공 : 가스 배출이 불량하여 생기는 결함
㉢ 탕경 : 용탕의 온도가 떨어져 쇳물이 합류되는 부분에 경계선이 보이는 결함
㉣ 편석 : 용융되는 금속에 불순물이 있을 때 생기는 결함
※ 압탕 : 주형 공간의 공기, 수증기 및 가스를 배출하기 위해 만든 것으로 슬래그 및 잡물을 배제하는 역할을 한다.

33 → ②

전단 가공의 종류
㉠ 블랭킹(blanking) : 펀치로 판재를 뽑기하는 작업으로 뽑은 제품을 Blank라고 하며 남은 부분을 scrap이라 한다.
㉡ 펀칭(punching) : 펀치로 판재를 뽑기하였을 경우 뽑고 남은 부분(scrap)이 제품이 된다.
㉢ 전단(shearing) : 소재를 원하는 모양으로 잘라내는 것을 말한다.
㉣ 분단(parting) : 제품을 분리하는 과정을 말하며 2차 가공에 속한다.

㉥ 노칭(notching) : 소재의 한쪽 끝에서 다른 쪽 끝까지 직선 또는 곡선상으로 절단하는 것을 말한다.
㉧ 트리밍(trimming) : Punch와 die로써 drawing제품의 flange를 소요의 형상과 치수에 맞게 잘라내는 것을 말하며 2차 가공에 속한다.
㉨ 셰이빙(shaving) : 뽑거나 전단한 제품의 단면이 곱지 못할 경우 클리어런스가 작은 펀치와 다이로 매끈하게 가공하는 것을 말한다.
㉩ 브로칭(broaching) : 브로치에 의한 절삭 가공을 말한다.
※ 엠보싱은 압축가공에 속하며, 얇은 재료를 한 쌍의 펀치로 다이의 요철이 서로 반대가 될 수 있게 하여 성형하는 가공방법으로 소재의 두께를 변화시키지 않고 변형시켜 그 변형된 모양이 뒷면에도 나타나 앞·뒷면의 요철은 서로 반대가 된다.

34 → ①

$V = \dfrac{\pi DN}{1000}$ 에서

$= \dfrac{3.14 \times 20 \times 200}{1000} = 12.6 [\text{m/min}]$

35 → ④

셰이빙(shaving)은 드릴 등을 이용하여 구멍 뚫기를 한 제품의 가장자리를 다듬질하는 작업으로 전단가공작업이다.

36 → ②

압접(Pressure welding)에 해당하는 것은 스폿(점)용접이다. 특징은 두 전극 간에 2장의 판을 끼우고 가압하면서 통전하면 저항열로 용융 상태에 달하게 될 때 가압하여 접합하는 방법으로 6[mm] 이하의 판재를 접합할 때 적당하며, 0.4~3.2[mm]의 판재가 가장 능률적이다. 자동차, 항공기에 널리 사용된다.

37 → ④

압접 : 2개의 금속편 끝을 각각 용융점 근처까지 가열하여 양끝을 접촉시켜 압력을 가하여 접합시키는 작업으로, 가열압접과 상온압접이 있으며, 가열하는 방법에는 불꽃을 이용하는 가스 압접방법, 전기통전에 의한 전기 압접방법이 있다.

38 → ①

① 전조 가공(form rolling) : 다이나 롤러를 사용하여 소재를 회전시키면서 부분적으로 압력을 가하여 변형시켜 제품을 만든 가공 방법이다. 전조가공에서는 주로 나사, 기어, 볼 등을 만든다.
② 압출 가공(extruding) : 알루미늄, 아연, 구리 합금 등의 각종 형상의 단면재, 파이프 및 선재 등을 제작할 때 소성이 큰 재료에 강력한 압력으로 다이를 통과시켜 가공하는 방법이다.
③ 프레스 가공(press working) : 회전에 의한 운동 에너지를 여러 가지 기구를 거쳐 직선적인 운동 에너지로 변환시켜 펀치와 다이 사이에서 압축하는 가공이다.
④ 압연 가공(rolling) : 상온 또는 고온에서 회전하는 롤러 사이에 재료를 통과시켜 그 재료의 소성변형을 이용하여 강철, 구리합금, 알루미늄 합금 등의 각종 판재, 봉재 및 단면재 등을 성형하기 위한 작업을 말한다.

39 → ②
냉간 가공(상온 가공 : cold working) : 재결정 온도 이하에서 금속의 기계적 성질을 변화시키는 가공이다.
㉠ 가공면이 깨끗하고 정밀한 모양으로 가공된다.
㉡ 가공 경화로 강도는 증가되지만 연신율(연율)은 작아진다.
㉢ 가공방향 섬유조직이 생기고 판재 등은 방향에 따라 강도가 달라진다.

40 → ④
스프링 백(spring back)이란 소성재료를 굽힘 가공시 굽히는 힘을 제거하면 판의 탄성에 의해 원상태로 복귀하여 그 굽힘 강도나 굽힘 반지름이 열려 커지는 현상이며, 프레스 작업이나 판금 가공에서 주로 발생한다.

41 → ②
가스 가우징은 가스 따내기라고 하며 가공물의 일부를 용융시켜 불어내어 홈을 만드는 가공방법이다.

42 → ①
밀링 머신 : 원통의 둘레에 많은 날을 가진 밀링 커터(milling cutter)를 회전시켜 테이블 위에 고정된 공작물을 이송(feed)하거나 절삭하는 공작기계이다.

43 → ②
점 용접의 품질을 평가하는 방법에는 피로시험, 비틀림시험, 인장시험 등이 있다.

44 → ①
저수소 계열의 용접봉은 용착 금속의 인성이 좋으며 내균열성, 기계적 성질이 우수하다.

45 → ③
공작기계의 역할
㉠ 선반 : 나사절삭, 외경절삭, 단면절삭, 구멍뚫기, 보링, 테이퍼 절삭, 곡면절삭, 너링 작업
㉡ 밀링 : 평면절삭, 홈절삭, 측면절삭, 기어 가공, 비틀림홈 깎기, 총형 절삭
㉢ 드릴링 머신 : 드릴링, 스폿 페이싱, 리밍, 태핑, 보링, 카운터 보링, 카운터 싱킹

46 → ②
소결초경합금, 주조경질합금, 고속도강은 공구용 합금강이며, 인바는 온도가 변화되어도 치수가 변하지 않아 피스톤 등에 사용되는 저팽창 불변강이다.

47 → ①
선반은 주축대, 왕복대, 심압대, 베드, 이송장치로 구성되어 있다.

48 → ④
가공 경화(work hardening) : 냉간 가공에 의해 경도, 강도가 증가하는 현상으로, 재료에 외력을 가하면 단단해지는 성질을 말한다.
※ 시효 경화(age hardening) : 어떤 종류의 금속이나 합금은 가공 경화한 직후부터 시간의 경과와 더불어 기계적 성질이 변화하나, 나중에는 일정한 값을 나타내는 현상이다.

49 → ③

가스절단이 가장 쉬운 금속은 연강, 순철, 주강이다.

50 → ④

공구수명 판정방법은 ①, ②, ③ 이외에 절삭저항의 이송분력과 배분력이 급격히 증가할 때이다.

※ 공구 수명 계산식 $VT^n = C$

여기서, V : 회전속도[m/min] T : 공구 수명[min]
  n : 공구와 공작물에 따른 상수
   - 고속도강(0.1)
   - 초경합금 공구(0.125 ~ 0.25)
   - 세라믹(0.4 ~ 0.55)
  C : 공구, 공작물, 절삭 조건에 따른 상수

51 → ④

압출 가공은 속이 빈 용기를 만드는 데는 충격 압출이 적합하며, 압출에 의한 표면 결함은 소재온도가 가공속도를 늦춤으로써 방지할 수 있고, 열간 압연이 곤란한 판 종류 및 이형단면재의 가공이나, 케이블에 연관을 씌워 연피복 케이블, 납 파이프나 건전지 케이스를 생산하는 데 적합하다.

52 → ④

세이빙(shaving)이란 뽑기나 구멍 뚫기를 한 제품의 가장자리에 붙어 있는 파단면 등이 편평하지 못하므로 제품의 끝을 약간 깎아 다듬질하는 작업을 말한다.

53 → ①

절삭가공의 종류

종류	원인	특징
유동형 칩 (Flow type chip)	• 연강, 구리, 알루미늄 같은 인성이 많은 재료 고속 절삭시 • 윗면 경사각이 클 때 • 절삭 깊이가 작을 때 • 절삭 속도가 클 때 • 절삭량이 적고 절삭유를 사용할 때	칩의 두께가 일정하고 균일하게 생성되며 가공면이 깨끗함
전단형 칩 (Shear type chip)	• 연성재료 저속 절삭시 • 바이트의 경사각이 작을 때 • 절삭 깊이가 클 때	비연속적인 칩이 생성됨
열단형 칩 (Tear type chip)	• 점성이 큰 가공물을 경사각이 매우 작을 때 • 절삭 깊이가 클 때 • 연하고 질긴 재료에서 발생하기 쉽다	가공면이 거칠고 비연속칩으로 가공 후 홈집이 생김
균열형 칩 (Crack type chip)	주철과 같은 메진 가공재료를 저속으로 절삭할 때	• 구성인선에 치핑이 발생 • 공구수명이 단축 • 비연속적인 칩으로 가공면이 거침

54 → ①

심(seam) 용접은 점 용접의 전극 대신 롤러 형상의 전극을 사용하여 용접 전류를 공급하면서 전극을 회전시켜 용접하는 방법으로 접합부의 내밀성을 필요로 할 때 이용하며 얇은 판재에 연속적으로 전류를 통하여도 좋은 결과를 얻을 수 있다. 또한 가열 범위가 좁으므로 변형이 적고 박판과 후판의 용접이 가능하며 산화 작용이 적은 특징이 있다.

55 → ②

② 자생작용 : 연삭숫돌이 자동적으로 닳아 떨어져 나가서 새로운 날을 형성하므로 커터와 바이트처럼 연삭하지 않아도 되는 현상이다.
① 트루잉(truing) : 숫돌바퀴의 형상을 수정하는 작업으로 연삭 중에 숫돌차의 숫돌 입자가 탈락하여 절삭면의 형상이 처음과 달라졌을 경우 다이아몬드 드레서를 사용하여 원상으로 고쳐주는 작업을 말한다.
④ 드레싱(dressing) : 숫돌바퀴의 입자가 막히거나 달아서 절삭도가 둔해졌을 경우, 드레서(dresser)라는 날내기 하는 공구로 숫돌 바퀴의 표면을 깎아 숫돌바퀴의 날을 세우는 작업으로 정밀 연삭용에는 다이아몬드 드레서를 사용한다.

56 → ①

$$V = \frac{\pi DN}{1000} = \frac{3.14 \times 20 \times 200}{1,000} = 12.56 [m/min]$$

여기서, V : 절삭속도
D : 공작물의 지름
N : 공작물의 회전속도

57 → ③

선반의 3분력의 크기 순서 : 주분력 > 배분력 > 이송분력

58 → ④

④ 자생작용 : 연삭이 진행됨에 따라 닳아진 날끝이 자동적으로 떨어져 따로 숫돌면을 연삭하지 않아도 되는 현상이다.
① 드레싱 : 절삭성능이 떨어진 숫돌면의 표면층을 깎아내어 새롭고 날카로운 입자를 발생시키는 수정방법이다.
② 글레이징 : 마모된 숫돌입자가 탈락하지 않고 숫돌면에 납작하게 붙어있는 현상이다.
③ 트리밍 : 성형한 제품 가장자리의 불규칙한 부위를 절단하는 방법이다.

59 → ④

피복제의 역할
㉠ 용착금속의 탈산정련작용을 한다.
㉡ 용적을 미세화하고 용착효율을 높인다.
㉢ 용융금속에 필요한 원소를 보충시켜 준다.
㉣ 아크를 안정시킨다.
㉤ 슬래그가 되어 용착금속의 급냉을 방지하여 조직을 좋게 한다.

60 → ②

② 인바 : 온도가 변화되어도 치수가 변하지 않아 피스톤 등에 사용되는 저팽창 불변강이다.
① 인코넬 : 니켈을 주체로 하여 15%의 크로뮴, 6~7%의 철, 2.5%의 타이타늄, 1% 이하의 알루미늄·망가니즈·규소를 첨가한 내열합금이다.
③ 미하나이트 : 주물용 선철에 강 부스러기를 가한 쇳물과 규소철 등을 접종(接種)하여 미세 흑연을 균일하게 분포시킨 펄라이트 층의 주철이다.
④ 듀랄루민 : 구리와 마그네슘 및 그외 1~2종의 원소를 알루미늄에 첨가하여 시효경화성을 가지게 한 고력 알루미늄 합금이다.

61 → ④

재료시험의 종류
㉠ 파괴시험 : 인장, 경도, 피로, 충격, 비틀림 시험 등
㉡ 비파괴시험 : 침투탐상법, 외관검사, 내압검사, 자기탐상법, 침투탐상법, X선 검사, 초음파 탐상법 등이 있다.

62 → ①

선반에서 가공할 수 있는 작업은 바깥지름(외경) 절삭, 끝면 절삭, 정면 절삭, 절단, 테이퍼 절삭, 곡면 절삭, 구멍 뚫기, 보링 작업, 너링 작업, 나사 절삭 등이 있다.

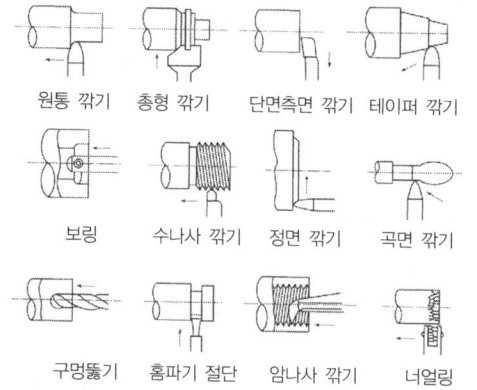

원통 깎기 총형 깎기 단면측면 깎기 테이퍼 깎기
보링 수나사 깎기 정면 깎기 곡면 깎기
구멍뚫기 홈파기 절단 암나사 깎기 너얼링

63 → ④

드릴가공 방법은 ①, ②, ③이며, 재료에 기공이 있으면 가공이 어렵다.

64 → ④

절삭 저항의 3분력
㉠ 주분력(P_1) : 절삭 방향과 평행한 방향의 힘
㉡ 횡분력(P_2) : 공구의 이송 방향과 반대쪽 방향의 힘
㉢ 배분력(P_3) : 주분력과 횡분력에 수직한 방향의 힘
※ 분력의 크기 : $P_1 > P_3 > P_2 = 10 : (1~2) : (2~4)$

65 → ②

구성인성의 방지법
㉠ 절삭깊이를 작게 한다.
㉡ 절삭 상면 경사각을 크게 한다.
㉢ 절삭속도를 크게 한다.
㉣ 절삭공구의 인선을 예리하게 한다.
㉤ 마찰저항이 작은 공구를 사용한다.

66 → ②

드릴링 머신 작업의 종류

가공 종류	의미
드릴링(drilling)	구멍을 뚫는 작업
보링(boring)	뚫은 구멍이나 주조한 구멍을 넓히는 작업
리밍(reaming)	뚫린 구멍을 정밀하게 다듬는 작업
태핑(tapping)	탭을 사용하여 암나사를 가공하는 작업
스폿 페이싱(spot facing)	너트가 앉을 자리를 만드는 작업
카운터 보링(counter boring)	볼트 머리가 묻히게 깊은 자리를 파는 작업
카운터 싱킹(counter sinking)	접시머리 나사의 머리부를 묻히게 원뿔 자리를 파는 작업

67 → ③

드릴링 머신
㉠ 탁상 드릴링 머신 : 작업대에 고정시킨 소형 드릴링 머신. 지름 13mm 이하의 구멍 뚫기, 태핑(tapping) 작업에 사용된다.
㉡ 레이디얼 드릴링 머신 : 수직의 기둥을 중심으로 선회할 수 있는 암(arm) 위를 주축헤드가 수평으로 이동하는 구조의 드릴링 머신. 공작물이 대형 중량물일 때 공작물을 베드 위에 두고, 주축을 구멍뚫기의 위치까지 이동하여 작업을 한다.
㉢ 다축 드릴링 머신 : 여러 개의 구멍을 동시에 가공하기 위하여 드릴을 장착하는 주축을 여러 개 가진 밀링 머신을 말하며, 주축의 위치를 조절할 수 있는 구조로 된 것도 있다.
㉣ 직립 드릴링 머신 : 상하 이송운동을 이용하여 구멍을 뚫는 일반적인 드릴링 머신

68 → ②

CNC와 DNC의 장점
㉠ CNC의 장점
• 공작 중에도 파트 프로그램 수정이 가능하며 단위를 자동변환할 수 있다(inch/mm).
• NC에 비해 유연성이 높고, 계산능력도 훨씬 크다.
• 가공에 자주 사용되는 파트 프로그램을 사용자가 매크로(macro) 형태로 짜서 컴퓨터의 기억장치에 저장해 두고, 필요할 때 항상 불러 쓸 수 있다.
• 전체 생산 시스템의 CNC는 컴퓨터와 생산 공장과의 상호 연결이 쉽다.
• 고장 발생시 자기 진단을 할 수 있으며, 고장 발생 시기와 상황을 파악할 수 있다.

ⓒ DNC의 장점
- 천공 테이프를 사용하지 않는다.
- 유연성과 높은 계산 능력을 가지고 있으며 가공이 어려운 금형과 같은 복잡한 일감도 쉽게 가공할 수 있다.
- CNC 프로그램들을 컴퓨터 파일로 저장할 수 있다.
- 공장에서 생산성에 관계되는 데이터를 수집하고, 일괄 처리할 수 있다.
- 공장 자동화의 기반이 된다.
- 2대 이상의 공작기계 군을 컴퓨터에 결합시켜 작업성 및 생산성을 향상시키는 시스템이다.

※ DNC 시스템의 4가지 기본구성요소
ⓐ 중앙 컴퓨터
ⓑ CNC 프로그램을 저장하는 기억장치
ⓒ 통신선
ⓓ 공작기계

69 ➜ ②

바이트가 고정된 램이 왕복운동을 하고, 공작물은 바이트의 운동 방향에 직각으로 이송되어 바이트의 형상과 상관없이 평면 가공을 하게 된다. 구조가 간단하고 취급이 용이하나, 높은 정밀도를 얻기 어렵고, 바이트가 전진할 때에만 절삭을 하며, 귀환 행정으로 후진할 때에는 시간이 손실되므로 작업 능률이 떨어진다. 셰이퍼의 크기는 램의 최대행정으로 표시하며 400, 500, 600, 700[mm]의 것이 있다.

70 ➜ ④

특수가공

ⓐ 호닝 : 몇 개의 호운(hone)이라는 숫돌을 붙인 회전 공구를 사용하여 숫돌에 압력을 가하면서 공작물에 대하여 회전 운동을 시키면서 많은 양의 연마액을 공급하여 가공하는 것으로 발열이 적고 경제적인 정밀 절삭을 할 수 있으며, 전가공에서 나타난 직선도, 테이퍼, 진직도를 바로 잡을 수 있고, 표면 정밀도를 높일 수 있으며, 정확한 치수 가공을 할 수 있다.

ⓑ 슈퍼피닝 : 매우 작은 입자의 숫돌에 매우 작은 압력으로 가압하면서 공작물의 표면을 따라 축 방향으로 진동을 주면서 원통의 내면, 외면 및 평면을 가공하는 방법이다.

ⓒ 래핑 : 공작물과 랩공구 사이에 미분말 상태의 래핑제와 연마제를 넣고 이들 사이에 상대 운동을 시켜 면을 매끈하게 하는 방법으로 랩과 공작물 사이에 래핑제와 래핑액을 충분히 넣고 가공하는 습식법과 공작물 표면에 래핑제를 넣고 건조 상태에서 래핑하는 건식법이 있다. 습식법은 건식법에 비해 절삭량이 많고 다듬면은 광택이 적고, 건식법은 다듬면이 거울면과 같이 광택이 난다. 이런 래핑 제품으로는 블록 게이지, 렌즈 등의 측정기기, 광학기기 등의 다듬질에 이용된다. 래핑작업은 원통 래핑, 평면 래핑, 구면 래핑, 나사 래핑, 기어 래핑, 크랭크 축의 래핑 등이 있다.

ⓓ 브로칭 : 봉의 외주에 많은 상사형의 날을 축을 따라 치수순으로 배열한 절삭 공구를 브로치라는 절삭 공구를 사용하여 공작물의 안팎을 필요한 모양으로 절삭하는 가공법을 말하

는데 둥근 구멍 안의 키홈, 스플라인 홈, 다락형 구멍 등을 가공하는 내면 브로치 작업과 세그먼트 기어의 치형이나 홈, 그 밖의 특수한 모양의 면 가공을 하는 외면 브로치 작업이 있다. 그 특징은 각 제품에 따라 브로치를 만들어야 하며 설계, 제작에 시간이 걸리고, 공구의 값이 비싸므로 일정량 이상의 대량 생산에 이용된다.

71 → ①

드릴링 머신은 드릴링, 보링, 카운터 보링, 탭, 카운터 싱킹, 리밍, 스폿 페이싱 등의 작업을 할 수 있다.

72 → ④

용접결함의 원인
㉠ 운봉속도가 부적당할 때
㉡ 아크의 길이
㉢ 용접봉의 불량
㉣ 용접전류의 불안정

73 → ④

밀링머신 부속장치는 아버, 어댑터, 바이스, 분할대, 회전 테이블 장치, 슬로팅 장치, 나사 밀링 장치, 수직 밀링 장치 등이 있다.

74 → ③

$V = \dfrac{\pi DN}{1000}$ 에서 $N = \dfrac{1000\,V}{\pi D} = \dfrac{1000 \times 28}{3.14 \times 16} = 557$

여기서, V : 절삭 속도
D : 지름
N : 회전수

75 → ④

호빙 머신은 호브(hob)라고 하는 나사 모양의 커터 공구를 사용하여 기어를 가공하는 것으로 호브와 가공물의 상대운동은 호브를 웜(worm), 가공물을 웜기어라고 생각하면 된다. 호빙 머신으로 제작 가능한 기어는 스퍼기어, 헬리컬 기어, 웜기어, 스플라인 축 등이다.

76 → ①

금속(주철, 주강제)으로 만든 구(球)모양의 쇼트(shot : 지름 0.7~0.9[mm]의 공)를 40~50[m/sec]의 속도로 공작물 표면에 압축공기나, 원심력을 사용하여 분사하면 매끈하고 0.2[mm]의 경화층을 얻게 된다. 이 때 shot들이 해머와 같이 작용을 하여 공작물의 피로강도나 기계적 성질을 향상시켜 준다. 크랭크축, 판 스프링, 컨넥팅 로드, 기어, 로커암에 사용한다.

77 → ②

직류 용접기 : 용접 전류로 직류를 쓰는 것으로 직류전원 발생 방법에 따라 정류기형 직류 용접기, 전자식 직류 용접기, 발전기식 직류 용접기로 나눈다.

- 정극성 : 모재가 ⊕ 용접봉이 ⊖
- 역극성 : 모재가 ⊖ 용접봉이 ⊕

※ ⊕극성의 발열량이 60~70[%]가 되어 정극성을 많이 사용한다.

78 → ④

코일 스프링이 인장 또는 수축될 때 비틀림 전단응력이 발생하게 된다.

79 → ②

아세틸렌 발생기 형식 : 투입식, 주수식, 침지식

80 → ④

탭 가공은 구멍에 암나사를 만드는 가공을 말하며, 구멍이 너무 크면 탭 가공이 되지 않는다.

81 → ②

CNC 선반에서 G04의 의미는 일시정지이다.

82 → ①

아세틸렌은 화염온도가 가장 높고 발열량에 비하여 가격도 저렴하여 가스용접에 많이 사용한다.

83 → ①

주물사의 구비조건
㉠ 내열성이 크고 화학적 변화가 생기지 않을 것
㉡ 주형 제작이 용이하고 쇳물 압력에 견딜 강도를 갖출 것
㉢ 반복 사용에 따른 형상의 변화가 없을 것
㉣ 통기성이 좋고, 성형성이 좋을 것

84 → ②

$100cm^2$에 2m 길이로 채우는 양과 같으므로
$100cm^2 \times 200cm = 20,000cm^3$
∴ 20[L]

85 → ③

$1[W] = 1[J/s] = 1[N \cdot m/s]$
소요동력 $= 15[N] \times 2,400[m/min] = 600[N \cdot m/s] = 600[W]$
∴ 연삭기 효율 $= \dfrac{소요동력}{공급동력} \times 100(\%) = \dfrac{600}{735} \times 100 = 81.63[\%]$

86 → ④

왈(Wahl)의 수정계수를 사용하여 전단응력을 구할 때 재료의 전단탄성계수는 필요하지 않다.
전단응력 $\tau = \dfrac{8DW}{\pi d^3}$
여기서, d : 소선의 지름[mm]

D : 스프링의 지름[mm]

W : 설계압축하중[kgf]

87 → ①

드릴 날의 파손 원인 : 드릴을 짧게 고정하여 사용하면 힘이 작용하는 거리가 짧기 때문에 드릴 날이 파손될 위험이 작다. 반대로 드릴이 길게 고정된 상태에서 가공하여 힘이 작용하는 방향이 직각에서 벗어날수록 드릴 날이 파손될 위험이 커진다.

88 → ②

용입불량

㉠ 용입 깊이가 충분하지 않은 상태를 말한다.

㉡ 용입 불량의 원인
- 이음설계에 결함이 있을 때
- 용접속도가 너무 빠를 때
- 용접전류가 너무 낮을 때
- 용접봉 선택이 불량할 때

제 06 편 해설 및 정답

01 → ②

안전율을 결정하는 요소에는 재료의 품질, 하중과 응력 계산의 정확성, 하중의 종류에 따른 응력의 성질 등이 있다.

02 → ①

비틀림이 작용할 때 재료의 단면에 생기는 응력은 전단응력이다.

03 → ③

응력-변형 곡선
㉠ A : 비례한계 　㉡ B : 탄성한계
㉢ C : 항복점 　　㉣ D : 인장강도

04 → ①

단순보의 한 가지 점으로부터 스팬 길이의 1/3되는 점에 한 개의 집중하중이 작용할 때 최대 처짐이 생기는 위치는 중앙점 부근이다.

05 → ①

훅의 법칙 : 탄성한계 내에서 응력과 변형률은 비례한다.

06 → ④

비틀림을 받는 원형 봉에서의 최대 전단응력을 구하는 공식=(비틀림 모멘트×봉의 반지름) / 극관성 모멘트

07 → ④

단면이 사각형인 단순보의 중앙에 집중하중이 작용할 때 최대 처짐은 L(지지점 사이의 거리)의 3승에 비례, 하중에 정비례, 보의 폭에 반비례한다.

08 → ③

작용속도에 따른 하중 분류
㉠ 정하중 : 정지상태에서 가해지는 하중
㉡ 동하중 : 움직이면서 가해지는 하중
 • 반복하중 : 한쪽 방향으로 일정한 하중이 반복되는 하중
 • 교번하중 : 하중의 크기와 방향이 교대로 변화하는 하중
 • 충격하중 : 짧은 시간에 순간적으로 작용하는 하중
※ 충격하중은 안전율을 가장 크게 정해야 한다.
※ 안전율의 순서 : 충격하중>교번하중>반복하중 >정하중

09 → ①

$$\varepsilon = \frac{l'}{l} = \frac{0.5}{500} = 0.001$$

여기서, ε : 변형률, l' : 변형된 길이, l : 본래의 길이

10 → ②

$$M = \frac{Wl}{4} = \frac{Wl}{4} = \frac{1,000 \times 2}{4} = 500[\text{kgf} \cdot \text{m}]$$

여기서, M : 최대 굽힘 모멘트, W : 하중, l : 길이

11 → ④

비틀림 모멘트가 작용하는 원형축에서 최대 비틀림응력은 축의 가장자리에서 발생한다.

12 → ②

$$\text{응력} = \frac{\text{하중}}{\text{단면적}} = \frac{50,000[\text{kgf} \cdot \text{cm}]}{100[\text{cm}^3]} = 500[\text{kgf}/\text{cm}^2]$$

13 → ③

$$\text{길이 방향 변형률} = \frac{1.5[\text{mm}]}{300[\text{mm}]} = 5 \times 10^{-3}$$

14 → ①

$$\text{변형률} = \frac{l' - l}{l} = \frac{60.018 - 60}{60} = 0.0003$$

15 → ①

전단력과 휨 모멘트의 변화 상태는 전단력이 직선적으로 변화할 때 휨 모멘트는 2차 함수로 변화한다.

16 → ④

$$\text{축의 비틀림 모멘트} = 974000 \times \frac{H(\text{kW})}{N(\text{rpm})}[\text{kgf} \cdot \text{mm}]$$

$$= 716200 \times \frac{H(\text{PS})}{N(\text{rpm})}[\text{kgf} \cdot \text{mm}]$$

$$= \frac{974000 \times 2.5}{300} = 8120[\text{kgf} \cdot \text{mm}]$$

17 → ④

전달동력 $H_{\text{kW}} = \dfrac{2\pi Tn}{102}$

$$H_{\text{kW}} = \frac{2\pi Tn}{9.8 \times 102 \times 60}$$

※ 1[kgf] = 9.8[N], min을 [s]로 환산

모멘트 $T = \dfrac{9.8 \times 102 \times 60 \times H_{kW}}{2\pi n} = \dfrac{9.8 \times 102 \times 60 \times 2.5}{2 \times 3.14 \times 300} = 79.59 [\text{N} \cdot \text{m}]$

여기서, T : 회전력[N · m], n : 회전수[rpm]

18 → ①

$\varepsilon = \dfrac{l' - l}{l}$

$\therefore \varepsilon = \dfrac{200.12 - 200}{200} = 0.0006$

여기서, ε : 세로 변형률
　　　　l' : 변형 후 길이
　　　　l : 변형 전 길이

19 → ③

동일한 크기의 전단응력이 작용하는 원형 단면 보의 지름을 2배로 하면 전단응력은 1/4로 감소한다.

※ 전단응력$(\tau) = \dfrac{P}{A}$

20 → ②

열응력과 가장 관계가 깊은 것은 선팽창 계수이다.

21 → ②

단순보의 전 길이(L)에 걸쳐 균일 분포하중이 작용할 때 최대 굽힘 모멘트는 중앙($\dfrac{1}{2}L$) 지점에서 일어난다.

22 → ②

허용응력 $= \dfrac{\text{인장강도}}{\text{안전율}} = \dfrac{4200[\text{kgf}/\text{mm}^2]}{10} = 420[\text{kgf}/\text{mm}^2]$

23 → ④

24 → ②

인장강도(σ_u), 허용응력(σ_a), 사용응력(σ_w)과의 관계는 $\sigma_u > \sigma_a \geq \sigma_w$이다.

25 → ③

열응력 $= E \cdot \alpha(t_2 - t_1) = 2.0 \times 10^6 \times 12 \times 10^{-6}(35 - 15) = 480[\text{kgf}/\text{cm}^2]$

∴ 압축응력이고 $480[\text{kgf}/\text{cm}^2]$이다.

26 → ①

$\sigma_t = \dfrac{16T}{\pi d^3} = \dfrac{16 \times 20}{3.14 \times 4^3} \times 100 = 159[\text{kgf}/\text{cm}^2]$

여기서, T : 비틀림 모멘트
d : 지름

27 → ②

$M = \sigma Z = \sigma \times \dfrac{bh^2}{6}$ 에서(b : 폭, h : 높이),

정사각형이므로 $\sigma \times \dfrac{h^3}{6} = \dfrac{120 \times 9^3}{6} = 14580 [\text{kgf/cm}]$

28 → ③

응력 = $\dfrac{\text{하중}}{\text{단면적}}$, $Pa = [\text{N/m}^2]$, $1[\text{kgf}] = 9.8[\text{N}] = \dfrac{1000}{0.785 \times 10^2} \times 9.8 = 124.84 [\text{MPa}]$

29 → ①

굽힘응력 = $\dfrac{6M}{bh^2}$, (b : 폭, h : 높이)에서 = $\dfrac{15000 \times 6}{8 \times 15^2} = 50 [\text{kgf/cm}^2]$

30 → ②

$\sigma = \dfrac{W}{A}$

$W = \sigma \times A = 5 \times 60 \times 35 = 10{,}500 [\text{N}] = 10.5 [\text{kN}]$

여기서, σ : 응력
W : 압축력
A : 단면적

31 → ①

변형량 = 길이 × 세로변형률 = $300 \times 0.0002 = 0.06 [\text{cm}]$

32 → ②

$R_A = \dfrac{300[\text{kN}] \times 7[\text{m}] + 400[\text{kN}] \times 4[\text{m}]}{9[\text{m}]} = 411.1 [\text{kN}]$

$R_B = 700[\text{kN}] - R_A = 700[\text{kN}] - 411.1[\text{kN}] = 288.9[\text{kN}]$

33 → ①

최대 전단응력은 극단면 계수에 반비례하고 비틀림 모멘트에 비례한다. $\therefore \sigma_t = \dfrac{16T}{\pi d^3}$

34 → ①

굽힘응력 $M = \sigma Z \Rightarrow \sigma = \dfrac{M}{Z}$, $Z = \dfrac{bh^2}{6}$,

$\sigma_b = \dfrac{6M}{bh^2} = \dfrac{6 \times 100000}{5 \times 10^2} = 120 [\text{kgf/cm}^2]$

35 → ④

㉠ 전단응력 = $\frac{600}{20}$ = 300[kgf/cm²]

㉡ 전단 변형률 = $\frac{300}{0.8 \times 10^6}$ = 3.75×10^{-4}

36 → ③

포와송비(poisson's ratio) = $\frac{횡(가로)변형률}{종(세로)변형률}$

37 → ③

탄성한도 내에서 인장하중을 받는 봉의 허용 응력이 2배가 되면 안전율은 처음에 비해 1/2배가 된다.

38 → ④

비틀림 모멘트 = $\tau_a \times \frac{\pi}{16} \times \frac{d_0^{\,4} - d_1^{\,4}}{d_0}$ = $300 \times \frac{3.14}{16} \times \frac{5^4 - 3^4}{5}$ = 6405.6[kgf·cm²]

39 → ④

최대 인장응력 = $\frac{인장하중}{단면적}$ = $\frac{5000}{0.785 \times (50-25)^2}$ = 10.19[kgf/mm²]

40 → ③

보의 처짐량을 구하는 방법
㉠ 중첩법을 이용하는 방법
㉡ 면적 모멘트를 이용하는 방법
㉢ 처짐곡선의 미분방정식을 이용하는 방법
㉣ 탄성 에너지를 이용하는 방법
㉤ 특이함수법, 에너지법을 이용하는 방법

41 → ①

스팬 l인 양단 지지보의 중앙에 집중하중 P가 작용하는 경우 최대 굽힘 모멘트 $M_{max} = \frac{Pl}{4}$ 이다.

42 → ④

균일분포하중을 받는 단순보의 처짐량은 보의 길이의 4제곱에 비례, 단면 2차 모멘트에 반비례, 종탄성계수에 반비례한다.

43 → ④

- 안전계수 : 부자재를 작업에 사용할 때 허용되는 응력(허용응력)과 그 부자재의 파괴 응력의 비를 말하며, 일반적으로 허용응력에 여유를 둔다.
- 프와송 비 : 재료의 탄성한도 이내에서 세로방향 하중을 가했을 때 세로 변형과 가로 변형의 비율을 말한다.

44 → ①

보가 하중을 받게 되면 하중을 받는 면은 압축응력을 받고, 반대 면은 인장응력을 받게 되어, 하중을 받는 면의 최대 압축응력이 중심에 오면 응력은 (0)이 되고, 반대로 갈수록 인장응력이 최대가 된다. 따라서 보 중심의 굽힘응력은 최소가 되고, 멀어질수록 커지게 되므로, 중립면으로부터 거리에 비례하게 되고, 세로탄성계수에 비례, 곡률반지름에 반비례하게 된다.

45 → ①

비틀림 모멘트 : 토크(torque)라고도 하며, 축을 비틀고자 하는 모멘트를 말한다.

비틀림 모멘트 $T = \dfrac{\pi d^3}{16} \cdot \tau$

46 → ③

보가 위쪽에서 하중을 받아 휘게 되면 윗면은 압축응력을 받고, 아랫면은 인장응력을 받게 된다. 따라서, 굽힘응력은 하중의 크기에 비례하며, 보 중심에서 굽힘응력이 최소이고, 중심에서 멀어질수록 굽힘응력은 정비례로 커진다.

47 → ①

하중의 분류
㉠ 하중의 방향에 따른 분류 : 인장하중, 압축하중, 굽힘하중
㉡ 하중의 작용시간에 따른 분류
  • 정하중(static load)
  • 동하중(dynamic load) : 충격하중, 교번하중, 반복 하중

48 → ③

비틀림 모멘트(토크) $T = \dfrac{\pi d^3}{16} \cdot r$의 식에서 전단응력 $\tau = \dfrac{16T}{\pi d^3}$로 계산할 수 있다. 동일한 토크에, 지름($d$)이 3배 커졌으니 $d^3 = 3^3 = 27$로 1/27로 줄어들 수 있다.

49 → ②

외팔보의 최대 굽힘 모멘트 $M_{\max} = \dfrac{wL^2}{2}$

50 → ①

안전율 $= \dfrac{\text{인장강도}}{\text{허용응력}}$

허용응력 $\sigma = \dfrac{W}{A} = \dfrac{6{,}000[\text{N}]}{400[\text{mm}^2]} = 15[\text{N/mm}^2] = 15[\text{MPa}]$

∴ 안전율 $= \dfrac{\text{인장강도}}{\text{허용응력}} = \dfrac{300[\text{MPa}]}{15[\text{MPa}]} = 2$

여기서, $1[\text{Pa}] = 1[\text{N/m}^2]$, $1[\text{MPa}] = 10^6[\text{N/m}^2] = 1[\text{N/mm}^2]$
  A : 단면적, W : 하중

51 → ②

전단응력은 물체를 전단하려고 하는 응력으로, 높이가 다른 두 점에서 수평으로 마주보는 방향으로 작용한다.

52 → ③

안전율은 충격하중, 교번하중, 반복하중, 정하중의 순서로 크게 설계해야 한다.

53 → ①

$W = t(p-d)\sigma$

$\sigma = \dfrac{W}{t(p-d)} = \dfrac{12,000}{12(50-12)} = 33.3[\text{N/mm}^2]$

여기서, W : 하중[N] t : 장판두께[mm]
         p : 피치[mm] d : 리벳의 지름[mm]

54 → ④

응력 $\sigma = \dfrac{P}{A}$

$\dfrac{P}{\dfrac{\pi}{4}d^2} = \dfrac{4P}{\pi d^2}$

여기서, P : 하중[kg] A : 단면적[cm²] d : 봉지름[cm]

55 → ①

응력 $\sigma = \dfrac{W}{A} = \dfrac{200,000}{\dfrac{\pi}{4}\times 40^2} = 159.23[\text{N/mm}^2]$

여기서, σ : 응력, W : 하중[N], A : 단면적[mm]

56 → ①

최대전달응력($\tau_{\max}$)은 $\tau_{\max} = \dfrac{16}{\pi d^3}\sqrt{M^2+T^2}$ 으로 구할 수 있다.

57 → ③

최대 전단응력은 전단탄성계수에 비례한다.

58 → ④

59 → ②

굽힘응력 $\sigma_b = \dfrac{M}{Z}$ 식을 이용해 구할 수 있고, $Z = \dfrac{1}{6}bh^2$ 식을 이용하면 다음과 같다.

$\therefore M = \dfrac{b\times h^2 \times \sigma_b}{6} = \dfrac{60\times 80^2 \times 10}{6\times 1,000} = 640[\text{N}\cdot\text{m}]$

60 → ③

B에 작용하는 인장력 $= W \times \cos 30° = 2,000 \times \dfrac{\sqrt{3}}{2} = 1,732 [\text{N}]$

61 → ③

$S = \dfrac{\sigma_t}{\sigma_a} = \dfrac{4500}{375} = 12$

여기서, S : 안전율
σ_t : 인장강도
σ_a : 허용응력

62 → ②

비틀림각은 극관성 모멘트와 반비례한다.

63 → ③

$Q = f \cdot P$
$f = \dfrac{Q}{P} = \dfrac{150}{150} = 1$
$1 = \tan 45°$

여기서, Q : 마찰력
f : 마찰각($\tan \theta$)
P : 수직하중

64 → ③

Hook의 법칙 : 고체에 힘을 가해 변형시키는 경우, 힘의 크기가 어떤 한도를 넘지않는 한 변형의 양은 힘의 크기에 비례한다는 법칙이며 이 법칙이 성립되는 힘의 한계를 비례한계, 이 한계 내에서의 힘과 변형량과의 비를 그 변형에 대한 탄성계수(彈性係數)라고 한다.

65 → ①

비틀림 모멘트를 원형 단면축에 발생하는 최대 전단응력은 축지름이 증가하면 감소하게 된다.

66 → ③

$\sigma = E \cdot \dfrac{l}{\rho} = 2.0 \times 10^6 \times \dfrac{0.2}{50 + 0.2} = 7,968 [\text{kgf}/\text{cm}^2]$

여기서, σ : 굽힘응력
E : 세로탄성계수
l : 중립축으로부터 떨어진 거리
ρ : 곡률반경

67 → ①

$\sigma = \dfrac{W}{A} = \dfrac{2,000}{20} = 100 [\text{N}/\text{mm}^2]$

$$S = \frac{\sigma}{\sigma_a}$$

$$\therefore \sigma_a = \frac{\sigma}{S} = \frac{100}{4} = 25[\text{N/mm}^2]$$

여기서, σ : 응력
  σ_a : 허용응력
  W : 하중
  A : 단면적
  S : 안전율

68 ➜ ③

비틀림각은 극관성 모멘트와 반비례한다.

(비틀림각)$\theta = \dfrac{Tl}{GI_P}$[rad]

여기서, T : 비틀림 모멘트
  l : 보의 길이
  G : 횡탄성계수
  I_P : 극단면 2차 모멘트

비틀림각의 단위를 [°]로 바꾸고자 하면 $\theta[°] = \dfrac{Tl}{GI_P} \times \dfrac{180°}{\pi}$ 이다.

69 ➜ ③

굽힘 모멘트만을 받는 축
- 실제축의 경우

$$d = \sqrt[3]{\frac{10.2}{\sigma_a}M} \fallingdotseq 2.17\sqrt[3]{\frac{M}{\sigma_a}}$$

여기서, M : 축의 굽힘모멘트[N·mm]
  σ_a : 축의 허용 굽힘응력[N/mm$_2$]
  d : 축의 지름[mm]

$$\therefore d = \sqrt[3]{\frac{10.2 \times 3000}{10}} \fallingdotseq 14.5[\text{mm}]$$

70 ➜ ③

Hook의 법칙

$$\delta \propto \frac{Pl}{A}$$

$$\delta = \frac{1}{E} \times \frac{Pl}{A} = \frac{Pl}{AE}$$

여기서, δ : 늘어난 양
  E : 비례계수 = 종탄성계수 = 세로탄성 계수 = 영계수(Young's modulds)
  P : 힘

l : 재료의 원래 길이
A : 단면적

71 → ②

$$\tau = \frac{F}{A} = \frac{F}{\frac{\pi}{4} \times D^2}$$

여기서, F : 하중[kgf]
D : 지름[mm]
τ : 전단응력[N/mm²]

여기서, 1[kgf] = 9.8[N]이므로

$$D = \sqrt{\frac{4F}{\pi \cdot \tau}} = \sqrt{\frac{4 \times 1000 \times 9.8}{3.14 \times 100}} = 11.17 [\text{mm}]$$

72 → ②

$\sigma = E \times \alpha \times \Delta t$
$= 9.2 \times 10^3 \times 1.6 \times 10^{-5} \times (70-20)$
$= 7.36 [\text{N/mm}^2]$

여기서, σ : 열응력
E : 세로탄성계수
α : 선팽창계수
Δt : 변화된 온도

제 07 편 해설 및 정답

01 → ②

터보형(Turbo type) 펌프의 종류
  ㉠ 원심식 펌프 : 볼류트 펌프(volute pump), 터빈펌프(turbine pump)
  ㉡ 사류식 펌프(diagonal type pump)
  ㉢ 축류식 펌프(axial type pump)

02 → ②

왕복펌프에서 공기실의 주 역할은 송출되는 유량의 변동을 적게 한다.

03 → ①

압력제어 밸브의 종류

명칭	기능
릴리프 밸브(relief valve) 안전 밸브(safety valve)	회로 내의 압력을 설정치로 유지하는 밸브, 특히 회로의 최고압력을 한정하는 밸브를 안전밸브라고 한다.
시퀀스 밸브 (sequence valve)	둘 이상의 분기회로가 있는 회로 내에서 그 작동순서를 회로의 압력 등에 의해 제어하는 밸브로서, 입구압력 또는 외부파일럿 압력이 소정의 값에 도달하면 입구측으로부터 출구측의 흐름을 허용하는 밸브이다.
무부하 밸브 (unloadin valve)	회로의 압력이 설정치에 달하면 펌프를 무부하로 하는 밸브이다.
카운터 밸런스 밸브 (counterbalance valve)	부하의 낙하를 방지하기 위해 배압을 부여하는 밸브로, 한 방향의 흐름에는 설정된 배압을 주고 반대방향의 흐름을 자유흐름으로 하는 밸브이다.
감압 밸브 (pressure reducing valve)	출구측 압력을 입구측 압력보다 낮은 설정압력으로 조정하는 밸브이다.

04 → ②

$1[l] = 10-3\,[m^2]$, $1[PS] = 75[kgf \cdot m/sec]$

$$\text{유압펌프의 동력}[PS] = \frac{P \times 10^4 (\text{토출압력}) \times Q \times 10^{-3} (\text{토출량})}{75 \times 60}$$

$$= \frac{P \times Q}{450}$$

$$= \frac{60 \times 30}{75 \times 60} = 4$$

05 ➡ ①

릴리프 밸브 : 유압회로에서 유압이 규정 이상 상승하는 것을 막아주고 회로압력을 일정하게 유지시키는 역할을 하는 밸브이다.

06 ➡ ③

축압기는 기름이 가지고 있는 유압에너지를 저축하는 용기로서 유압에너지를 가압상태로 저장하여 유압을 보상해 주는 역할을 한다.

07 ➡ ②

베인펌프의 장·단점

장점	단점
㉠ 송출압력의 맥동이 적다. ㉡ 깃의 마모에 의한 압력 저하가 일어나지 않는다. ㉢ 펌프의 유동력에 비하여 형상치수가 적다. ㉣ 고장이 적고 보수가 용이하다. ㉤ 소음이 적다. ㉥ 기동토크가 작다.	㉠ 공작정도가 요구된다. ㉡ 유압유의 점도에 제한이 있다. ㉢ 기름의 보수에 주의가 필요하다. ㉣ 베인의 수명이 짧다.

08 ➡ ②

캐비테이션(cavitation : 공동현상) : 물이 관(pipe) 속을 유동하고 있을 때 물속의 어느 부분의 정압(static pressure), 그때의 물의 온도에 해당하는 증기 압력 이하로 되면 부분적으로 증기가 발생하는 현상을 말한다.

㉠ 발생조건
- 펌프와 흡수면 사이의 수직거리가 너무 멀 때
- 펌프의 물이 고속으로 인하여 유량이 증가할 때(펌프 입구에서 발생)
- 관 속을 유동하고 있는 물속의 어느 부분이 고온일수록 포화 증기압에 비례하여 상승할 때

㉡ 발생할 때의 영향
- 소음과 진동이 생긴다.
- 양정 곡선과 효율 곡선의 저하가 생긴다.
- 날개(깃)에 침식이 발생한다.

㉢ 방지책
- 펌프의 설치 위치를 가능한 한 낮추어 흡입 양정을 짧게 한다.
- 입축 펌프를 사용하고, 임펠러가 물 속에 완전히 잠기도록 한다.
- 펌프의 회전속도를 낮추어 흡입 비교 회전속도를 적게 한다.
- 양흡입 펌프를 사용한다.
- 2대 이상의 펌프를 사용한다.

09 ➡ ④

공동현상(cavitation) : 관로를 흐르는 물에 수력기계의 특정 공간에서 발생하는 저압에 의해 기포가 발생하는 현상이다.

10 → ④

캐비테이션 발생 시 나타나는 현상
ⓐ 소음발생
ⓑ 진동발생
ⓒ 양정 및 유량의 감소
ⓓ 침식 및 부식 현상 발생
ⓔ 기포의 발생으로 마모 증가

11 → ①

기압축기에서 생산된 압축공기를 탱크에 저장하는 경우 공기 탱크의 압력이 설정압력에 도달하면 압축공기를 토출하지 않는 무부하운전이 되게 하는 것은 언로드 밸브(unload valves)의 역할이다.

12 → ④

$F = \dfrac{\pi}{4} \times D^2 \times P$ 에서

$P = \dfrac{F}{0.785 D^2} = \dfrac{5000}{0.785 \times 16^2} = 24.88 \,[\text{kgf}/\text{cm}^2]$

13 → ③

유압유의 조건
ⓐ 비압축성이어야 하며 작동성이 원활해야 한다.
ⓑ 점도지수가 커서 점도의 변화가 없어야 한다.
ⓒ 화학적으로 안정되어 열이나 기타 물질에 의한 변화가 없어야 한다.
ⓓ 열전도성과 열방출성이 우수해야 한다.
ⓔ 증기압이 낮고, 비점이 높아야 한다.
ⓕ 산화에 대하여 안정성이 있어야 한다.

14 → ④

반동수차의 종류에는 프란시스 수차, 프로펠러 수차, 카플란 수차 등이 있다. 펠톤 수차는 충격수차이다.

15 → ③

펌프의 종류
ⓐ 원심형 : 터빈 펌프, 볼류트 펌프
ⓑ 왕복형 : 피스톤 펌프, 플런저 펌프
ⓒ 회전형 : 기어 펌프, 나사 펌프, 베인 펌프
ⓓ 특수형 : 양수 펌프, 수격 펌프, 점성 펌프, 분사 펌프

16 → ①

① 비압축성 유체일 것

17 → ④

$kW = \dfrac{\gamma QH}{102\eta}$

여기서, γ : 어떤 유체의 비중
Q : 공급유량[m3/min]
H : 총양정[m]
η : 펌프효율

㉠ 1[PS] = 75[kgf·m/sec]
1[Kw] = 102[kgf·m/sec]
㉡ 단위환산을 위해 분모 60은 유량(Q)의 단위가 [m₃/min]인 경우 [min] → [sec]로 바꾸기 위해 존재
㉢ γ(유체의 비중량) = $\gamma_w \times s$
물의 비중량 : 1,000[kg/㎝³], 9,800[N/㎝³]

∴ $kW = \dfrac{0.82 \times 1000 \times 2.5 \times 3}{102 \times 60 \times 0.9} = 1.1165$

18 → ④

작동유가 갖추어야 할 성질(구비조건)
㉠ 비압축성일 것
㉡ 인화점과 발화점이 높을 것
㉢ 소포성이 좋을 것(기포 방지성)
㉣ 유활성이 좋고 점도가 적당할 것
㉤ 물리적·화학적으로 안정할 것(내유화성)
㉥ 산화나 열열화에 대해 안정할 것(산화안정성)
㉦ 체적탄성계수가 클 것
㉧ 물, 먼지 등의 불순물을 용이하게 분리할 것
㉨ 비중이 작을 것
㉩ 점도지수가 높을 것
㉪ 방청, 방식성이 우수할 것
㉫ 온도에 의한 점도 변화가 작을 것
㉬ 시일재와의 적합성이 좋을 것(내시일재성)
㉭ 비열이 크고, 열팽창계수가 적을 것
㉮ 열전달율(열전도율)이 높을 것

19 → ②

4포트 3위치 방향전환 밸브
㉠ 클로즈 센터형 : 중립위치에서 모든 포트가 막혀 있는 형태의 밸브
㉡ 탠덤 센터형 : 중립위치에서 펌프를 무부하시킬 수 있고 실린더를 임의의 위치에 고정시킬 수 있는 밸브

ⓒ 오픈 센터형 : 중립위치에서 모든 포트가 통해져 있는 형태의 밸브
ⓔ ABR 접속형 : 1개의 펌프로 여러 개의 실린더를 작동시킬 수 있는 형태의 밸브

20 → ②

$$L_{kW} = \frac{\gamma QH}{102 \times 60 \times \eta} \; (H = H_a + H_1 + H_2 = 8 + 1.5 + 15 = 24.5)$$

$$\therefore L_{kW} = \frac{1,000 \times 0.3 \times 24.5}{102 \times 60} = 1.2 [kW]$$

여기서, γ : 비중량[kgf/m³]
        Q : 유량[m³/min]
        H : 양정[m]

21 → ③

$$L_{kw} = \frac{\gamma QH}{102} = \frac{1000 \times 1 \times 35}{102} = 343 [kW] \; (H = H_1 + H_2)$$

여기서, L_{kw} : 동력
        γ : 유체비중
        Q : 유량
        H : 총양정

22 → ①

㉠ 정지유체 : 파스칼 원리
㉡ 유동유체 : 베르누이 방정식

23 → ④

$$F = \gamma \times h \times A = 1,000 \times 6 \times \frac{\pi \times 3^2}{4} = 42,390 [kgf]$$

여기서, F : 압력
        γ : 비중량(1,000[kgf/m³])
        h : 높이
        A : 면적

24 → ④

밸브의 분류방식
㉠ 밸브의 기능에 의한 분류
㉡ 포트의 크기 및 조작방식에 의한 분류
㉢ 밸브의 구조에 의한 분류

25 → ①

용적형 펌프의 종류 : 피스톤 펌프, 플런저 펌프, 기어 펌프, 베인 펌프, 나사 펌프
※ 터보형 펌프의 종류 : 볼류트 펌프, 터빈 펌프

26 → ③

유압기의 작은 힘으로 큰 힘을 얻는 원리는 파스칼의 원리를 이용한 것이며, 파스칼의 원리는 밀폐된 회로의 유체 일부에 가해진 압력은 모든 부분에 동일한 힘으로 전달되는 원리를 말한다.

27 → ④

기어펌프의 특징
㉠ 구조가 간단하다.
㉡ 다루기가 용이하고 가격이 싸다.
㉢ 기름의 오염에 대해 강한 편이다.
㉣ 효율은 피스톤에 비해 떨어진다.
㉤ 가변용량형으로 만들기 힘들다.
㉥ 흡입능력이 크다.

28 → ④

$16[m^3] : 960 = x : 1400$

$x = \dfrac{16[m^3] \times 1400}{960} = 23.33[m^3/min]$

29 → ④

저장탱크에서 유입되는 유입구의 형상 중 관리에 생기는 부차적인 손실계수가 가장 작은 것은 탱크 벽면에서 크게 라운딩한 형상으로 만날 때이다.

30 → ④

흡입관 하부에 스트레이너(strainer)를 설치하는 이유는 불순물 침투방지이다.

31 → ③

토출 유량 = 체적 효율×실린더 단면적×행정×회전속도

$= 0.9 \times \dfrac{\pi}{4} \times 0.2^2 \times 0.2 \times 80$

$= 0.452[m^3/min]$

32 → ③

33 → ①

서징(surging)현상 : 펌프나 송풍기(blower) 등이 작동 중에 한숨을 쉬는 것과 같은 상태로 되어, 펌프인 경우에는 입구와 출구의 진공계와 압력계 바늘이 흔들리고 동시에 송출유량이 변화하는 현상이다. 즉, 송출압력과 유량 사이에서 주기적인 변화가 발생하는 현상이다.

※ 발생 원인
㉠ 펌프의 양정곡선이 산고 곡선이고, 산고 상승부분에서 운전하였을 때
㉡ 유량 제어밸브가 탱크 뒤쪽에 있을 때

34 → ①

유압기기의 장·단점

장점	단점
㉠ 입력(input)에 대한 출력(output)의 응답이 빠르다. ㉡ 힘과 속도를 자유로이 변속시킬 수 있다(무단변속이 가능). ㉢ 원격조작(remote control)이 가능하다. ㉣ 과부하에 대한 안전 장치가 간단하고 확실히 할 수 있다. ㉤ 전기적인 조작·조합이 간단하게 된다. ㉥ 적은 장치로 큰 출력을 얻을 수 있으며 그 조절도 용이하다. ㉦ 에너지의 축적이 가능하다. ㉧ 전기적 신호로 제어할 수 있으므로 프로그램 제어가 가능하다.	㉠ 장치의 이음매에서 작동유가 누설되기 쉽다. ㉡ 기름 속에 먼지가 혼입되면 고장을 일으키기 쉽다. ㉢ 기름 속에 공기가 포함되면 압축성이 커져서 유압장치의 동작이 불량해진다. ㉣ 기름의 속도에 제한이 있고 따라서 작동체의 속도에 제한이 있다. ㉤ 유온의 영향을 받으면 점도가 변하여 출력효율이 변화하기도 한다. ㉥ 유압을 사용하기 위해서는 상당한 설비장치가 필요하다.

35 → ①

$$H_f = \lambda \frac{l}{d} \times \frac{v^2}{2g} = 0.03 \times \frac{50}{0.5} \times \frac{1.7^2}{2 \times 9.8} = 0.442 [\text{m}]$$

여기서, λ : 관의 마찰계수
  l : 파이프 길이[m]
  d : 파이프 안지름[m]
  v : 흐름속도[m/sec]
  g : 중력가속도(9.8[m/s$_2$])

36 → ④

전효율=기계효율×체적효율×수력효율

체적효율=$\dfrac{전효율}{기계효율 \times 수력효율}$

∴ $\dfrac{0.8}{0.9 \times 0.9} \times 100 = 98.765 [\%]$

37 → ②

이론 출력[kW]=$\dfrac{유효낙차 \times 유량}{102} = \dfrac{100 \times 200 \times 10^3}{102} = 196 \times 10^3$

38 → ①

$$F = \frac{\pi}{4} \times D^2 \times P_1 - \left\{ \frac{\pi}{4} \times (D^2 - d^2) \times P_2 \right\}$$
$= 40[\text{cm}^2] \times 30[\text{kgf}/\text{cm}^2] - (30[\text{cm}^2] \times 5[\text{kgf}/\text{cm}^2])$
$= 1050[\text{kgf}]$

39 → ④

$Q = v \times A$

$\therefore A = \dfrac{9.9[\text{m}^3/\text{sec}]}{3[\text{m}/\text{sec}]} = 3.3[\text{m}^2]$

여기서, Q : 유량[m₃/sec]　　v : 유속[m/sec]　　A : 단면적[m₂]

40 → ④

하이드로 체크유닛은 공압 실린더와 연결되어 스로틀 밸브를 조정하여 정밀한 속도제어를 위해 사용된다.

41 → ①

밸브의 구비조건은 ②, ③, ④ 이외에 물이 밸브를 통과할 때 저항을 가능한 한 최소로 해야 한다.

42 → ②

유압기기의 원리(파스칼의 원리 적용)

㉠ 공기는 압축되나 오일은 압축되지 않는다.
㉡ 오일은 운동을 전달할 수 있다.
㉢ 오일은 힘을 전달할 수 있다.
㉣ 단면적을 변화시키면 힘을 증대시킬 수 있다.
㉤ 밀폐된 용기에 오일을 채우고 이곳에 압력을 가하면 이 용기의 내면에 직각으로 똑같은 압력이 작용한다.

$$P_1 = P_2 \; : \; \dfrac{W_1}{A_1} = \dfrac{W_2}{A_2}$$

여기서, $A_1 = \dfrac{\pi d_1^2}{4}$, $A_2 = \dfrac{\pi d_2^2}{4}$

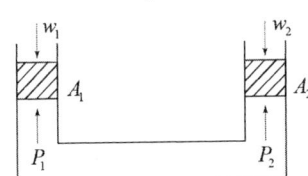

43 → ②

② 체크 밸브(역지 밸브) : 한 방향의 유동은 허용하나 역방향의 유동은 완전히 저지하는 역할을 하는 밸브이다.
① 스로틀(관줄임) 밸브 : 교축작용(단면적 축소)에 의해 유량을 조정하는 밸브로 압력 보상이 없는 밸브이다.
③ 셔틀 밸브 : 항상 고압측의 유압만을 통과시키는 전환밸브이다.
④ 스톱 밸브(정지 밸브) : 유체의 흐름을 열거나 닫는 역할을 하는 밸브이다.

44 → ②

작동유가 구비해야 할 성질은 열전달률이 높을 것, 열팽창계수가 작을 것, 압축률(압축성)이 낮을 것, 증기압이 낮고, 비점이 높을 것 등이다.

45 → ③

① 수격현상 : 관로 내의 흐름을 급격히 정지시키면 급격한 유체속도의 변화에 따라 유체압력이 상승하는 현상
② 서징현상 : 펌프를 운전할 때 송출압력과 송출유량이 주기적으로 변하여 펌프의 입구와 출구의 압력변동이 생기고 유량이 변하는 현상
④ 캐비테이션 : 관 속에 물이 유동하고 있을 때 물이 증발을 일으키고 수중에 녹아 있던 용존 산소가 낮은 압력으로 인해 기포가 발생되는 현상

46 → ③

$$PS = \frac{\gamma QH}{75 \times 60 \times \eta} = \frac{1000 \times 1.56 \times 90}{75 \times 60 \times 0.9} = 34.67$$

여기서, γ : 어떤 유체의 비중
       Q : 공급유량
       H : 총 양정
       η : 효율

㉠ 1[PS] = 75[kgf · m/sec]
  1[kW] = 102[kgf · m/sec]
㉡ 단위환산을 위해 분모 60은 유량(Q)의 단위가 [m₃/min]인 경우 [min] → [sec]로 바꾸기 위해 존재
㉢ γ(유체의 비중량) = $\gamma_w \times s$
  물의 비중량 : 1,000[kg/cm₃], 9,800[N/cm₃]

47 → ①

유압제어 밸브 중 유량제어 밸브는 스로틀 밸브, 분류 밸브, 니들 밸브, 오리피스 밸브, 제어 밸브가 있다.

48 → ①

① 무부하 밸브 : 동력 절감용
② 감압 밸브(reducing valve) : 출구측 압력을 입구측 압력보다 낮은 설정압력으로 조정하는 밸브
③ 시퀀스 밸브 : 작동순서 결정
④ 릴리프 밸브 : 설정압 이하로 제한

49 → ①

① 시동 시 펌프가 차가울 경우 뜨거운 작동유를 사용하면 오일이 열화되므로 가열하지 않는다.

50 → ②

$L_w = \gamma \cdot Q \cdot H = 9,800 \times 20 \times 5 = 980,000 [\text{N} \cdot \text{m/s}] = 980[\text{kW}]$

여기서, γ : 비중량
  Q : 유량[m³/s]
  H : 양정[m]

51 → ①

52 → ③

$W = P \times Q = \dfrac{P \times Q}{60 \times 1,000} = \dfrac{10 \times 0.5 \times 10^6}{60 \times 1,000} = 83.33[\text{W}]$

여기서, W : 동력
  P : 송출압력
  Q : 송출량

53 → ①

액추에이터란 유압기기에서 유압모터와 유압실린더를 말한다.

54 → ④

1[atm]=760torr(토리첼리)
   =760[mmHg]
   =1.0332(kg/cm2)(=14.5PSI(Pound per square inch))
   =101,332(N/m2)

55 → ③

유량제어 밸브

㉠ 유압 실린더나 유압 모터 등 유압작동기의 운동속도를 제어하기 위하여 유량을 조정하는 밸브이다.

㉡ 관로 일부의 단면적을 줄여서 저항을 주어 유압회로의 유량을 제어하는 것이며, 일명 속도제어 밸브라고도 한다.

㉢ 유량조정 밸브의 세가지 사용방법
 • 미터-인 회로 : 액츄에이터의 입구쪽 관로에서 유량을 교축시켜 작동속도를 조절하는 방식
 • 미터-아웃 회로 : 액츄에이터의 출구쪽 관로에서 유량을 교축시켜 작동속도를 조절하는 방식
 • 블리드 오프 회로 : 액츄에이터로 흐르는 유량의 일부를 탱크로 분기함으로써 작동속도를 조절하는 방식

56 → ②

미터 인 회로 : 실린더 입력측에 유량제어 밸브를 직렬로 연결하여 실린더로 공급되는 유량은 제어하고 실린더에서 빠지는 압력은 제어하지 않게 하여 속도를 제어하는 회로이다.

57 → ①

전달동력 $H_{kw} = \dfrac{2\pi Tn}{102}$

1[kgf] = 9.8[N], 분당(min)을 초당(sec)로 환산하면

$H_{kw} = \dfrac{2\pi Tn}{9.8 \times 102 \times 60}$

∴ $H_{kw} = \dfrac{2 \times 3.14 \times 300 \times 1,000}{9.8 \times 102 \times 60} = 31.4[\text{kW}]$

여기서 T : 회전력 [N · m]
$\qquad N$: 회전수 [rpm]

58 → ②

유압유의 구비조건
㉠ 비압축성이어야 작동성이 원활하다.
㉡ 점도지수가 커서 점도의 변화가 없어야 한다.
㉢ 화학적으로 안정되어 열이나 기타 물질에 의한 변화가 없어야 한다.
㉣ 열전도성과 열방출성이 우수해야 한다.

59 → ①

전체 효율은 펌프에 작용되는 전체 효율을 말하며, 본 문제에서는 수력효율×체적효율×기계효율로 나타낼 수 있다.
∴ $0.8 \times 0.7 \times 0.9 = 0.504 = 50.4[\%]$

60 → ②

유압유의 요구성질
㉠ 열전달율이 높을 것
㉡ 비압축성일 것
㉢ 점도지수가 클 것
㉣ 열팽창계수가 작을 것
㉤ 마찰면에 윤활성이 좋을 것
㉥ 산화에 대하여 안정성이 있을 것
㉦ 이물질을 신속히 분리할 수 있을 것

61 → ③

어큐뮬레이터(축압기 : accumulator)는 유압유 저장용기를 말하며 유압회로 내에서 발생되는 압력에 대해 맥동제거, 압력보상, 충격완화, 에너지 저장 등의 역할을 한다.

62 → ①

• 회전형 펌프 : 기어 펌프, 베인 펌프, 나사 펌프
• 왕복형 펌프 : 피스톤 펌프, 플런저 펌프

63 → ④

작동유의 구비조건
㉠ 마찰면에 윤활성이 좋고 마모가 작을 것
㉡ 휘발성이 적을 것
㉢ 산화에 대하여 안정성이 있을 것
㉣ 비압축성이 높을 것
㉤ 이물질을 신속히 분리할 것

64 → ④

다량의 공기를 소비할 때 급격하게 압력이 떨어지게 된다.

65 → ②

기어펌프의 특징
㉠ 구조가 간단하다.
㉡ 다루기가 용이하고 가격이 싸다.
㉢ 기름의 오염에 대해 강한 편이다.
㉣ 효율은 피스톤에 비해 떨어진다.
㉤ 가변용량형으로 만들기 힘들다.
㉥ 흡입능력이 크다.

66 → ④

회전(로터리) 펌프의 일종이다. 같은 모양의 2개의 기어(회전자)의 맞물림에 의하여 송액(送液)하는 펌프로서 경량(經量)이고 구조가 간단하며, 역류하지 않도록 되어 있기 때문에 밸브가 필요 없다. 종류에는 내접 및 외접기어 펌프와 로브 펌프, 트로코이드 펌프, 스크루 펌프 등이 있다.

67 → ③

③ 유압기의 작은 힘으로 큰 힘을 얻는 원리는 파스칼의 원리를 이용한 것이며, 파스칼의 원리는 밀폐된 회로의 유체 일부에 가해진 압력은 모든 부분에 동일한 힘으로 전달되는 원리를 말한다.
① 뉴튼의 제1법칙는 관성의 법칙이라고도 하며 운동하는 물체에 힘이 작용하지 않으면 물체는 운동 상태를 그대로 유지하려는 성질을 말한다.
② 보일·샤를의 법칙는 온도가 일정할 때 기체의 압력은 부피에 반비례한다는 보일의 법칙과 압력이 일정할 때 기체의 부피는 온도의 증가에 비례한다는 샤를의 법칙을 조합하여 만든 법칙으로 온도, 압력, 부피가 동시에 변화할 때 이들 사이의 관계를 나타낸 것이다.
④ 아르키메데스의 원리는 물체를 유체에 넣었을 때 물체가 받는 부력의 크기는 물체의 부피와 같은 양의 유체에 작용하는 중력의 크기와 같다는 원리로 부력의 원리라고도 한다.

68 → ④

어큐뮬레이터(축압기 : accumulator)는 유압유 저장용기를 말하며 유압회로 내에서 발생되는 압력에 대해 맥동제거, 압력보상, 충격완화, 에너지 저장 등의 역할을 한다.

핵심이론 · 문제중심
일반기계공학 - 공기업/공무원 기계직 전공 -

초판인쇄 2020년 03월 11일
초판발행 2020년 03월 18일

지은이 | 전환영
펴낸이 | 노소영
펴낸곳 | 도서출판 마지원

등록번호 | 제559-2016-000004
전화 | 031)855-7995
팩스 | 02)2602-7995
주소 | 서울 강서구 마곡중앙5로1길 20

www.majiwon.co.kr
http://blog.naver.com/wolsongbook

ISBN | 979-11-88127-63-4 (13550)

정가 20,000원

* 잘못된 책은 구입한 서점에서 교환해 드립니다.
* 이 책에 실린 모든 내용 및 편집구성의 저작권은 도서출판 마지원에 있습니다.
  저자와 출판사의 허락 없이 복제하거나 다른 매체에 옮겨 실을 수 없습니다.

좋은 출판사가 좋은 책을 만듭니다.
도서출판 마지원은 진실된 마음으로 책을 만드는 출판사입니다.
항상 독자 여러분과 함께 하겠습니다.